Business Models for Teams

ビジネスモデル for Teams

See How Your Organization Really Works
and How Each Person Fits In

組織のためのビジネスモデル設計書

by Tim Clark and Bruce Hazen,
in collaboration with
225 contributors from 39 countries

Designed by Keiko Onodera

BUSINESS MODELS FOR TEAMS
by Tim Clark and Bruce Hazen

Copyright©2017 by Tim Clark and Bruce Hazen

All rights reserved including the right of reproduction in whole or
in part in any form. This edition published by arrangement with
Portfolio, an imprint of Penguin Publishing Group, a division of
Penguin Random House LLC

through Tuttle-Mori Agency, Inc ., Tokyo

本書を推薦する言葉

社内の有志がビジネスモデル・キャンバスのワークショップをしたり、実際の業務で使ったりしているのを見ていると、「ちょっと理屈が先行し過ぎているけど、大丈夫かな？」と心配になることがある。なぜなら、現実のビジネスでは、ビジョンやリーダーシップ、チームビルディング、組織の文化づくりも重要なので、「綺麗なビジネスモデルを作れば成功が約束される」というわけではないからだ。

意外なことに本書は、ビジネスモデルの本なのに、ビジネスモデル「以外」の重要な部分についても、実際のエピソードを紹介しながら丁寧に解説されている。これを読んだら大丈夫じゃないかな、と思う。

クラスメソッド株式会社 代表取締役
横田 聡

良い組織は、人の可能性を遺憾なく発揮させる。

確かに、ビジネスにおいて個々の人間が有能であることは大切だろうし、ビジネスモデルも大事だ。だが、有能さとはよく考えてみると複雑である。もしも、人と人が協働的な関係を築くことができたならば、素晴らしい力を組織として発揮することになるだろうし、その中では一人ひとりが力を発揮できているはずだろう。だが、もしそうでなかったならばどうだろうか。その組織では、個の能力にすら気づけないかもしれないし、誰も有能な人間だと認識されないかもしれない。

この本には、個の人間の可能性を引き出し、そうした人々を活かす組織の力をどうやって高めるのかについて、具体的なステップを提示しながら書かれている。読み進めると、何を考えるべきか、語り合うべきかが見えてくる。

チームメンバーの能力不足に悩むよりも、語り合いながら個々の力を発揮する組織を作っていって欲しい。そのためのヒントが、この本にはたくさん散りばめられている。

埼玉大学大学准教授
宇田川 元一

Business Models for Teams
ビジネスモデル for Teams

See How Your Organization Really Works and How Each Person Fits In
組織力を強化するメンバー最適化の手法

Portfolio/Penguin

本書のビジネスモデル
This Book's Business Model

本書の執筆、編集、制作には39カ国225名のメンバーが参加。各章の下書きはオンラインコミュニティにアップロードされ、15か月間をかけてレビュー、議論、推敲を行いました。メンバーは、ビジネス、テクノロジー、政府、学術、医薬、法律、デザイン、その他多彩な分野における専門家で構成されています。各自の稼働をフルタイムに換算した合計は、5,000年分を超えており、その経験と知識を本書に惜しみなく注いでくれました。225名の寄稿者全員の名前は次ページに掲載しています。

メンバーのおかげで、コミュニティ型の議論と知識の共有がいかに有効で信頼性が高いかを、改めて裏付けることができました。さらに、米国のあらゆる業界の組織において、今や不可欠とされている真にグローバルな視点が、いかに大きな成果を挙げるのかが実証されました。メンバーの参加地域は、オーストラリア、オーストリア、ベルギー、ブラジル、カナダ、チリ、中国、コロンビア、キプロス、デンマーク、フィンランド、フランス、ドイツ、ハンガリー、インド、アイルランド、イスラエル、イタリア、日本、ヨルダン、ルクセンブルグ、マレーシア、メキシコ、オランダ、ニュージーランド、フィリピン、ポーランド、ポルトガル、ルーマニア、シンガポール、スペイン、スウェーデン、スイス、トルコ、英国、UAE、米国、ベトナムと全世界にわたります。

特に、Cheryl Sykes、Bob Fariss、Reiner Walter、Marijn Mulder、Jaime Schettini、Adriano Oliveira、Elia Racamonde、Jutta Hastenrath、Dennis Daems、Birgitte Alstrom、Sophie Brown、Beatriz Gonzalez、Erin Liman、Mary Anne Shew、Daniel Weiss、Cheenu Srinivasan、Danielle Leroy、Mitch Spiegel、Luigi Centenaro、Arnulv Rudland、Frederic Caufrier、Edmund Komar、Renate Bouwman、Mercedes Hoss、Thomas Becker、Nicolas de Vicq、Jose Meijer、Neil McGregor、Mikko Mannilaの皆さんは、1年以上をかけて、本文の寄稿と推敲、グラフィックアイデアの提供、本書の全体的な方向性・トーン・スタイルの統一に何百時間も貢献してくれました。また、ビジネスモデル・キャンバスの生みの親であるアレックス・オスターワルダーとイヴ・ピニュールに感謝いたします。

興味を持たれた方は、ぜひ BusinessModelsForTeam.com* に参加してください。本書で紹介したすべてのツールを無料で利用することができます。次ページに名前の掲載されている225名の寄稿者をはじめとする、80カ国、1万2,000名以上のビジネスモデルファンのオンラインコミュニティが待っています。

＊「BusinessModelsForTeams.com」は、ビジネスモデル for Teamsのコミュニティサイト（英語）です。どなたでも自由にご参加いただくことができます。また、本書に登場するツールなどもダウンロードすることが可能です。ご参照ください。
https://www.businessmodelsforteams.com/

「BusinessModelsForTeam.com」共同制作者
Co-creators of Business Models for Teams

Aclan Can Okur
Adriana Lobo
Adriano Teles da Costa e Oliveira
AJ Shah
Alaa Qari Alan Scott
Alexander Schmid
Amina Kemiche
Ammar Taqash
Andrea Frausin
Andrew Kidd
Angelina Arciero
Anja Wickert
Ann Ann Low
Annalie Killian
Ariadna Alvarez Delgado
Aricelis Martinez
Arnulv Rudland
Ayman Sheikh Khaleel
Bart Nieuwenhuis
Beatriz Almudena González Torre
Bernie Maloney
Bert Luppens
Birgitte Alstrøm
Birgitte Roujol
Björn Kijl
Bob Fariss
Brenda Coates

Brian Edgar
Brian Haney
Brigitte Tanguay
Bruce Hazen
Bryan Lubic
Carlos Salum
Caroline Bineau
Caroline Ravelo
Cheenu Srinivasan
Cheryl Rochford
Cheryl Sykes
Chimae Cupschalk
Christine Paquette
Christoph Kopp
Christopher Ashe
Conrado Gaytan de la Cruz
Conrado Schlochauer
Cristian Hofmann
Daniel Huber
Daniel Weiss
Danielle Leroy
Dann Bleeker-Pedersen
David M. Blair
David Hubbard
David Nimmo
Dawn Langley
Deanne Lynagh
Denise Taylor

Dennis McCluskey
Dennis Daems
Derrick Tran
Dora Luz González Bañales
Doug Gilbert
Doug Morwood
Eddy de Graaf
Edmund Komar
Eduard Ventosa
Eduardo Campos
Eli Ringer
Elia Racamonde
Elizabeth Cable
Enrico Florentino
Eric Nelson
Erik Alexander Leonavicius
Erin Liman
Ernest Buise
Fabiana Mello
Fabio Carvalho
Fabio Nunes
Fabio Petruzzi
Falk Schmidt
Fernando Sáenz Marrero
Francisco Barragan
Francisco Provete
Franck Demay
Frederic Caufrier

Frederic Theismann
Gabrielle Schaffer
Gary Percy
Geoffroy Seive
Ghani Kolli
Gina Condon
Ginés Haro Pastor
Ginger Grant
Gisela Grunda-Hibaly
Glen B. Wheatley
GP designpartners gmbh
Grace Lanni
Greg Loudoun
Gregory S. Nelson
Guida Figueira
Guido Delver
Hadjira Abdoun
Hans Schriever
Hector Miramontes
Hena Rana
Hillel Nissani
Isabel Chaparro
Isabella Bertelli Cabral dos Santos
Jörn Friedrich Dreyer
Jaime Schettini
Jairo Koda
James Saretta
James Wylie

Jan Kyhnau
Jane Leonard
Jason Porterfield
Jaya Machet Jean-Pierre Savin
Jean-Yves Reynaud
Jeffrey Krames
Jeroen JT Bosman
Joe Costello
John Carnohan
John J Sauer
Jonas Holm
Jonny Law
Jordi Castells
Jorge Carulla
Jorge Pesca Aldrovandi
Jos Meijer
Juan Diez
Jude Rathburn
Judy Weldon
Julia Schlagenhauf
Julie Ann Wood
Justine Lagiewka
Jutta Hastenrath
Katiana Machado
Keiko Onodera
Koen Cuyckens
Laura Stepp
Lina Clark

Liviu Ionescu
Lourenço de Pauli Souza
Luc E. Morisset
Luigi Centenaro
Lukas Bratt Lejring
Magali Morier
Magda Stawska
Manuel Grassler
Manuela Gsponer
Marco Mathia
Marco Ossani
Maria Monteiro
Maria Orofino
Marijn Mulders
Markus Heinen
Marsha Brink Stratic
Martin Gaedke
Martin Schoonhoven
Mary Anne Shew
Mathias Wassen
Mats Pettersson
Mattias Nordin
Megan Lacey
Mercedes Hoss-Weis
Michael Lachapelle
Michael Lang
Michael Ruzzi
Michael Makowski

Michael Bertram
Michelle Blanchard
Miki Imazu
Mikko Mannila
Mitchell Spiegel
Mohamad Khawaja
Nadia Circelli
Natalie Currie
Neil McGregor
Niall Reeve-Daly
Nicolas Burkhardt
Nicolas de Vicq
Nige Austin
Olivier Gemoets
Oscar Galvez Tabac
Pallavi Bhadkamkar
Paola Valeri
Paula Quaiser Paulo Melo
Pedro Fernandez
Peter Cederqvist
Peter Dickinson
Peter Gaunt
Philip Blake
Pierre Chaillou
Rainer Bareiss
Ralf Meyer
Randi Millard

Raymond Guyot
Reiner Walter
Renate Bouwman
Renato Nobre
Rex Foster
Riccardo Donelli
Richard Bell
Roberto Salvato
Robin Lommers
Sara Vilanova
Scott Doniger
Sophie Brown
Stefaan Dumez
Stefan Kappaun
Stephan List
Stuart Lewis
Susanne Zajitschek
Thomas Becker
Thomas Kristiansen
Thomas Fisker Nielsen
Till Leon Kraemer
Tim Clark
Tufan Karaca
Van Le
Verneri Aberg
Victor Gamboa
Viknapergash Guraiah
Vincenzo Baraniello

Co-creators of Business Models for Teams

ビジネスモデル・キャンバスの成り立ち
Origins of the Business Model Canvas

『ビジネスモデル・ジェネレーション ビジネスモデル設計書』が世界的ベストセラーになったことに、誰よりも著者である私が驚かされました。あるランキングによれば、マネジメントに関する書籍の歴代ベストセラーの29位にランクインしているというのです。なぜこの本がそれほど広く受け入れられたのかと言えば、答えはビジネスモデル・キャンバスにあります。キャンバスの背景を知っている人は少なく、本書の著者であるティムとブルースから誕生秘話を紹介して欲しいと頼まれましたので、少しご紹介しましょう。

私はローザンヌ大学の教授を務めています。1990年代後半、チームを組んで新しいベンチャーのアイデアやビジネスプランに取り組む大学院生が、私にアドバイスを求めることが増えました。そうしたアイデアの多くが「ドットコム」系のバリエーションで、オンラインでクラフトビールを販売するといった内容でした。

私は起業家の卵たちに対して、アドバイスをする代わりに、彼らが提示してくる事業アイデアを裏付けるロジックを確認するために質問を投げかけました。そのビジネスがどのように展開するのかを、わかりやすくシンプルな言葉で説明できるようになってもらうためです。これは「ビジネスモデルを明確に説明する」というプロセスに他なりません。このプロセスをいくつものチームに対して繰り返すうちに、投げかける質問が自然と9つの明確なカテゴリへとまとまっていきました。

このとき、この主要な9つの要素はすべてのビジネスモデルに共通するのではないかというアイデアがひらめきました。すぐさまこのアイデアに取り組んだわけではありませんが、いつも私の心の隅にひっかかっていました。そして、博士課程でビジネスモデルに関する研究を行っていたアレクサンダー（アレックス）・オスターワルダーという若き起業家の担当教官となったときに、このアイデアを再び想起したのです。このアレックスこそ、Strategyzer社の創始者であり、現CEOでもあります。

10年以上をかけて、アレックスと私はビジネスモデルに関する研究を発展させ、検証し、発表してきました。この間に、私たちは9ブロックで構成された視覚的ツールを開発しました。それがビジネスモデル・キャンバスです。これは当初の9つの質問のカテゴリを反映しつつも大幅に改善し、検証を重ねたものです。

このキャンバスは私たちの共著『ビジネスモデル・ジェネレーション ビジネスモデル設計書』の基礎となりました。アレックスと私を支えてくれたのは、共著者のコミュニティをはじめ、原稿に直接手を加えてくれたデザイナーのアラン・スミス、制作マネージャーのパトリック・バンデルバイル、編集者のティム・クラークという3人の仲間です。

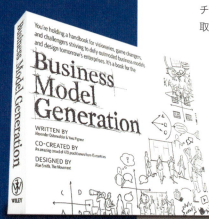

ティムはその後『ビジネスモデルYOU』を発表しました。この著書の中で彼はキャンバスを個人のキャリア開発に適用して「パーソナル」ビジネスモデルを作り上げました。そしてこの度、ティムとブルース・ヘイゼンはキャンバスを組織内グループに適用しました。それがこの本、『ビジネスモデル for Teams』です。

私にとって、この本には新たな発見が3つありました。

第1に、キャンバスを使って組織の内部運営を改善することをテーマにしていた点です。これはキャンバスを戦略策定または戦略見直しのツールとして使うという従来のマーケット向けの手法とは対照的でした。

第2に、リーダーにとって（効率を上げるためというよりも）実力を発揮するための最もスピーディな方法を提示している点です。50年におよぶトレーニングと研究と実践は、組織におけるリーダーシップの大幅な改善にはつながっていません。それはおそらく、チームメンバーより「チームリーダー」に対するトレーニングに重点を置きすぎたことが原因なのではないかと思います。この本は、リーダーにも組織運営を担っているという自覚を持たせ、すべての人に職場に適合する方法を示しています。

第3に、組織・チーム・個人レベルで同じツールを利用して理解を促し、ビジネスモデルを明確にしていく方法を示している点です。また、誰もがリーダー、マネージャー、メンターとして他の人の役に立てるように新しいツールやテクニックも紹介しています。

「私」と「私たち」の間のギャップを埋めるこのハンドブックは、ティム・クラークとブルース・ヘイゼンの手によって、実践的で大きな期待を感じさせるものとなっています。彼らは、具体的なケーススタディや実例をもとに、「言葉を超え、個人・チーム・組織の仕事に関する問題を特定する」方法を提案しているからです。

読者の皆さんも、きっとこの実践的なハンドブックに魅了されることでしょう。どのチャプターからも、明快な実例を用いてアプローチを伝授するティムとブルースの熱意が伝わります。「私から私たちへ」のアプローチを実践する新しいツールとテクニックに、大きな気づきを感じていただけるはずです。

イヴ・ピニュール
スイス・ローザンヌ大学経営情報科学学部教授
『ビジネスモデル・ジェネレーション ビジネスモデル設計書』著者
（アレクサンダー・オスターワルダーとの共著）

本書に取り上げられている職業

People Like You Featured in this Book

● 会計士 …………………………… 64
● 弁護士 …………………………… 146
● 広告会社の会計マネージャー ………………… 112
● シェフ …………………………… 40
● コピー機メーカー経営陣 ………………… 24
● コンサルタント会社の戦略リーダー ……………… 164
● 企業コミュニケーションマネージャー ……………… 110
● エネルギーマーケティングマネージャー ………… 68
● エンジニアリング博士候補生 ……………… 113
● エンジニアリングサービス社CEO ……… 212
● Facebook経営陣 ……………………… 48
● 財務コンサルタント …………………… 64
● フィットネスセンター CFO ……………… 158
● 冷凍食品製造マネージャー ………………… 136
● 医療MBA ……………………… 139
● 人材コンサルタント（社内） ……………… 70
● 人材コンサルタント（社外） ……………… 170
● 人材ディレクター、ソフトウェア ……………… 204
● 人材ディレクター、運輸 ………………… 114
● 産業トレーニングマネージャー（社内） ………… 74
● 保険会社トレーニングマネージャー ……………… 208

● 整備士 …………………………… 142
● 製造部門マネージャー ………………… 180
● 製造スペシャリスト ………………… 146
● 医大の研究化学者 ………………… 146
● 組織開発コンサルタント ……………… 213
● 人材開発コンサルタント ……………… 208
● 製薬会社営業マネージャー ……………… 82
● ドラッグストアチェーン経営陣 ……………… 15
● プログラマー …………………… 106
● レストランオーナー ………………… 40
● リスク分析エンジニア ……………… 162
● 半導体メーカー経営陣 ……………… 150
● サッカーコーチ ………………… 4
● 社会起業家 ……………………… 44
● ソフトウェア開発会社CEO ……………… 204
● ソフトウェア開発会社マネージャー ……………… 106
● ソフトウェア学習サービスディレクター ………… 66
● 技術イノベーションセンターマネージャー ………… 74
● 電気通信マーケティングディレクター ……………… 148
● 電気通信キャリアウェブマネージャー ……………… 202
● 運輸エンジニア …………………… 114

XIII

Contents

I. 「大局的視点」で働くためのセオリー

円滑な働き方をリードする
新たな方法論

Chapter 1. 「私」から「私たち」へ 2

II. ビジネスモデル

組織、チーム、個人のビジネスモデルを描き、
分析する強力なツールの使い方

Chapter 2. 組織のモデリング 22
Chapter 3. チームのモデリング 58
Chapter 4. 個人のモデリング 96

III. チームワーク

ビジネスモデルシンキングを補う
新しいツールでチームワークを強化する

Chapter 5. 「私」から始める 124
Chapter 6. 「私」を「私たち」に合わせる ... 156
Chapter 7. 「私たち」を「私たち」に合わせる … 178

IV. 応用ガイド

実例から学び、自分自身、チーム、組織に取り入れる

Chapter 8. 応用ガイド 198
Chapter 9. 新しい働き方 224

特別寄稿者 242
制作者略歴 246
著者注 248
参考文献 250

xv

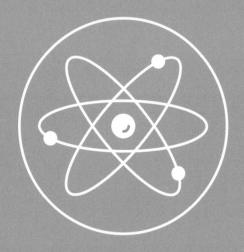

Section I

A Bigger Theory of Work

「 大 局 的 視 点 」 で 働 く た め の セ オ リ ー

円滑な働き方をリードする新たな方法論

From *Me* to *We*

「私」から「私たち」へ

プレイヤー兼コーチ
The Player-Coach

ある日、自信と希望に満ちた男性がこう声をかけてきました。

「君たちのチームにはプレイヤーが足りないようだね。チームに参加してもいいかな?」

海外のサッカーチームのユニフォームに身を包んだ彼は、サッカーに精通し、しかも私たちにないものを持っているように見えました。

大学院生の寄せ集めのわがチームは、カリフォルニア州サンノゼの社会人サッカーリーグに毎週参加しているとはいえ、もっぱらのお目当ては試合後の打ち上げ。成績は常に最下位でした。

キャプテンが「どんな助けでもありがたい! ぜひ頼むよ」と言うと、男性は「そうだと思った!」と即答し、みんな笑い出しました。

彼はラミーと名乗り、大学院進学のために米国に来る前は、エジプトで数年間サッカーのプレイヤー兼コーチをしていたと自己紹介しました。

ラミーの登場は、まさに願ってもないタイミングでした。チームメンバーは、費やしてきた時間も努力も報われず、成績不振に陥っている現状にうんざりしていたからです。その日から、ラミーは「プレイヤー兼コーチ」として、チームに参加することになりました。

ここからが快進撃の始まりです。ラミーは、まず全体を俯瞰的に捉える「試合の大局的なセオリー」というものを教えることで、メンバーのベストパフォーマンスを引き出していきました。そのおかげで、チームは徐々に「真のチーム」として生まれ変わり、プレースタイルも大きく変化しました。新旧のプレースタイルの違いは、次のような視点によるものです。

- それまでのチームは、ただボールを追うことに終始していました。しかしラミーは、プレイヤー同士の動きをよく見て、連係したプレーを心掛けることを教えました。

- 「最高のプレイヤー」を目指すのではなく、良い試合運びに貢献する「最高のプレーメーカー」になることが目標だと教えました。

- それまでは、自分のポジションの役割を果たすことばかりに注力していましたが、フィールド全体で何が起きているのかを把握することが重要だと教えました。

- それまでは、仲間と楽しむことが目標でしたが、「スキルを向上させ、勝てるチームになる」という大きな目標を掲げました。

プレイヤー兼コーチとしてラミーが参加してから1シーズンで、チームはリーグ2位にまで大躍進し、家族や友人は熱狂的なサポーターに変わりました。

もちろん今でも、試合後の打ち上げは楽しみのひとつです。なぜなら、「勝利の祝杯」まであげられるようになったのですから[1]。

「私」から「私たち」へ
From Me to We

ラミーはアマチュアのサッカープレイヤーの集団を、本格的なチームへと生まれ変わらせることに大きく貢献しました。そのために、次の4つの動機付けを行ったのです。

目的
人は常に「今の自分より、もっと優秀なグループの一員でありたい」と願うものです。ラミーは「勝てるチームになる」という大きな目標を掲げました。

自律性
人は本来、「自分の生き方は自分で決めたい」と願っています。ラミーはその方法をチームに示しました。

関係性
人は誰かと「つながりを持ちたい」と思っています。ラミーは、チームメイトが一丸となってプレーを作り上げる喜びを教えました。

達成感（熟練・向上）
人は上達・向上をすることで「達成感を得たい」と思うものです。ラミーは、チームメイトにスキルの伸ばし方を教えました[2]。

ラミーが教えていたのはサッカーですが、彼がチームに対して行った指導は、多くの組織が直面している課題の解決にも有効です。それは、「私」という個人だけでなく、「私たち」という自分を含むチーム全体に着目するという考え方に導くことであり、言い換えればそれが「優れたチームを作る」ということなのです。

リーダーなら誰しも、より良いチームワークを築きたいと願っています。とはいえ、どんなチームでも、ある程度の対立や摩擦といった問題を抱えています。チームワークコンサルタントのパトリック・レンシオーニ氏は、これは「チームは、常に内面の綱引きに直面している『不完全な人間』同士によって構成されている」という単純な理由によるものだとしています[3]。

職場では、誰もが個人的なニーズ（自分にとって得になること）とチームの目的（チームにとって最善なこと）とのバランスをとることに苦慮しています。個人のキャリア選択においても、「生活」と「やりがいのある仕事」を天秤にかけて難しい決断を迫られることは珍しくありません。ハーバード大学の教授も務めた生物学者のエドワード・O・ウィルソン氏は、この「私」と「私たち」の緊張関係は、そもそも生物学的に人間が持って生まれる永遠の課題であり、解消されるものではないと説いています。

私たちは、自分の人生をチームのために捧げるように生まれついているのだろうか？ それとも、自分自身や家族を何よりも優先するのが本能だろうか？ 科学的根拠は…そのどちらも兼ね備えていることを示唆している。この正反対の思考性は、感情と理性に生来組み込まれており、消し去ることはできないのだ[4]。

リーダーは、自分の利益を考える「私」とグループの利益を考える「私たち」を、どうにかして両立させなくてはなりません。しかし、「私」と「私たち」の対立を避けて通ることは難しく、ましてや対立をなくすことなどできません。

そこで、優れたチームビルダーは、この緊張関係を「全員の利益」となるよう利用するのです。

目指すべきは、一人ひとりの「私」をうまく認めながら、全員を「私たち」思考へとシフトさせることです。「ビジネスモデル for Teams」では、その方法をご紹介します。ラミーのように、優れた「プレイヤー兼コーチ」を目指しましょう。

Chapter 1

「私」から「私たち」への転換方法
How Does Me-to-We Work?

「私」から「私たちへ」のアプローチは、「大局的視点で働くためのセオリー」を取り入れるのが有効です。ラミーがチームメイトに「ポジション単位」のプレーから脱却させたように、ここでは「作業単位」ではなく「役割」として働き方を考えます。

業務規定（ジョブ・ディスクリプション）には、責務、業務内容、期待される成果が示されています。一方、役割規定（ロール・ディスクリプション）は、「他の人々との関係」に重点を置いています。これは、ラミーが技術のないサッカープレイヤーに対して、「ただボールを追う」のではなく「連係プレー」を教えたことと同様に、「関係性」に注目しているのです。

たとえば、プロジェクトチームで「コミュニケーション・ディレクター」の役割を与えられたとします。この場合、「コミュニケーションディレクター」を役職や肩書ではなく、「チームの活動を組織のメンバーに伝える」という「役割」として捉えるわけです。

「大局的視点で働くためのセオリー」では、組織構造の観点ではなく、「ビジネスモデル」の観点で働くことを重要視しています。組織図を見れば企業内の指揮系統はわかりますが、組織がシステムとしてどのように機能するかを読み取ることはできません。

一方、ビジネスモデルのフレームワークは、組織のシステムが実際にどのように機能し、誰を対象としているかを示し、さらに各要素の関係性も表します。つまり、「何が一斉に起きているか」をシステムの全容として表現することができるのです。これは、ラミーがプレイヤーたちに、試合がフィールド全体で行われていることを把握するよう教えたのと同じです。

次章では、ビジネスモデル・キャンバスの使い方を説明します。これは、ビジネスモデルを可視化して理解するための強力なツールです。

ビジネスモデルキャンバスを用いれば、組織を「企業」「チーム」「個人」という3階層のシステムとして捉えることができます。

「企業のビジネスモデル」は組織全体が価値を作り上げ、組織外の顧客に向けて価値を提供する方法を、「チームのビジネスモデル」はそのグループが価値を作り上げ、（多くの場合）組織内の顧客に向けて価値を提供する方法を、そして「パーソナルビジネスモデル（個人のビジネスモデル）」は個人が価値を作り上げ、その価値を提供する方法を示します。

ビジネスモデル・キャンバス

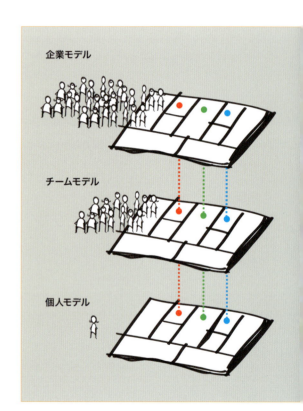
企業モデル
チームモデル
個人モデル

本書の対象とその理由
Who This Book is for and Why

本書は、ラミーのようにチームを強化して活躍させたいと願うリーダーや、これからリーダーを目指す皆さんを対象としています。記載された手法は、営利、非営利にかかわらず、ほとんどの組織で活用することができます。

協力関係やコミュニケーションが良好だからといって、必ずしも良いチームワークとは限りません。ただ業務に忙殺されるのではなく、チームの一人ひとりが「自発的に」重要事項に取り組むように機能することが必要なのです。本書の主な目的は、チームメンバー自らが判断し、仕事を円滑に推進させるために必要となるサポートについて、具体的な方法を紹介することです。ウォーレン・バフェットの名言、「lead more and manage less」(管理よりリード)を実践する方法を紹介していきます。

リーダーシップの基本

本書で紹介する手法とテクニックは、リーダーとしての素養や経験にかかわらず、誰にでも役立つものです。一方で、もしあなたが本書を使って他のメンバーを指導したり訓練を行ったりする場合には、基本的な管理・監督スキルが重要です。本書はリーダーシップの基礎を解説するものではなく、特定のリーダーシップのスタイルを推奨するものでもありませんが、「基礎を復習したい」という方のために、長年にわたり第一線の管理職や経営者に指示されているモデルを紹介しておきましょう。それがポール・ハーシー氏とケン・ブランチャード氏によって提唱された「状況対応型リーダーシップ (situational leadership)です」[5]。

状況対応型リーダーシップでは、リーダーは部下の人柄やニーズを画一的な行動スタイルや単一の視点で捉えるのではなく、むしろさまざまな相手や状況に対して、自分のスタイルを適応させるような変化を推奨しています。状況対応型リーダーシップモデルについてわかりやすく解説しているのが、ベストセラーとなった『1分間リーダーシップ』[6]です。

リーダーとして成長するための最善の方法は、基本的なマネジメントスキルを磨くことです。たとえば、信頼関係を築き、フィードバックを与え、成果を認めて感謝を伝える、といったことです[7]。リーダーシップと関連項目に関する推薦図書については、250ページの参考文献を参照してください。

企業モデルを最上位とする三層構造で捉えてください。組織をこの形で考えると、相互の依存関係が明らかになります。特に仕事を「決められた職務」として捉えがちな人にとって、グループや部門の枠を超えた人とのつながりに気づくきっかけになります。こうして、組織が実際にはどのように機能し、自分の位置付けがどのようになっているのかに気づき始めるのです。

意図せずリーダーになった人のための3つの思考スタイル

"Accidental" Leadership and Three Thinking Styles

意図せず「なりゆき」でリーダーになってしまったという人も少なくありません。

必ずしもマネジメントやスーパーバイザーとして卓越したスキルを発揮したわけではなく、技術や職務の成果が買われてリーダー職に抜擢されるケースです。この場合、多くの新任リーダーは文字通り「考え方」を変えることから始める必要があります。

その理由を説明しましょう。キャリアの駆け出しのころは、学生時代に培ったものが試される時期です。指示を仰ぎ、周囲の人々から新しい仕事を学び、より良い働き方を教えてもらいます。この段階は「**依存型**」思考です。
やがて専門技術を身につけ、能力が買われるようになると、自分の経験に自信を持ち、自らの判断で仕事を進めるようになります。この段階は「**独立型**」思考です。

ところが、部下を指導する立場に就くと、組織のシステムについて、また人間関係やグループ同士の関係について考えなければならなくなります。ここで求められるのが「**相互依存型**」(システム)思考です。そして、システムや相互依存を把握するために最も実践的かつわかりやすい方法は、ビジネスモデルを使って模式的に「可視化」することです[8]。

リーダーとして、組織をビジネスモデルの活用で改善していくことは、大きな助けとなります。また、3つの思考スタイル（依存型、独立自立型、相互依存型）を区別しやすくなり、部下や周囲の人々の思考スタイルを見極められるようになるため、それぞれに適した思考スタイルを指導して実践させることができます。

なぜ「ビジネスモデル for Teams」が必要なのか？

ビジネスモデルは、一般的に外部の顧客により良いサービスを提供できるように用いられてきました。これは、利益を生み出しマーケットに提供するためのロジック、つまり「戦略」です。ほとんどの組織において、戦略を練るのは主に経営陣に限られます。

一方、本書では戦略ではなく、内部の顧客への対応改善のためにビジネスモデルを用います。これを「オペレーション」と呼びます。多くの人が実践的に関わるのがこのオペレーションです。

『ビジネスモデル・ジェネレーション』は、組織戦略を描く新たな方法を紹介しました。『ビジネスモデルYou』は、この手法を個人に適用しました。『ビジネスモデル for Teams』では、戦略と業務を組み合わせることで、日々の現場で「我々は何をすればよいのか」を理解できるようになります。

Chapter 1　9

レゴ®ブロックを使って組織を表す

言葉だけでは時に不足し、時に冗長になる

When Words Are Not Enough or Too Much

昇進したばかりのリーダーは、リーダーシップ論を読んだり講習を受けたりして、有能なリーダーらしいキーワードを必要以上に多用したがるものです。ところが、実際にリーダーシップを発揮する能力や資質がまだ備わっておらず、周りからも十分に認められていないため、リーダーは次のような「間違った思い込みによる意見」を押し付けがちです。

1. 自分が理解し、意図したようにみんなも理解しているはずだ
2. 自分の意見に従って、部下が適切な行動をとるはずだ

もちろん、言葉を駆使することも悪くはありません。ただ、言葉だけでは、組織という複雑で多面的なシステムを十分に理解させることはできません。システムを理解させるためには、リーダーは物理的なツール（第三のオブジェクト[9]）を使い、部下がシステム全体を把握できるようにする必要があります。ツールとして「キャンバス」「レゴ®ブロック」「付箋紙」「フリップチャート」「イラスト」など、言葉では表現しきれない関係性を記号やモデルで効率よく示せるものを利用しましょう。

こうしたツールは、議論で用いるような抽象的な言葉から離れ、「物理的に組み立てる」という具体的な世界へと導いてくれます[10]。実際に組み立てることによって、言葉にならない知識が明らかになり、口下手な人にも活躍の場が与えられ、誰もが自分の考えを表現して共有できるようになるでしょう。
ツールの活用により、「直面した作業に集中できる」といった効果も期待できます。
またこの作業には、個人の性格や力関係はあまり影響しません。グループでは発言力が最も強い人の意見を採用しがちですが、そうした傾向も抑制することができます。その結果、対立を減らすことができるのです。さらに、集中して取り組むことでやる気が高まり、行動を変えるモチベーションとしても非常に有効です。

「『私』から『私たち』へ」というアプローチの実践に長けた人は、こうしたツールは必須アイテムだと口を揃えます。本書ではたくさんの実例をご紹介します。言葉を超え、個人・チーム・組織の仕事に関する問題を特定する際に、必ず役立つことでしょう。

役割の明確化
Clarifying Your Role

部下の生産性を高め、組織になじんできた次の段階では、確固としたリーダーシップスキルが求められます。しかし、経験の浅いリーダーは、この目的の達成に最も苦労します。本書に示すツールを活用して問題を明らかにする場合は、自分もチームのメンバーも、その問題に対応できる「能力」と「心構え」があることを確かめてからにしましょう。

新任のリーダーは、抜擢された任務にふさわしい行動を示すことに終始しがちです。一方で、自らのリーダーとしての役割を部下に説明することがおろそかになります。

その結果、部下は新しいリーダーの役割を十分に理解せずに、リーダーの役割を推測するようになります。部下にもっと理解と協力を得たい（部下に上司のフォローをしてほしい）と思うなら、推測させるのではなく、自らのリーダーとしての役割を詳しく説明しなければなりません。

役割全般に言えることですが、とりわけリーダーの役割というのは、時間の経過とともに変化します。ですから、リーダーとしての自分の役割を含め、全員の役割をオープンかつ明確に見直すことが欠かせません。説教をしたり、直属の部下に命令口調で話をしたり、職務の内容をころころ見直すのも避けましょう。それぞれの役割を説明するだけにするべきです。

たとえば、意思決定をチーム全体で行い、各メンバーが自ら判断して行動するような組織に生まれ変わらせたいなら、リーダー自らが問題解決の答えを出すのではなく、「メンバーが問題の枠組みを把握できるよう質問を投げかける立場」へと、リーダーの役割をシフトすることを説明しましょう。

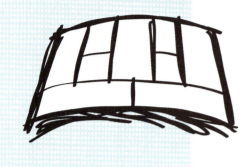

アプローチ：概要
The Approach: A Quick Overview

次のチャプターでは、チームワークを強化するための具体的な方法を学んでいきます。ケースによって、さまざまな組み合わせで活用することができますが、ここでは代表的なアプローチを簡単に説明しましょう。

1.参加者がパーソナルビジネスモデルを描く

各チームメンバーがパーソナルビジネスモデル・キャンバスを使って、現在担当している仕事と今後取り組みたい仕事を描きます。これにより参加者は、日々の活動の枠を超えて関連や連携などを考えるようになり、自分の仕事が誰をサポートしているのかなどを認識できるようになります。これは、職場での良好な協力関係の基礎となる「重要な相互依存関係」を認識するための最初のステップです。「現状」と「今後」のモデルを作成し、それに対する意見や感想を出し合えば、参加者はコミュニケーションをとりやすくなり、チームに貢献するためには「自分に何の能力が足りないのか」に気づきます。これが確実に良好なチームワークへとつながるのです。

2.参加者がチームモデルを定義する

次に、同じキャンバスツールを使って、チームメンバーがグループとして一緒に取り組む仕事をまとめてモデル化します。これが、目からうろこが落ちるような体験になります。チームの目的を視覚的に表現することで、参加者は業務で助けている他のグループを認識することになり、会社全体のつながりを意識するようになるのです。これにより、チームも会社も変化のない「機械」のような組織ではなく、フィードバックによって「絶えず変化するシステムである」という認識が生まれます。ここでも「モデルの作成」と「グループ内での意見の共有」が参加者の状況認識を高め、「良好なチームワーク」と「自らの判断に基づく行動」へとつながる大きな一歩になるのです。

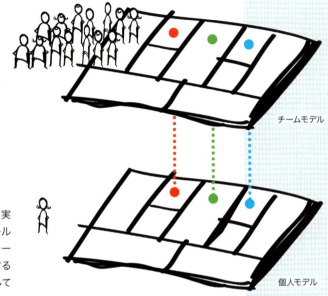

チームモデル

個人モデル

3.参加者は自分がどのように貢献できるかをチームモデルにマッピングする

参加者は各々「どのように自分が貢献できるのか」をチームモデルにマッピングし、チームの活動に付加価値を生むことができるポイントを見つけ出します。ここで「効果の出ていない箇所」や、反対に「チャンスになる点」が浮き彫りになり、必要とされる重要な仕事がよく見えるようになります。そのおかげで、参加者は同僚の前で、新たな任務や役割に取り組む姿勢を示さざるを得なくなります。また、このエクササイズの内容とプロセスが、協力とコミュニケーションの強化につながります。

このプロセスを体験した人は、「考え方」「意識」に加え、最も重要な点である「行動」においてブレークスルーが起きたと言います。本書では、後ほどこうした体験談もご紹介します。このアプローチを活用して、困難な課題を克服し、ワクワクするような機会を得られた方々の実例です。こうしたツールの使い方や、自分のチームでプロセスを実践する方法についても説明しています。

ビジネスモデル・キャンバスは、すでに10年以上も営利・非営利を問わず多くの組織で広く活用されています。ダウンロード件数は500万を超え、世界各国の数万社にのぼる一流企業でも採用されています[11]。

チームの存在意義を確かめる
Defining Your Team's Why

多くの組織では、社是、企業理念などを通じて業務内容や活動理由を広報しています。理想的な企業理念は、「士気を高めるような目的」が記憶に残る文章で表現され、組織と社員を導く指針となります。お粗末な企業理念は、かえって読み手を混乱させるだけです。

ほとんどの企業理念は、その中間のようなものであふれています。右の文章を読んでください（創業100年を超える大企業が実際に採用している文章です）。

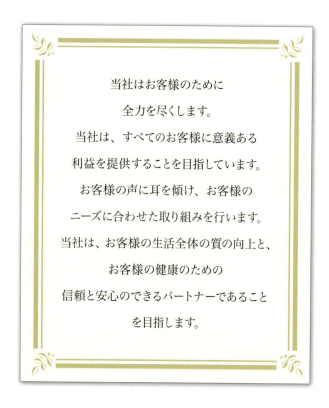

当社はお客様のために
全力を尽くします。
当社は、すべてのお客様に意義ある
利益を提供することを目指しています。
お客様の声に耳を傾け、お客様の
ニーズに合わせた取り組みを行います。
当社は、お客様の生活全体の質の向上と、
お客様の健康のための
信頼と安心のできるパートナーであること
を目指します。

高い志は感じられますが、漠然としてわかりにくい文章です。この会社の業種は？ サービス業なのか、メーカーなのか？ 作物を栽培している？ ボーリングのボールのメーカー？ 年金積立サービスの会社？ 顧客は？ 存在意義は？

「存在意義」を伝えるためには「シンプルでわかりやすい言葉」を使うべきですが、それを怠っている企業は多いものです。実はこの企業は、100年にわたって人類に多大な貢献をしています。
たとえば次のように、もう少しわかりやすい言葉で表現してみてはどうでしょう。

病気やケガによる苦痛を
和らげるため、
効き目が高く安全な
鎮痛薬を開発します。

1. 簡潔で覚えやすい文に

最初に挙げた例は140文字ほどもあり、すぐに忘れそうな内容です。上記の改訂版はわずか40文字ほどで、覚えやすい文章です。意義表明は覚えられなければ役に立ちません。

2. 意義と内容の両方を伝える

最初の例は会社の業務内容も存在意義も全く伝わりません。改訂版は会社の業務内容が明確で、その意義も明らかです。

3. 崇高な趣旨を掲げる

最初の例は「お客様に尽くす」以上の趣旨がありません。一方、改訂版では「苦痛を和らげる」という崇高な趣旨を掲げています。

4. 三人称で書く

最初の例は一人称で書かれているため、どの文も「当社」で始まります。しかし、企業理念はチームについてではなく、「チームが他者のために何をするのか」を説明するものですから、三人称で書きましょう。

まとめると、意味のある企業理念にしたいならば、専門用語やあいまいな言葉は使うべきではありません。「チームの業務内容」と、「それがなぜ重要なのか」を簡潔に伝えるべきです。「自己の利益」ではなく「他者への貢献」を目指す崇高な趣旨を掲げましょう。企業理念は、組織がその内容に沿っていてこそ意義があるのは言うまでもありません。

企業理念の対価は 20億ドル

ヘレナ・フォークス氏はキャリアにおいて最大の決断を迫られた。それは、雇用主である会社の根幹を問われる重大な決断でもあった。

フォークスの雇用主である米国の大手ドラッグチェーンのCVS社は、ジレンマに陥っていた。タバコの販売を続けながら健康補助品や医薬品を扱うことは、道義上許されるのか?

簡単に下せる決断ではなかった。タバコ関連の売上はCVSの年間収益のうち20億ドルを占めていた。

しかし最終的に、フォークス氏が率いるチームはCVSの企業理念を尊重し、すべてのタバコ製品およびタバコ関連商品を店頭から撤去することを決断した。

「この決断が社内にも社外にもわが社を象徴する出来事となった」とフォークス氏。「当社は健康に貢献する会社なのだと」。

「CVSがタバコを止めた理由」、2015年7月12日
ニューヨークタイムズ紙より

Things to Try on Monday Morning

月曜日の朝に取り組むこと

チームビルディングを始めるために、本書の各章の最後に
「月曜日の朝に取り組むこと」というエクササイズを用意しました。
さっそく取り掛かってみましょう。
次ページに最初のエクササイズがあります。

チームの理念の下書きを作る

下の欄にチームの理念を下書きしてみましょう。できるだけ簡潔に（目安は50字以内）。前のページのガイドラインを思い出してください。**1. 簡潔で覚えやすい文に。2. 意義と内容の両方を伝える。3. 崇高な趣旨を掲げる。4. 三人称で書く。**

もう1つのエクササイズ：会社の社是または企業理念を下の欄に書いてみましょう。どうすればガイドラインを満たせますか？ もし社長から新しい社是や企業理念を書くよう命じられたら、あなたはどう書くでしょうか？

あなたならできる！

You Can Do it!

この本が印刷会社から出版社の倉庫へ配送されている間にも、ここに描かれたビジネスモデルの中にはすでに変化しているものがあります。組織はシフトし、チームも変化し、スタッフは別の役割や別の組織へと移動しているかもしれません。組織、チーム、個人のいずれのレベルでも、ビジネスモデルは絶えず変化せざるを得ないものなのです。

本書がチームや組織にとって「完璧な」モデルを追及することよりも、モデリングの**プロセス**を説明することに重点を置いているのはそのためです。

ビジネスモデルを使って認識し、描き、分析し、イノベーションする能力を伸ばすことで、チームリーダーとしてさらに成長し、個人としてもチームとしてもさらに大きな成功をつかむことができます。

ビジネスモデルを活用するということは、組織の目的と戦略を話し合うことです。これは大きな組織であるほど厄介な作業になります。

しかし、心配することはありません。まず、現状から始めてみましょう。他のリーダーの賛同を請うたり、長年培われたプロセスを乱したりすることなく、ビジネスモデルを試すことは可能です。スタッフの人数にかかわらず、ほとんどのリーダーが、**今すぐ**劇的にチームワークを強化し、自らの判断で仕事を進める能力を高めることができるはずです。その方法は、この先を読み進めればわかります。

Section II

Business Models

ビ ジ ネ ス モ デ ル

組織、チーム、個人のビジネスモデルを描き、
分析する強力なツールの使い方

Chapter ②

Modeling Organizations

組織のモデリング

発想の転換で革命が起きる
Tweak in Logic Sparks Revolution

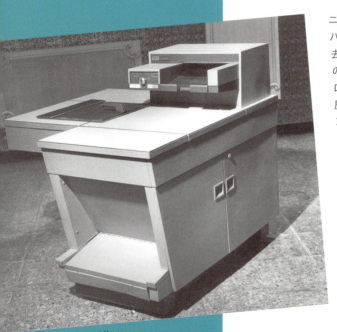
写真提供：ゼロックス社

ニューヨーク州ロチェスターで1世紀以上前に創業されたハロイド・フォトグラフィック・カンパニーは、ほぼ忘れ去られた企業でした。しかし、シンプルなビジネスモデルのちょっとした発想の転換によって、ハロイド社がテクノロジー分野における世界的な一流企業へと生まれ変わる歴史的な転機が訪れたのです。ハロイド社は情報共有に革命をもたらし、現在でも世界中で知られる代表的ブランドを作り出しました。

1958年にハロイド社は普通紙複写機を発明しました。この商品は、それまで複写にカーボン紙や特殊コーティング紙の機器を使用していた大企業や中規模企業の情報共有に革命を起こすと期待されていました。しかし「モデル914」と名付けられたこの装置は高価で、冷蔵庫ほどの大きさがあり、重さも300kg近くありました。ハロイド社にとってモデル914の製造パートナー候補の1つであったIBMは、有名なコンサルティング会社のアーサー・D・リトルに、この装置の市場性について調査を依頼しました。リトル社は、「オフィス用複写機市場においてモデル914に未来はない[1]」と結論付けました。コンサルティング会社アーネスト＆アーネストによる第二の調査も、ほぼ同様の悲観的な見方をしていました。にもかかわらず、ハロイド社は、この装置は「先見の明のある顧客にとって大きな価値を見出せる」という確信を曲げなかったのです。

その後まもなく、製品計画部長ジョン・グレイヴィンが、「この装置の提供方法を変えられるのでは」と思いつきました。顧客にいきなり高価な装置の購入を強いるのではなく、「低価格のリースで装置を提供し、従量制にしてコピーした分だけ料金を請求してはどうだろう?」と考えたのです。これなら初期投資を大幅に削減できるうえ、顧客はこの装置がいかに役立つかを実際に試すことができます。ハロイド社の経営陣はこのアプローチを試すことを決断しました。

従量制リースへの転換以外は何も変わっていません。装置は全く同じもの、ハロイド社の顧客も同じです。ところが、価値提供のロジックにこのちょっとした工夫をしたことで、業界に革命が起こりました。10年ほどの間に、ハロイド社の売上は3000万ドルから12億ドルへと爆発的に成長し[2]、社名も変更されました。ゼロックス社の誕生です。

新しい複写機は、企業に多大な恩恵をもたらしました。重要な情報を迅速かつ低コストで複製し、共有できるようになったのです（これはパソコンとインターネットが発明される前の話だということをお忘れなく）。

多くの企業がこの複写機を導入し、何十億枚というコピーを取り、売上は数十億ドルにのぼりました。コピー機のハードウェアを低価格でリースし、顧客には毎月実際にコピーした枚数分を請求するというゼロックス社の新しいビジネスモデルは、数十年にわたって見事な成果を挙げました。

消えゆくモデル

しかし、やがて問題が浮上しました。日本のメーカーが小型で競争力の高いコピー機を発表し、1990年代前半にはインターネットの商用アクセスサービスが登場。1993年にはアドビシステムズ社がPDFファイルの仕様を無料で一般公開しました。情報の複製と共有の手段は、紙ではなく「デジタルファイルとインターネット」に移行し、ゼロックス社の伝統的なコピー機リースのビジネスモデルも時代遅れになり始めました。

ゼロックス社も積極的にデジタル革命に取り組み、パソコン、レーザープリンター、コンピュータのマウス、グラフィック・ユーザー・インターフェイス、イーサネットなど、画期的なテクノロジーを発明・開発していました[3]。しかしゼロックス社は、こうした重要なテクノロジーを商品化できなかったのです。それどころか、ゼロックス社のコピー機リースとは大きく異なるビジネスモデルを採用する他の会社に、テクノロジーを利用されてしまいました。その筆頭がアップル社です。

その後数年間、ゼロックス社は技術的、社会的、経済的変化の波に打ちのめされました。ペーパーレスオフィス、森林保護革命、不況によるコストカットの要求などが、ゼロックス社の主力であるコピー機ビジネスモデルを確実に蝕んでいきました[4]。

ゼロックス社は今もテクノロジーの分野で国際的な一流企業ですが、一方でこの原稿執筆時の株式の時価総額は、ゼロックス社の発明の恩恵を大きく受けたアップル社のわずか50分の1にも満たないのです[5]。

ゼロックス社の波乱に満ちた歴史からは、2つの教訓が導き出されます。1つは、企業はビジネスモデルを改変することで、文字通り大きく革新することが可能であるということ。もう1つは、いかに優れたビジネスモデルもやがてはすたれてしまうということです。テクノロジー、経済、社会の変化が加速化するにつれ、どの業界でもビジネスモデルの寿命は縮まり、競争は激化しています。

この激動の時代に、ビジネスモデリングのスキルは、リーダーにとってもリーダー候補にとっても等しく不可欠です。ビジネスモデル・キャンバスに着手してみましょう。企業が顧客に対する価値を創造し、提供し、それによって報酬を受けるためのロジックを描く、極めて役立つツールだからです。

Chapter 2　25

ビジネスモデルは組織にとって不可欠です。
では、その描き方や実用的な表現方法とは？

Business models are crucial to organizations.
But how are they described? How do you express them in a usable way?

ビジネスモデル・キャンバスはまさにそのためのツールです。
キャンバスは9つの要素からなる一枚のシートです。この要素はほとんどの企業・組織に共通するものです。
このキャンバスを9つの論理的関連のある要素を描く「関係マップ」と捉え、それぞれの要素を「ビルディングブロック」と呼びます。各ビルディングブロックは、企業を効果的に運営するために必要な人、場所、物、無形資産、活動を表現しています。

9つすべてのビルディングブロックをひとまとまりの全体像として見ることで、1）組織の目的を理解し、2）見落としがちな組織内の重要な相互依存関係を確認することができます。

9つのビルディングブロックが一体となって1つのビジネスモデルを描きます。企業が顧客に対する価値を創造し、提供し、それによって報酬を受けるためのロジックです[6]。

ビジネスモデル・キャンバス
The Business Model Canvas

キーパートナー
主な活動を実施する、または主なリソースを企業に提供・支援する人または組織

主な活動
顧客に対する価値提案の創造、コミュニケーション、販売、提供に必要な活動

価値提案
サービスまたは製品を通じて提供される価値（解決策または満足感）

顧客との関係
顧客満足度を確実なものとし、さらなる価値を提供するために必要となる販売後のコミュニケーション

顧客セグメント
購入の有無にかかわらず、価値提案によるメリットや価値を受けるグループ（1つだけでなく複数の場合もあります）

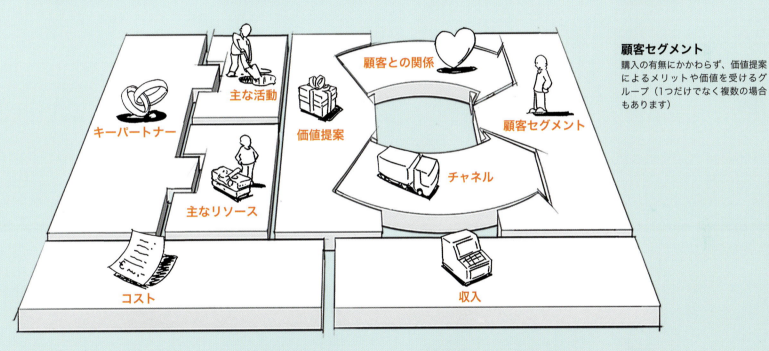

コスト
主なリソースの取得、主な活動の実施、またはキーパートナーとの協力により生じる費用

主なリソース
顧客への価値提案の創造または提供のために必須の人、物、資金、または知財などの無形資産

チャネル
企業が価値提案を伝え、販売、届けるためのタッチポイント

収入
顧客から受け取ることができる報酬や対価

Chapter 2　27

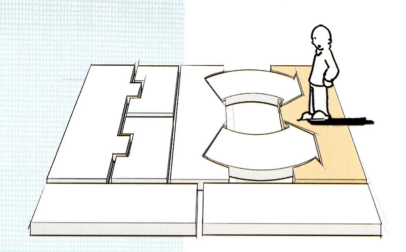

顧客セグメント
Customer Segments

顧客こそ企業が存在する理由です。営利、非営利、社会奉仕、政府、法律、医薬など分野を問わず、すべての組織は1つまたは複数の明確な顧客グループを対象にしています。顧客ではなく「クライアント」や「ステークホルダー（利害関係者）」と呼ぶ組織もあります。

有料と無料の両方の顧客を対象にする企業もあります。たとえば、ほとんどのGoogleユーザーはGoogleのサービスに料金を支払っていません。しかし何百万人という無料ユーザーがいなければ、Google社は広告主に売り込むものがなくなってしまいます。そのため、無料ユーザーがビジネスモデルの成功に不可欠である場合もあるのです。

時には顧客のほうが企業に料金を支払わせるケースもあります。たとえば、政府や病院は料金を支払うことができない顧客に高価なサービスを提供する義務を負うという場合もあります。

顧客に関する重要ポイント

- 顧客グループによって必要な価値提案も異なります。また、異なるチャネルや顧客との関係を必要とする場合もあります。
- 1つの企業が、有料、無料、または費用発生する顧客を抱えている場合があります。
- 1つの顧客グループから上がる収入が別の顧客グループから上がる収入よりはるかに多いという企業も少なくありません。
- 社外顧客は組織の外に存在します。社内顧客は同じ組織の中に存在します。

価値提案
Value Propositions

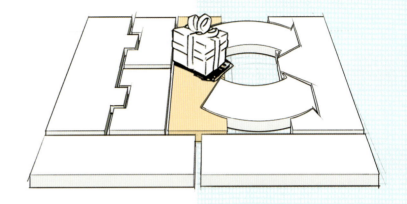

価値提案は、顧客に価値（ベネフィット）をもたらすサービスまたは製品を集めたもの、と考えます。よりよい価値を提供できる能力こそ、顧客がその企業を選ぶ理由になります。

価値提案はさまざまなタイプの価値を提供します。

機能的価値
「機能的価値」とは、価値提案が特定のタスクを達成することを意味します。たとえば、人材派遣サービスによって、顧客企業は正社員の雇用により生じる高いコストと法的義務を回避することができます。

社会的価値
「社会的価値」とは、価値提案によって顧客に対して他者が持つイメージを改善することを意味します。たとえば、自動車を購入する人がメルセデスベンツを選ぶのは、成功と趣味の良さを誇示するためでもあります。

感情的価値
「感情的価値」とは、価値提案によって顧客が特定の感情を持てることを意味します。たとえば、化粧品や衣類を購入するのは、魅力的だ、若い、好印象を与えたいと感じるためでもあります。

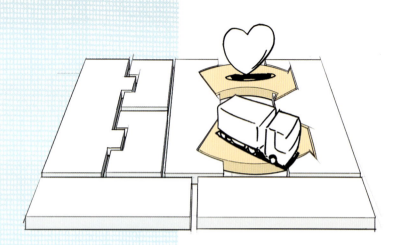

チャネルと顧客との関係
Channels and Customer Relationships

チャネルと顧客との関係は共に5フェーズのマーケティングプロセスを構成します。これは企業が価値提案を伝え、販売・提供した後に、顧客が満足していることを確認し、さらなるベネフィットを提案するためのフォローアップを行うプロセスです。

チャネルとは、企業が 1) 認知を向上し、2) 評価してもらい、3) 購入できるようにし、4) 提供するタッチポイント（経路）と考えてください。この4つのステップで潜在顧客を惹きつけ、顧客へと転換させます。

顧客との関係とは、候補者が顧客へと転換した後に発生します。5フェーズのマーケティングプロセスの最終フェーズであるこの段階では、企業は販売後のサポートを提供し、顧客に別の価値提案という形で追加のベネフィットを提供します[7]。

注：ほとんどの企業では、新規顧客と既存顧客に同じチャネルタッチポイントを使用しています。

5 フェーズのマーケティングプロセス
The Five-Phase Marketing Process

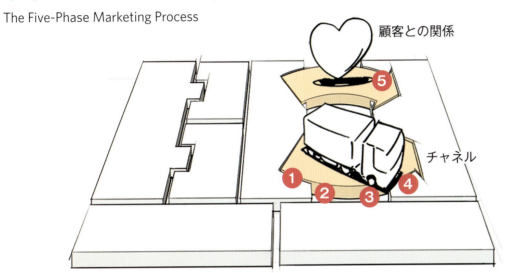

顧客との関係

チャネル

❺ フォローアップ
タッチポイント
対面、電話、チャット、Eメール、ビデオ会議、ウェブ、wiki、郵送保証または回答、共創など

活動
顧客に感想を尋ねる、問題を解決する、クレームに対応する、サービスまたは製品を共同開発する、追加の価値提案を紹介する

❹ 提供
タッチポイント
オンサイト / オフサイトの受け入れ（サービス）または受け取り（製品）、配送サービス、デジタル転送、オンラインアクティベーションなど

活動
対面またはオフサイトでサービスを実施、物品の発送または転送、ファイルの転送、アカウントのアクティベーションなど

❶ 認知
タッチポイント
対面、オンライン、看板、トレードショー、動画、ダイレクトメール、口コミ、記者会見、印刷物、テレビ、

活動
啓発、情報発信、警告、宣伝、広告

❷ 評価
タッチポイント
対面またはオンラインのデモンストレーション、お試し、インタビュー、郵送またはデジタルのサンプルなど

活動
プレゼント、お試しやサンプルの提供、テスト、おすすめレビューの投稿

❸ 購入
タッチポイント
オンライン、オンサイト、対面、コールセンターなど

活動
顧客が希望する決済手段と条件の提供：現金、デビットカード／クレジットカード、電子マネー、銀行振込など

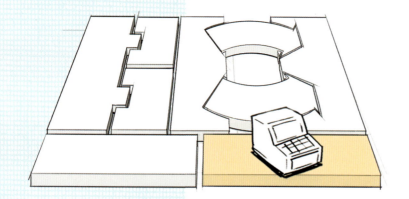

収 入
Revenue

「収入」は顧客がサービスまたは製品を購入して満足した（返金を求めない）場合に、企業が受け取る対価を指します。顧客が望む適切な課金方法は、新たな価値提案として顧客の評価に大きな影響を与えることがあります。

24ページで紹介したハロイド社の例を思い出してください。ビジネスが急成長したのは、「収入」ブロックでリース支払い（月額とコピー枚数による従量制）を提供した後です。顧客は高価な資産（製品）を所有するために高額な料金を支払うことは渋っていましたが、必要に応じて情報を複製して共有できる機能（サービス）に対しては、使用した料金を喜んで支払いました。

支払い形式にはさまざまな種類があります。

- 資産売却
- リース/レンタル料
- 購読料
- ライセンス料
- 仲介手数料
- 手配料または広告料
- オークションベースの変動型料金

支払い形式（リースか買い取りか）と決済手段（クレジットカードかPayPalか）は区別してください。時には決済手段の変更が収入に大きな影響を与えることもあります。

主なリソース
Key Resources

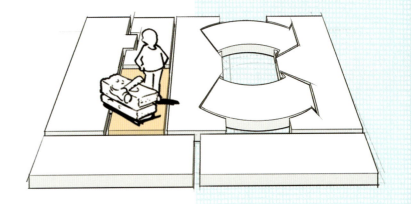

「主なリソース」を挙げるときは、価値提案の創造、コミュニケーション、販売、提供に本当に欠かせない資産のみに絞ります。デスクやコンピュータといった、ほとんどの企業で一般的に使用されている二次的資産は無視します。

企業は次の4つのタイプのリソースを使用します。

人材
熟練労働者とそれ以外の労働者。従業員、契約社員、臨時雇用、専門業者を含みます

有形資産
車両、コンピュータ、建物、土地、機器、家具、道具、消耗品

無形資産
ブランド、メソッド、システム、ソフトウェア、特許、著作権、ライセンス

資金
現金、株式、売掛金、与信限度額、財政保証

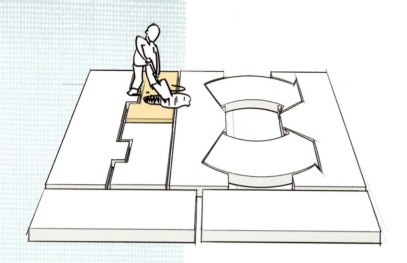

主な活動
Key Activities

「主な活動」は、ビジネスモデルが機能するために組織が行わなければならない重要な活動です。特に、価値提案の創造、コミュニケーション、販売、提供と顧客満足度を確保するためのフォローアップを指します。主な活動を次の3つのタイプに分類するとわかりやすくなります。

開発
デザイン、開発、製造、問題解決、サービスまたは製品の提供を含みます (サービスは提供すると「消費」されます)。

販売
特定のサービスまたは製品 (または企業自体) の説明、デモンストレーション、販売促進、広告を含みます。

サポート
これは開発や販売に直接関わっていない活動を指します。例としては、監督、会計、コンピュータネットワークの保守などが挙げられます。

キーパートナー

Key Partners

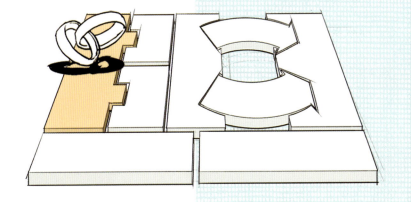

多くの企業にとって、自社ですべての主なリソースを所有したり、すべての主な活動を実施したりすることは、コストがかかり過ぎて非効率的です。そのため、パートナーの協力により、ビジネスモデルが機能するために欠かせない支援やリソースを確保します。

注：「キーパートナー」は、サプライヤーとは異なる場合があります。サプライヤーは、企業が顧客である以上、競合によって簡単に交代させられてしまいます。一方、キーパートナーは、簡単に見つけたり代替できるものではありません。企業はキーパートナーを獲得するために、他の企業と競争しなければならないこともあります。

ただし、サプライヤーがキーパートナーになることもあります。アップル社とフォックスコン社の関係はその一例です＊。

＊フォックスコン社は、世界最大手の電子機器受託製造会社で、アップル社のiPhone、iPadの製造も請け負っています。

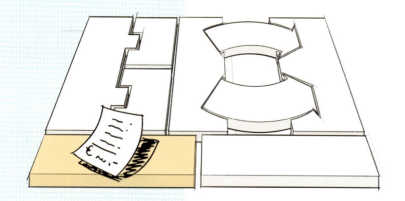

コスト
Costs

「コスト」は、主なリソースの入手、主な活動の実施、キーパートナーとの提携により発生する費用を指します。特定のビジネスモデルの下で運営するための継続的費用は、これら3つのビルディングブロックの要素を定義することでおおよその金額を算出できます[8]。

ビジネスモデルは、収入が常にコストを上回る（または少なくとも等しくなる）場合にのみ持続可能です。収入からコストを差し引くと企業の収益が算出されます。

コストには次のような種類があります。

- 固定費：給料、リース料、賃貸料
- 変動費：商品やサービスコスト、パートやアルバイト料
- 資金以外：減価償却費・営業権（のれん代）、外部効果

9つのビルディングブロックが一体となってビジネスモデルを表します。これはビジネスモデル・キャンバスを使って描写することができます[9]。

ビジネスモデル・キャンバスは、ビジネスモデル・ジェネレーション著作者とStrategyzer社によってCreative Commons licenseとして提供されています。

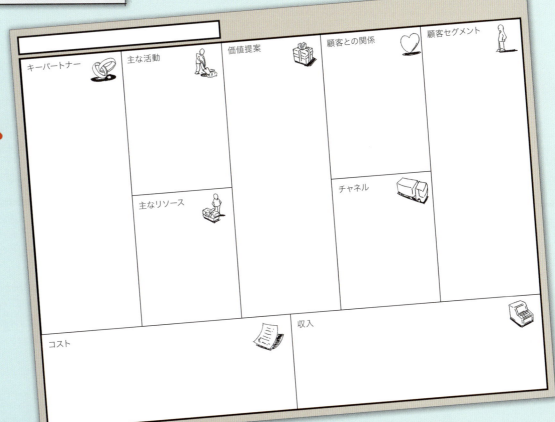

Chapter 2

ハロイド社の複写機ビジネスモデル
Haloid's Photocopier Business Model

次ページのキャンバスはハロイド社のビジネスモデルを最も大まかに表したものです。よく見てから以下の注に目を通してください。

顧客セグメント
企業、政府機関、医療施設、その他の中規模から大規模企業の事務管理部門。

価値提案
手軽で低コストな情報共有の実現。「価値」とは顧客にとってのベネフィットを意味し、**そのベネフィットは無形資産であることも少なくありません。**今回の場合、「買い取りによる販売」よりも「製品のリース」のほうがより高い価値が生まれています。

チャネルと顧客との関係
現場に設置された複写機は、チャネルの提供メカニズムとして機能します。顧客との関係を担当するのは、顧客先を訪れて問題を診断して修理するメンテナンス技術者や、顧客の満足度を確認する営業担当者です。

収入
収入は、リース料の支払い、コピー枚数による課金、消耗品料金、修理料金によって発生します。リース料の支払いを選ぶということは、顧客が製品を所有することよりもサービスに価値を置いていることを示しています。

主なリソース
ハロイド社の主なリソースには、電子写真（「ゼログラフィ」）の特許権と関連発明、卓越した技術力、確固とした社会的評価、優れた経営陣とエンジニアなどが含まれます。

主な活動
複写機の製造、複写機のメンテナンス、リース契約の販売が三大活動であり、研究開発がそれに続きます。主な活動は一体となって価値を創出しますが、それぞれの活動は単体では価値になりません。

キーパートナー
一部の特許はバテル記念研究所が提供しました。

コスト
主なコストは、給与、品物の製造コスト、建物と機械のリース料、在庫金融です。

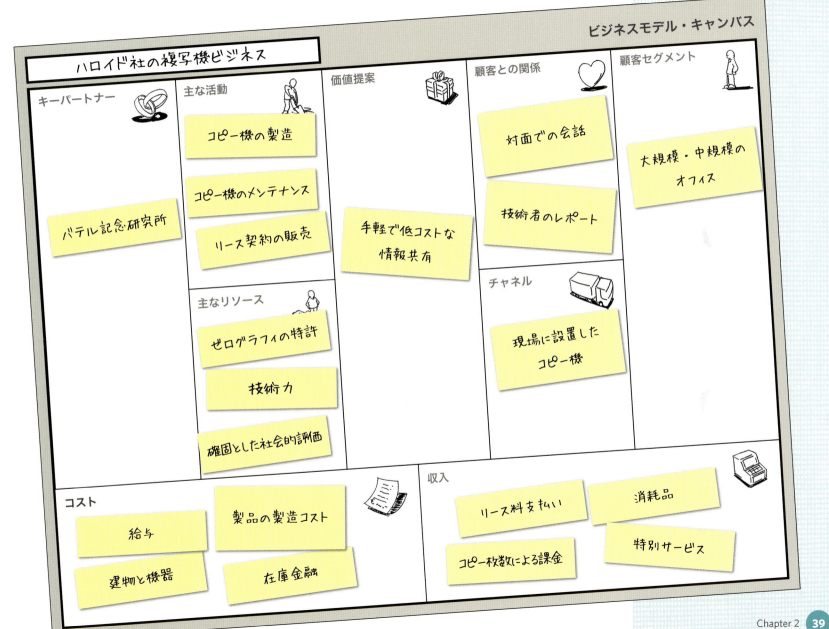

ビジネスモデルを使って
チームワークを強化する
Using Business Models to Strengthen Teamwork

ビジネスモデルは組織戦略に不可欠なものです。「失敗と成功を左右する」と言っても過言ではありません。ビジネスモデルについて詳しく知りたい方には、たくさんの書籍、記事、ビデオ、コースがあるので参考にしてください（250ページに参考文献を掲載しています）。

従来、ビジネスモデルは「戦略」に重点を置いて考えられてきました。戦略とは、顧客に対して最大限の価値を創造し、提供する方法です。顧客に恩恵をもたらす価値を提供することこそが、企業の主たる目的です。そのため、社員がその目的を理解し、顧客がいかに重要かを認識していることが不可欠です。究極的には、自分の給与を含め、すべての支払いをしてくれるのは顧客ということになります。

ところが、ビジネスモデルは「組織」にとっても重要な観点と役割を持っています。**「その業務がなぜ重要なのか」を明らかにすることで、社内のチームワークを強化する**という考え方です。

例として、スティーブ・ブラウンのレストラン モデロの経営方法について考えてみましょう。多くのレストランと同様に、モデロは2つのパーツから成り立っています。ダイニングエリア（表舞台）とキッチン・配膳エリア（裏方）です。

ダイニングエリアは、キャンバスで言うと右側半分、顧客対応の部分に当たります。キッチン・配膳エリアはキャンバスの左側、顧客から見えない内部運営の部分で表現できます。

レストラン モデロでは、多くの組織と同様に、従業員の過半数は食事に来たお客様（社外の顧客）とは直接関わりません。接する相手は主に従業員（社内の顧客）です。

レストランの従業員一人ひとりの業務は明確です。皿洗い係は食器と調理器を洗って補充し、接客係は注文を取って料理をお客様へと運ぶ、といった具合です。しかし、従業員が理解しておくべき重要な観点は、**自分の活動がどのように顧客に影響するか**という点です。

従業員が顧客に与える影響は「チームワークテーブル」で描くことができます。ここには各自の役割、担当する業務、業務のパフォーマンスによるプラス/マイナスの影響が示されます。チームワークテーブルを見れば、**なぜ自分の仕事が重要なのか**を誰もが理解することができます。

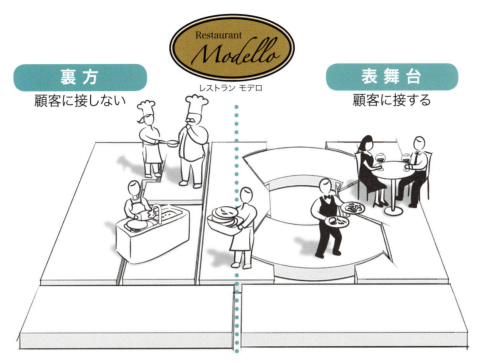

	役割	業務	業務の成功による成果	業務の失敗による影響
顧客に接する従業員	接客係	正確に礼儀正しく注文を取り、食事をサーブし、勘定書を届け、代金を受け取る	快適な食事体験、チップの増額	食事体験への不満、チップの減額、ソーシャルメディアへのネガティブな投稿
顧客に接する従業員	接客アシスタント	食器を片付け、テーブルとイスをきれいにする	客は清潔なテーブルセッティングを喜び、快適に食事をし、チップをはずむ	客は汚れたテーブルセッティングに不満を持ち、チップを減らし、ソーシャルメディアにネガティブな投稿をする
顧客に接しない従業員	シェフ	素晴らしいメニューを作り、その通りに調理されていることを確認する	おいしい料理、便利さ、楽しさ	食事体験への不満、顧客の喪失、チップの減額、ソーシャルメディアへのネガティブな投稿
顧客に接しない従業員	コック	メニューの料理を正確かつ安定して調理する	満足が予想される食事体験、チップの増額	予測不能な食事体験、顧客の喪失、チップの減額、ソーシャルメディアへのネガティブな投稿
顧客に接しない従業員	皿洗い係	食器を洗う	清潔で衛生的な印象、チップの増額	客は汚れた食器に不満を持ち、チップを減らし、ソーシャルメディアにネガティブな投稿をする

「状況判断力」をつける
Developing "Situation Savvy"

レストラン モデロのように経営が順調なレストランでは、従業員は状況を把握する力が自然に伸びていきます（これを「状況判断力」と呼びます）。従業員は物理的に業務をバトンタッチしながら進めるため、自分の役割を効果的で効率的に実行するには協力しなければなりません。同僚、食事に来られたお客様、上司、ソーシャルメディアからのフィードバックはすぐに届きます。モデロでは、チップは全従業員で平等に分けるので、毎回シフトの終了時には、お客様が自分たちのチーム全体としての仕事ぶりをどう評価したのかが目に見えてわかるのです。

ただし、チップだけではすべてを語ることはできません。モデロでは1人で3つすべての主な活動を担当している従業員はいないので、全体としての仕事ぶりを完全に理解するために、従業員が**それぞれの立場から**シフト中に起きたことを話し合います。これが状況判断力を築きます。

多くの組織では、顧客と直接関わるのはごく一部の人だけです。仕事の成果をバトンタッチしたり、遠く離れたところにいる他の社員へデジタルデータとして送信する場合もあります。顧客のフィードバックが数週間から数か月間も遅れて届き、財務実績もよくて四半期に一度発表されるだけということも。これでは、状況判断力（そして強固なチームワーク）を伸ばすことができません。

さらに厄介なことに、顧客からのサービスや製品の注文が複雑な場合、業務を細分化せざるを得ず、社員はサービスや製品の全体像を把握できなくなってしまいます。自分のチームが生み出す価値が何か、あるいは自分の働きによってどんな顧客が最終的に価値を享受しているのかがわからなくなることもあります。このような状況だと、一人ひとりがバラバラに仕事をするようになり、その仕事を通して誰がどのようにベネフィットを得るのかが把握できなくなっても不思議ではありません。

キャンバスとチームワークテーブルを活用すれば、企業運営の全体的ロジックの中で自分の仕事のポジショニングを把握し、日々の業務がどのように顧客の価値につながるのかを確認することができます。これが「協力体制の向上」と、「自らの判断で仕事を進める姿勢」へとつながります。これにより、リーダーは問題解決や対立の仲裁ではなく、指揮という本来の業務に時間を多く充てることができるようになるのです。

後述のチャプターでは、キャンバスと他のツールを使って現場での状況判断力を強化する方法を具体的に紹介します。これが上司や管理職に頼らずに、自分で問題を解決できるようになることにつながります。

次に、組織モデルにおいて重要な要素でありながら、見過ごされやすい「外部効果」について考えてみましょう。

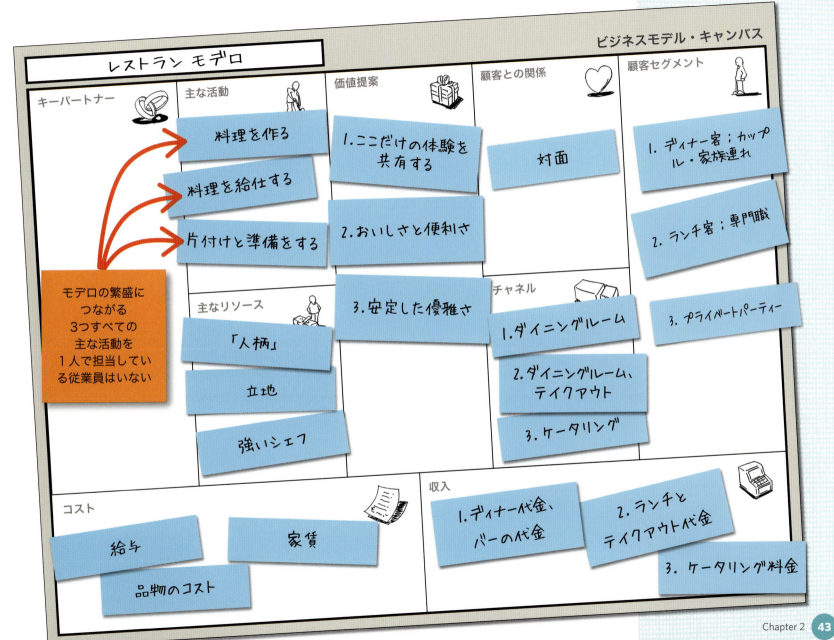

全体を把握する
Seeing the Whole

起業家のベン・ウェスト氏は、「お金を持たない人に製品を売る多国籍組織を立ち上げるなんて、振り返ってみるとばかなことをしたなと思います」と穏やかに話し出しました。

それでも、この危ういベンチャーを立ち上げて4年、ウェスト氏の会社であるエコズームは、米国で最も急速な成長を遂げている会社のリスト「the Inc. 5000」で768位にランキングされました。

ウェスト氏のビジネスキャリアの出発点は、「運送会社の会計管理」という、堅実ですがあまりやりがいが感じられない仕事でした。分析とマーケティングのスキルを磨こうと決意したウェスト氏は、会社を辞めMBAコースに入学しました。次第に社会貢献ベンチャーに興味を持つようになり、大学の起業家プログラムに参加したころ、「開発途上国で使用する熱効率の高い薪コンロを生産する」というアイデアが浮かびました。

ところが、モデリングして検証するというウェスト氏の才能は、ビジネスプラン競争や資金集めだけを重視する大学の方針とそりが合わず、皮肉なことに起業家プログラムから去ることを余儀なくされてしまったのです。

それでも挫けなかったウェスト氏は、2人のパートナーと一緒に計画を進め、次の新たな社会貢献ベンチャーとしてエコズームを立ち上げました。設立以来、エコズームは34カ国で65万台以上のコンロを提供しています。開発途上国の数百万におよぶ人にとって、このコンロは調理器具として役立つだけでなく、有害ガスの放出を削減することで健康状態の改善にも貢献し、かつ節約にもつながりました。

ウェスト氏は「ビジネスは全体像を捉え、すべての相互依存関係を目に見える形にすることが不可欠です。キャンパスはそれを可能にしてくれました。同時に、ビジネスの本当の目的という非財政的ベネフィットも明らかにしてくれたのです」と、キャンパスのメリットを語ってくれました。

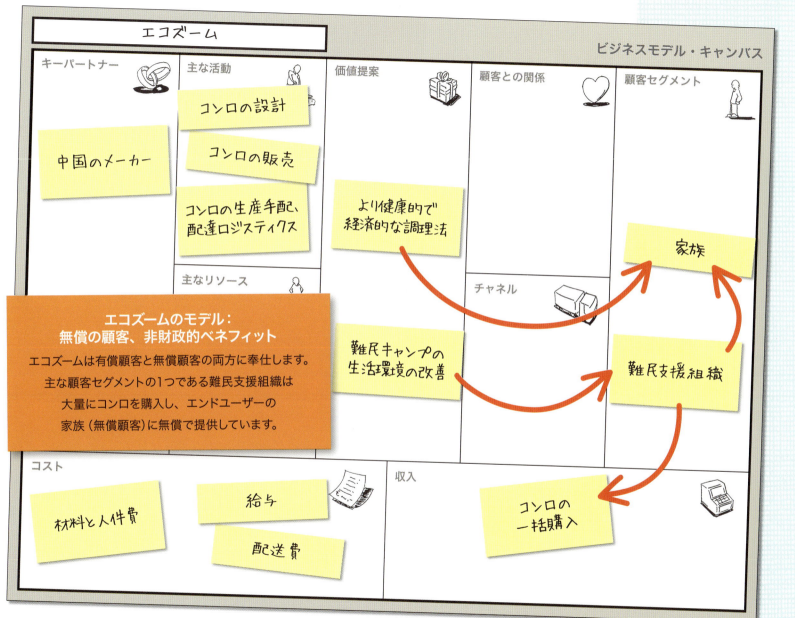

外部効果：プラスとマイナス
Externalities: Positive and Negative

社会奉仕ベンチャーとして、「財政的ではない価値」がエコズームのモデルの中核にあり、同社の目的を体現しています。たとえば、たき火や未改良のコンロから発生する煙を吸い込むことは1日に2箱のタバコを吸うことに匹敵し、年間400万人以上の命を奪う疾病の原因となっています。これはマラリアと結核による死亡者数の合計を上回る数値です。さらに、煙はコンロの使用者だけでなく、周囲にいる人々にも影響します。これがマイナスの外部効果、つまり本来コストを負うべき人々以外にも影響を与えてしまうコストを意味します。エコズームのコンロは、煙を大幅に減少させることで、財政的とは別の価値（プラスの外部効果）を生みました。

同様に、薪や木炭の需要は森林破壊につながり、効率の悪い煮炊き用の火から発生する煙は、メタンやCO2をはじめとする気候変動に影響するガスが充満しています。エコズームのコンロはこうしたガス排出を削減します。

エコズームのコンロはさまざまな方法でプラスの外的効果をもたらしました。たとえば、貧困家庭はプロパンなどの簡易燃料の購入に月収の最大30％も費やすことになり、エネルギー貧困のサイクルが深刻化するばかりです。また、女性や少女たちは燃料集めに1日何時間も費やしており、学校へ通うといった生産的活動に充てる時間がありません。エコズームのコンロは簡易燃料のコストを削減し、燃料集めをしている人にもっと生鮮性の高い時間を与えることに貢献しています。

プラスの外的効果は、新しいビルディングブロックを「収入」の下に作ることで、簡単にビジネスモデル図に示すことができます。マイナスの外的効果は「コスト」の下です。

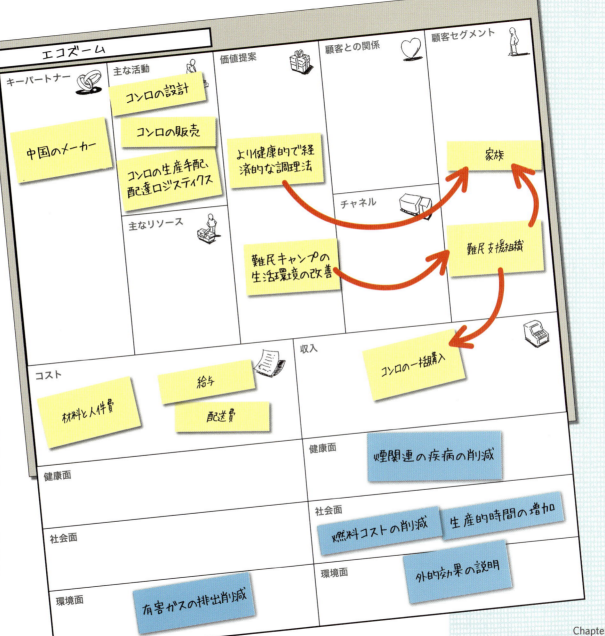

外的効果の説明

プラスの外的効果と無償の顧客が主な検討事項となるのは、政府機関、医療機関、軍、または法律、教育、非営利の部門で働いている場合が多いでしょう。一方、環境汚染や騒音といったマイナスの外的効果は、産業界で働く人には重要な検討事項です。キャンバスを使ってビジネスモデルの全体像を把握しましょう。

次に、オンラインでのみ顧客と接触し、皆さんもすでにユーザーとしてカウントされているに違いない別のビジネスについて考えてみましょう。

Chapter 2

オンラインモデル
An Online Model

皆さんがすでに顧客としてサービスを受けているかもしれないビジネスを取り上げます。Facebookです。ほとんどの方はFacebookについてよくご存じでしょうが、企業としてどのように運営されているかご存じの方はどれだけいるでしょうか。Facebookのビジネスモデルを描いてみると目からうろこが落ちるかもしれません。

次ページのキャンバスを見てください（ヒントとして各ビルディングブロック内に質問が書いてあります）。次に、付箋紙とペンを用意して、Facebookの基本ビジネスモデルを描いてみましょう。いくつかヒントを挙げます。

- Facebookの最も基本的なサービスだけを考え、詳細については後回しにしましょう。
- 2つの重要な顧客セグメントを定義し、それぞれに価値提案を創造します。
- 残りのビルディングブロックには、1ブロックにつき付箋紙は1枚だけ使用します。付箋紙に書くのは最大3語とします。
- 「キーパートナー」のビルディングブロックは今のところ対象外とします。

Facebookのビジネスモデルを実際に描いてから、ページをめくりましょう。

48　Section 2

Facebook

キーパートナー
- 当社のキーパートナーは誰か？
- キーパートナーが提供する主なリソース、または実施する主な活動は何か？
- パートナーが提供する、当社のモデルに不可欠なものは何か？
- キーパートナーがベネフィットを生む方法：
  ・最適化または節約
  ・リスクまたは不確実性の低減
  ・他では獲得できないリソースや活動を提供

主な活動
- 価値提案、チャネル、顧客との関係、収入が必要とする主な活動は何か？
- 主な活動の種類：

  開発：設計、開発、製造、解決、提供
  販売：教育、説明、デモンストレーション、宣伝、広告
  サポート：管理、保守、監督、その他開発・販売支援

主なリソース
- 価値提案、チャネル、顧客との関係、収入にとって必要な資産は何か？
- 4種類の主なリソース：

  人的：スキル豊かな人材
  有形資産：車両、建物、土地、機器、道具
  無形資産：ブランド、メソッド、システム、ソフトウェア、特許、著作権、ライセンス
  資金：現金、株式、売掛金、与信限度額、財政保証

コスト
- 当社の最大のコストは何か？
- 主なリソースと活動のうち最も高額なものは何か？
- どのようなマイナスの外的効果を発生させているか？
- コストの種類：

  人的：給料、リース料、賃貸料
  変動費：商品やサービスコスト、パートやアルバイト料
  資金以外：減価償却費・営業権（のれん代）、外部効果

ビジネスモデル・キャンバス

価値提案
− 当社が顧客に提供する価値とは何か？

例：

機能的価値
・リスクの低減
・コストの削減
・便利さ、使いやすさ
・パフォーマンスの改善
・特定の仕事を終わらせる

感情的価値
・楽しみ、喜び　・受容
・帰属　　　　　・承認
・安心

社会的価値
・地位の向上
・好みやスタイルの証明
・親近感

顧客との関係
− 販売後のサポートをどのように提供するか？（マーケティングフェーズ5）
− 現在どのような関係を持っているか？

例：
・対面または電話でのサポート
・自動配信のEメールまたはセルフサービスのウェブフォーム
・Eメール、チャット、Skypeなどを利用したリモートのパーソナルサービス
・ユーザーコミュニティやwiki
・顧客との共創
− 顧客は他にどんな関係を構築、維持してほしいと期待しているか？

チャネル
− どのチャネルを通して顧客にリーチするのか？
− 最もうまく機能しているのはどのチャネルか
− 他に顧客が好むチャネルがあるか？
− マーケティングフェーズ1-4
1. **認知**：顧客候補はどのように当社を知るのか？
2. **評価**：どのように評価を引き出すか？
3. **購入**：顧客はどんな方法で購入するのか？
4. **提供**：どのように届けるか？

顧客セグメント
− 誰のために価値を創造するのか？
− 収入の最も大きな割合を占める顧客は誰か？
− 戦略上、最も重要な顧客は誰か？
− 当社の顧客の顧客は誰か？

収入
− 顧客が進んで対価を払うのはどんなベネフィットか？
− 顧客が望む決済方法は何か？
− どのようなプラスの外的効果を発生させているか？
− 今はどのように支払っているか？
− 各顧客はどの程度収入に貢献しているか？
− どのような支払い形式があるか？

例：
・資産売却　　　　・仲介手数料
・リース/レンタル料　・手配料または広告料
・購読料　　　　　・オークションベースの変動型料金
・ライセンス料

Chapter 2

Facebook のビジネスモデル

Facebook's Business Model

いかがでしたか。Facebookのビジネスモデルを描く方法の1つとして、いくつかヒントを紹介します。

顧客セグメント

Facebookには2つの主な顧客セグメントがあります。
1) Facebookサービスを無料で使用している消費者と、2) 広告の掲載、スポンサーコンテンツの投稿、マーケットリサーチの実施などのため広告料を支払う広告主です。Facebookのビジネスモデルは、広告主にとって巨大な潜在市場を形成している数億人の無償ユーザーがいる、ということで成り立っています。Facebookのアカウントを作った人は誰でも顧客です。顧客の99%はサービスを無料で利用しています。

価値提案

Facebookが顧客に提供する主なベネフィットは、友人や家族と「つながってシェア」する機能です。Facebookが広告主に提供する主なベネフィットは、販売、ブランドの宣伝、ターゲット別市場調査の実施、最終的には新規顧客の開拓または既存顧客のアップセルを目指したその他の活動の実施などを行う機会を提供することです。

チャネル

Facebookでは、価値提案のコミュニケーション、販売、提供を、インターネットのみを通じて行います。顧客はさまざまな端末（スマートフォン、タブレット、パソコン）からFacebookを利用します。Facebookは多くのビジネスと同様に、新規顧客にも既存顧客にも同じチャネルを使ってサービスを提供しています。

顧客との関係

Facebookは、顧客（登録ユーザー）とのコミュニケーションに自動配信のテキストメッセージまたはEメールのみを使用します。小規模広告主とのコミュニケーションにも同じく自動メッセージやウェブフォームを使用しますが、大規模な広告主の応対は個人向けのEメール、電話、対面での会話を通じて行います。

収入

顧客はFacebookのサービスに料金を支払いません。一方、広告主は広告やその他コンテンツがFacebookユーザーに表示されるようにするために掲載料を支払います。ほとんど広告はセルフサービスのウェブフォームを使って広告主が直接投稿しています。

主なリソース

Facebookのプラットフォーム（ソフトウェア、独自のアルゴリズム、データベース、サーバーアレイ、Facebook.comブランドのウェブサイト）は同社の最も重要な資産です。主なリソースを見分けるには、頭の中で実験をしてみましょう。もし明日Facebookが500名の社員を解雇したらどうなるでしょうか。会社は潰れますか？株価が暴落するでしょうか？では、明日Facebookのウェブサイトが突然2時間アクセスできなくなったらどうなるでしょうか？

主な活動

プラットフォームの保護と開発はFacebookの最も重要な活動です。思い出してください。主な活動とは、価値提案を作り、販売、提供するために欠かせない活動のことです。会計や社内のコンピュータシステムの保守は重要な活動ですが、主な活動ではありません。

キーパートナー

Facebookは、中核サービスを提供するためにパートナーに依存していないように見えます（以前はキーパートナーであった複数の企業を買収しました）。より新しく専門性の高いサービスについては、アプリケーション開発業者がキーパートナーであり顧客でもあります。

コスト

多くの企業と同様に、給与はFacebookの最大の単独コストです。また、インフラとエネルギーにも巨額の費用がかかります。

では次は自分の組織でビジネスモデル・キャンバスを活用する準備をしましょう。

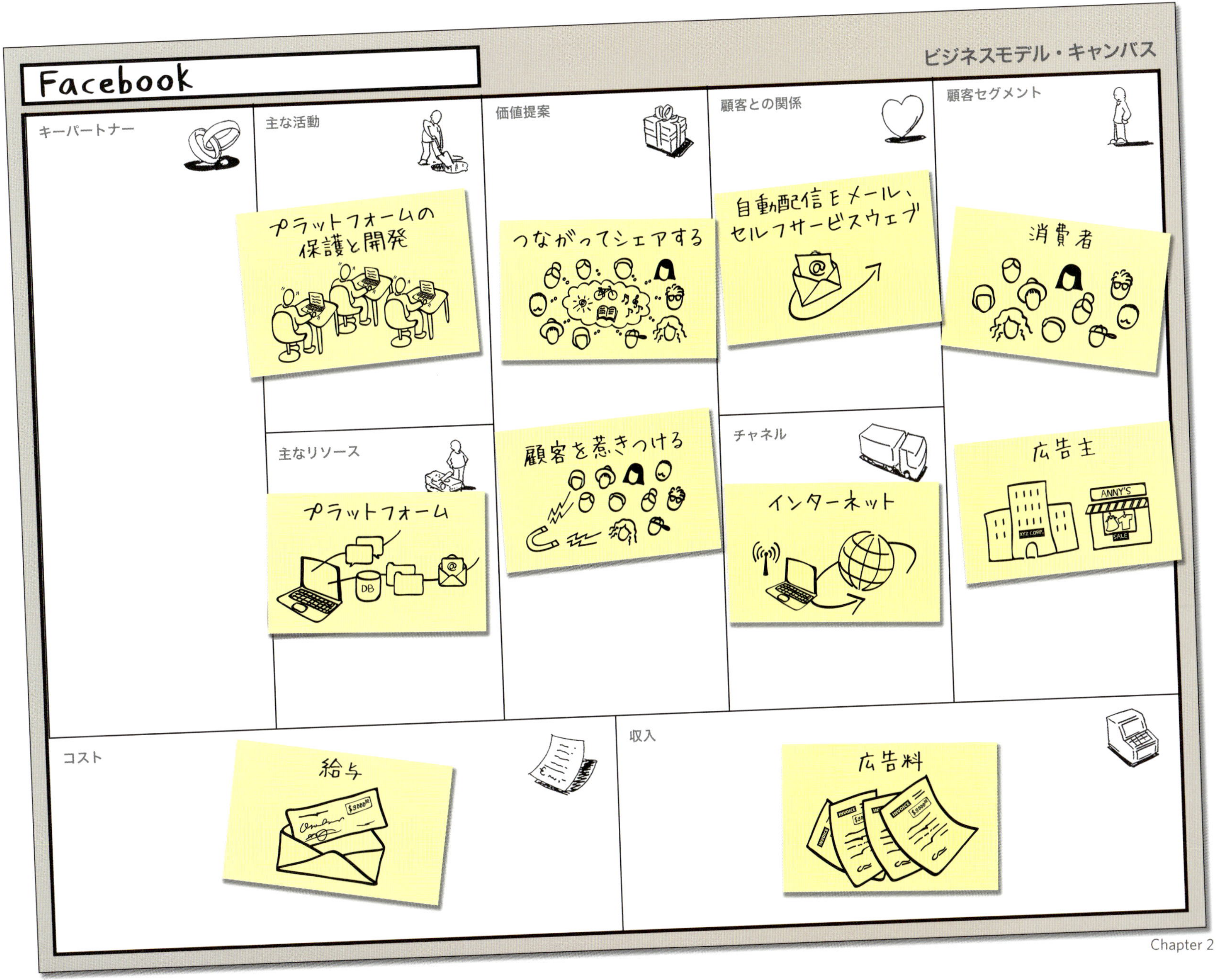

Facebook

ビジネスモデル・キャンバス

キーパートナー

主な活動

プラットフォームの保護と開発

主なリソース

プラットフォーム

価値提案

つながってシェアする

顧客を惹きつける

顧客との関係

自動配信Eメール、セルフサービスウェブ

チャネル

インターネット

顧客セグメント

消費者

広告主

コスト

給与

収入

広告料

Chapter 2 51

キャンバスの使い方

How to Work with the Canvas

Facebookをビジネスモデルという視点で見つめると、一般的な捉え方とは対照的な会社像が浮かんできたことに気づくのではないでしょうか。Facebookは「プラットフォームが中心的役割を占めていること」「チャネルと顧客との関係が自動化されている部分が多いこと」に気づくと、この会社が実際にどのように機能しているのかを、はるかに現実的で堅実な形で理解することができます。Facebookのビジネスモデルを論理的かつ厳密に検証しなければ、「事実」ではなく「推測」に基づいた理解のままになるはずです。

とはいえ、ビジネスモデルを作成するということは、通常は事実と仮説の両方を記録することを意味します。「正しい」モデルを作成することよりも、共通言語を教え、使うことで、組織のすべてに影響するロジックを定義することのほうが重要なのです。このロジックにも仮説が含まれることがありますが、これは後ほど検証する必要があります。

では、ビジネスモデル・キャンバスを使用するうえでの一般的ガイドラインを紹介します。

大きく使う

キャンバスをA1（約60cm x 84cm）以上の紙に印刷します。大きなキャンバスを使うと考え方も大きくなり、他の人との共同作業もしやすくなります。日常業務で使うサイズの用紙（A4）は避けましょう。

共同で作業する

ビジネスモデルを描いて分析するときは、同僚や顧客、サプライヤー、顧客候補、または第三者の専門家とチームを組みましょう。さまざまな視点（異なる年齢、職業、社内の部署など）を持つ人を集めたほうが良い成果が生まれます。**キャンバス・セッション（ワークショップなど）は、チームディスカッションの推奨パターンとしてアピールすることにも役立ちます。**

付箋紙に書く

キャンバス自体ではなく付箋紙に書きます。付箋紙を使えば、項目を簡単に変更したり、剥がしたり、別の場所へ移動したりできるだけでなく、ビジネスモデルは変化する（そしてやがて効果が消える）ことを意識しやすくなります。

イラストを使う

できればシンプルなイラストを使い、言葉を添えてわかりやすくしましょう。

ENTREPRENEURS

アイデアは1枚に1つ

わかりやすく簡潔なアイデアを1枚につき1つだけ書きます。1枚の付箋紙に箇条書きをしないこと。アイデアは個別に書いて移動できるようにしましょう。

色は「見た目の美しさ」ではなく「意味のあるパターン」を作るために使う

色違いの付箋紙を使うのは、顧客セグメントの違い、事実と推測の違い、特定のビルディングブロックの修正などを見分けるためです。見た目を美しくするためだけに色を使うのは避けましょう。

はじめはキャンバスをシンプルに

初めてビジネスモデルを作成するときは、キャンバスをシンプルにすることを心がけ、あまり細かく複雑に描き過ぎないようにしましょう。概略的なロジックを把握した後で、細部を追加していきます。

「孤立した」付箋紙を作らない

すべての付箋紙が他のビルディングブロックの要素に関連し、「孤立した」付箋紙がないようにします。

時制をそろえる

時制を統一し、1つのキャンバスの中で現在・過去・未来を混同しないようにしましょう。過去・現在・未来のシナリオにはそれぞれ別のキャンバスを作成してください。

正確な言葉遣いを心がける

正確な言葉を使いましょう。たとえば、主な活動は動詞を使い、「販売」ではなく「売り込む」とします。

ボールペンや鉛筆ではなく黒の太字マーカーを使う

付箋紙に書くときはボールペンや鉛筆ではなく、黒の太字マーカーを使いましょう。一緒に作業をしている人たちがキャンバスから離れても字が読みやすくなります。

事実と仮説を区別する

事実と仮説（推測）は区別します。仮説は後で検証する必要があることを忘れないようにするためです。

「テーブル」より「壁」を使う

できるだけテーブルではなく、壁を使って作業をしましょう。立っているほうが頭も働きやすくなります。

キャンバスには一度に1枚ずつ付箋紙を貼る

キャンバスを他のチームメンバーに見せるときは、空白のキャンバスから始め、ビジネスモデルの「ストーリー」を話しながら、ビルディングブロックを1つずつ取り上げ、付箋紙を1枚ずつ貼っていきます。このほうが、キャンバスにたくさんの付箋紙が貼られた状態で順番に指さしていくよりも、はるかに効率的です。

月曜日の朝に取り組むこと
Things to Try on Monday Morning

自分の会社をモデリングしよう

さあ、次はあなたの番です。この見開きページのビジネスモデル・キャンバスを使って、自分が勤めている企業のビジネスモデルを作成しましょう。それぞれのビルディングブロックにはヒントになる質問が書かれています。または、キャンバス・ポスターをプリントアウトすることもできます（BusinessModelsForTeams.comにサインインすると無料で利用できます）。ポスターにもヒントの質問が書かれています（小さいフォントで書かれているので、プリントアウトして大きく使えます）。

キーパートナー
- 私たちのキーパートナーは誰ですか？
- キーパートナーが提供してくれる主なリソース、または実施してくれる主な活動は何ですか？
- 私たちのモデルに不可欠な何を提供してくれますか？
- キーパートナーが生み出す価値：
  ・ 最適化や効率化
  ・ リスクや不確実性の低減
  ・ 他の手段では手に入らないリソースや活動の提供
  ・ 他では獲得できないリソースやリソース価値の提供

主な活動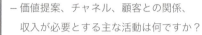
- 価値提案、チャネル、顧客との関係、収入が必要とする主な活動は何ですか？
- 主な活動の種類：
  開発：設計、開発、製造、解決、提供
  販売：教育、啓蒙、デモンストレーション、販売促進、広告
  サポート：管理、保守、監督、その他開発や販売サポート

主なリソース
- 価値提案、チャネル、顧客との関係、収入に必要なリソースは何ですか？
- 4種類の主なリソース：
  人的：スキル豊かな人材
  有形資産：車両、建物、土地、機器、道具
  無形資産：ブランド、メソッド、システム、ソフトウェア、特許、著作権、ライセンス
  資金：現金、株式、売掛金、与信限度額、財政保証

コスト
- 私たちの最大のコストは何ですか？
- どんなキーリソースやキーアクティビティが最も高価ですか？
- どんな負の外部効果が発生しますか？
- コストのタイプ：
  固定費：給料、リース料、賃貸料
  変動費：商品やサービスコスト、パートやアルバイト料
  資金以外：減価償却費・営業権（のれん代）、外部効果

ビジネスモデル・キャンバス

価値提案
- 私たちが顧客にもたらす価値は何ですか？

例：

機能
- リスクの低減
- コストの削減
- 便利さ、使いやすさ
- パフォーマンスの改善
- 特定の仕事を終わらせる

感情
- 楽しみ、喜び　・受容
- 帰属　　　　　・承認
- 安心

社会
- 地位の向上
- 好みやスタイルの証明
- 親近感

顧客との関係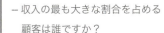
- 販売後のサポートをどのように提供しますか？（マーケティングフェーズ5）
- 現在どのような関係を持っていますか？

例：
- 対面または電話でのサポート
- 自動配信のEメールまたはセルフサービスのウェブフォーム
- Eメール、チャット、Skypeなどを利用したリモートのパーソナルサービス
- ユーザーコミュニティやwiki
- 顧客との共創

- 顧客は他にどんな関係を構築、維持してほしいと期待していますか？

チャネル
- どのチャネルを通して顧客にリーチしますか？
- 最もうまく機能しているのはどのチャネルですか？
- 他に顧客が好むチャネルがありますか？
- マーケティングフェーズ 1-4
1. **認知**：顧客候補はどのように当社を知るのか？
2. **評価**：どのように評価を引き出すか？
3. **購入**：顧客はどんな方法で購入するのか？
4. **提供**：どのように届けるか？

顧客セグメント
- 誰のために価値を創造するのですか？
- 収入の最も大きな割合を占める顧客は誰ですか？
- 戦略上、最も重要な顧客は誰ですか？
- 当社の顧客の顧客は誰ですか？

収入
- 顧客が進んで対価を払うのはどんな価値ですか？
- 今はどのように支払っていますか？
- 顧客が望む決済方法は何ですか？
- 各顧客はどの程度収入に貢献していますか？
- どのようなプラスの外的効果を発生させていますか？
- どのような支払い形式がありますか？

例：
- 資産売却
- リース / レンタル料
- 購読料
- ライセンス料
- 仲介手数料
- 手配料または広告料
- オークションベースの変動型料金

Chapter 2

自分とチームのための次のステップ
Next Steps for You and Your Team

どんな組織でも、すべての従業員にビジネスモデルを理解してもらいたいと望むはずです。
また、どんな組織でも、ビジネスモデルを従業員用ハンドブックに記載して、新人研修で熱心に教え込みたいはずです。

しかし、ビジネスモデルをそこまで活用している組織はほとんどありません。多くの組織は、ビジネスモデリングが重要なのは戦略担当者と経営陣だけだと考えています。ところが、これから紹介する先見の明のある組織では、チームワークの強化、有能な従業員の勧誘と採用、定着率の上昇、従業員と顧客の満足度の向上にビジネスモデリングを活用しています。

大企業勤めでビジネスモデリングに賛同している人の中には、経営陣が企業のビジネスモデルを明確に示さず、組織全体に積極的に指導しないことにいら立ちを感じているかもしれません。あなたの会社も同じでしょうか？

たとえあなたが、企業モデルを組織全体にわたって指導する立場にはないとしても、自分のチームのビジネスモデルを明確にし、メンバー全員に理解させることはできるはずです。そしてさらに重要なのは、そのチームモデルを使い、日常の業務を正しく導くことです。

次のチャプターから、その方法を説明しましょう。

Chapter 3

Modeling Teams

チームのモデリング

誰の役に立っているのか？

Whom Do I Help?

すべての企業にビジネスモデルはあり、ビジネスモデル・キャンバスを用いれば、一目でその企業がどのように機能しているのかがわかります。同様に、多くの企業はチームの集合体でもありますから、ビジネスモデル・キャンバスを用いることで、一目で企業内の各チームがどのように機能しているのかを把握することができます。

このチャプターではチームのビジネスモデルの描き方について説明していきます。まずは、働く人全員が自問すべき2つの根本的な質問から始めてみましょう。最初の質問は「誰の役に立つのか？」。つまり、**「顧客は誰か？」ということです。**

両チームともモデロにサービスを提供
（社内の顧客）

キッチンチームは
社内の顧客に
サービスを提供

ダイニングルームの接客チームは
社内と社外の顧客に
サービスを提供

Restaurant *Modello*

レストラン モデロ

顧客は誰か？

自分の勤務状況を考えてみましょう。主な顧客は、**あなたのサービスを購入するという決断を下す人**です。たとえば、もしあなたがレストラン モデロの従業員なら、経営者のスティーブ・ブラウンが主な顧客です。なぜなら彼は、あなたを雇うことであなたのサービスを購入するという決断をしたからです。あなたもスティーブも同じ組織で働いているため、彼は"内部顧客（社内や組織内の顧客）"です。

では、スティーブの主な顧客は誰でしょう。スティーブの主な顧客は、彼のレストランで食事にお金を払うことを決断したモデロの**食事客**です。食事客はスティーブと同じ組織で働いていないため、"外部顧客（社外や組織外の顧客）"になります。

自分のためになることだけをしていて、真の満足を得られる人はほとんどいません。

そのため、**誰の役に立っているのか？**という質問は、非常に重要なのです。なぜなら、心の奥では、人は仕事を通して他の人の役に立ちたいと願っています。他の人の役に立つということは、人間にとって基本的な4つのモチベーションのうちの1つを刺激します。それが「目的」です。

目的というものは、社外の顧客がいる場合はすぐにわかります。たとえばモデロでは、ウェイターなど接客係は、来店客が特別な夜のデートを満喫できるようにサービスしたり、素敵なケータリングのディナーを提供することで、来店客のモチベーションアップに貢献していることを直接体験することができます。しかし、社内の顧客にサービスを提供するコックや皿洗い係にとっては、自分たちの仕事がどのように他の人の役に立っているのかを意識しにくいこともあります。

どのように役に立っているのか？

How Do I Help?

たとえば、皿洗いの担当は自分がレストランで役に立っていることはわかっています。しかし仕事の対象（＝レストラン）を「人」として捉えてはいないことでしょう。皿洗いが誰の役に立っているのか、つまりコックや接客係といった毎日職場で会っている人の役に立っていることを理解できれば、自分の仕事の対象を「人」として捉えることができるようになります。

働いている一人ひとりが、自分の仕事が「企業だけではなく、特定のチームメンバーにとって価値があるということ」を理解することが、なぜ重要なのかという理由はここにあります。

すべての働く人が自問すべき2つ目の重要な質問は、「どのように役に立っているのか」です。皿洗いの担当が、「コックや接客係が仕事をするには、自分が洗った清潔な調理器具や食器が欠かせない」と認識したとき、チームワークのコア（中核）である「相互依存性」を理解したことになります。チームメイトの役に立つことで、皿洗いの担当は、目的も仕事の満足感も今より強く感じることができます。やがては自分の活動がレストランの成功の一助として大きく貢献していると考えるようになるでしょう。

このチームワークテーブルは、キッチンチームの各メンバーの役割、業務、対象顧客、業務の成功による成果、業務の失敗による影響を表しています。

キッチンチームのチームワークテーブル

役割	業務	社内の顧客	業務の成功による成果	業務の失敗による影響
シェフ	素晴らしいメニューのデザイン、更新	モデロ（スティーブ）	高い評価、財政的成功	評判／財政的損失
	教育と監督	コック	プロとしてのスキルの向上、チップの増額*	チップの減額、ソーシャルメディアで低評価へのレビュー*
	メニューの説明、接客係におすすめ料理の説明を指示、アレルギー反応の防止	接客係	外部顧客のリピーター、チップの増額*	食器を片付け、テーブルとイスをきれいにする
コック	メニューの料理を正確に常に同じ品質で調理する	モデロ（スティーブ）	高い評価、財政的成功	評判／財政的損失
	メニューの料理を正確に常に同じ品質で調理する	接客係	外部顧客のリピーター、チップの増額*	外部顧客の喪失、チップの減額、ソーシャルメディアへの低評価のレビュー*
皿洗い係	食器と調理器具を手早く徹底的に洗う	モデロ（スティーブ）	好印象	悪印象
	調理器具を手早く徹底的に洗う	コック	仕事がスムーズに進む	仕事の遅れ、フラストレーション
	食器を手早く徹底的に洗う	接客係	清潔さに関するクレームの減少、チップの増額*	予測不能な食事体験、顧客の喪失、チップの減額、ソーシャルメディアへのネガティヴな投稿

*社外の顧客からの波及効果

リーダーにとって最も重要な業務の1つに、それぞれの仕事が誰かにとって重要な意味を持っていることを部下が理解できるようサポートすることが挙げられます[1]。チームワーク（誰のためにどう役立っているのか）を把握した人は、自己組織化ができ、自分で考えて行動できる基礎を築いたことになります。

次は、キャンバスを使ってチーム・ビジネスモデルを描く方法を習得しましょう。

Chapter 3

チームのビジネスモデルの可視化

How to Diagram a Team Business Model

チームのビジネスモデルの描き方は非常にシンプルですが、必ずしも簡単というわけではありません。

まずはチームの顧客を定義することから始めましょう。これはチームのビジネスモデルを作成するうえで、最も重要なステップです。皆さんの多くは、自分の同僚を「顧客」とは考えないと思いますが、もし皆さんの部署の成果を頼りにする別の人が存在するのなら、それは顧客と考えられます。

次ページのキッチンチームのモデルは、1) モデロ (スティーブ)、2) ダイニングルームの接客チーム、3) 食事客という3つの顧客を示しています。キッチンチームの全員が、採用された時点でモデロの売上に貢献することに合意しています。食事客ももちろん顧客ではありますが、間接的にサービスを受けていることになります。このキャンバスでは、食事客がダイニングルームの接客スタッフの、直接の顧客であることが示されています。この関係は、ダイニングルームの接客チームから食事客に向かう矢印で表現されています。この観点では、キッチンチームから見て最も重要な顧客は、外部顧客に直接サービスを提供しているダイニングルームの接客スタッフとなります。

収入の大部分 (つまりは給料) は食事客が払っているという観点では、当然ながら食事客はモデロで働く**全員**にとって最重要顧客だと考えることもできます。しかし、ビジネスモデルの考え方に基づいた場合、キッチンチームが外部の顧客により良いサービスを提供する最善の方法は、**顧客から見れば皆さんの**

「顔」として直接価値を提供する部署やチームに、**最適なサービスを提供すること**なのです。

本書の目標は**チームワークを改善し、誤った判断を回避することにあること**を思い出してください。それぞれの組織の理念やポリシーに従って、ツールを柔軟に利用しましょう。

顧客を定義した後は、各々の顧客に対応する価値提案を作成します。それぞれの対応を確認するため、付箋紙に番号を振ると便利です。顧客と価値提案を定義してしまえば、モデルの残りの部分を埋めるのは比較的シンプルな作業となります。

ところでこのキャンバスでは、モデロ (スティーブ) が「顧客」と「キーパートナー」の両方の役割に登場することに気づきましたか? また、キャンバスはダイニングルームの接客チームも2つの役割があることも示しています。このようにビジネスモデルを描くと、「1人または1つのグループが複数の役割を果たしていることがある」とわかるのです。

組織 (または上司チーム) から予算割り当てを受けて採用、購入、コンサルタント契約の締結などを任されている場合は、チーム・ビジネスモデルの財政的コストをリストにします。そうではない場合は、このシンプルなキッチンチームの例のように、コストには金銭以外の非財政的要素を反映させます。

次ページのキッチンチームのモデルを確認した後は、財務、ソフトウェア、エネルギー、コンサンタントという4つの分野のチームモデルの例を見ていきましょう。

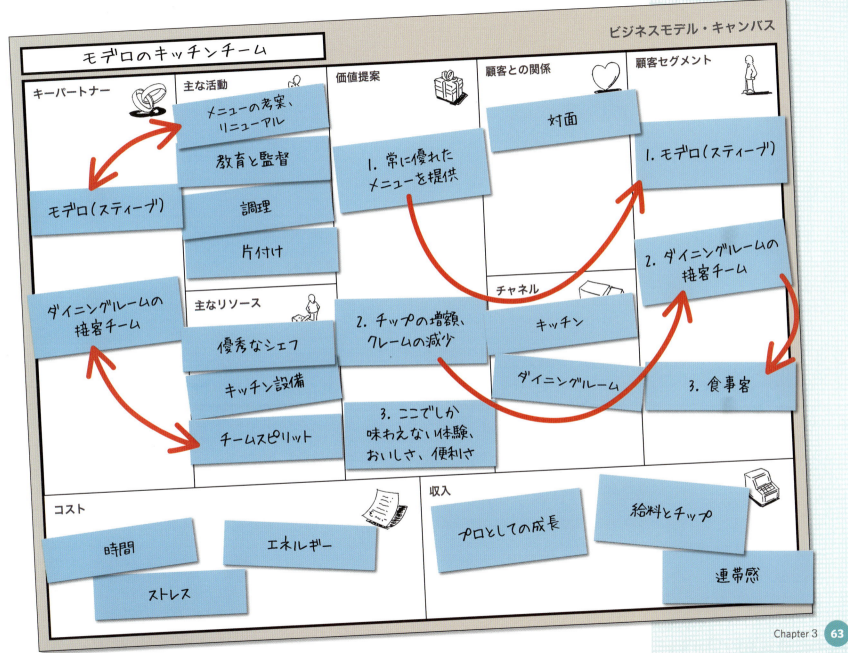

臨時財務チーム

財務専門家のパラダイムシフト
A Paradigm Shift for Finance Professionals

DBAグループは、社員10名のコンサルティング会社です。英国ケンブリッジでベンチャーのテクノロジー系企業向けに臨時およびパートタイムの財務ディレクターサービスを提供しています。サービスには資金集めも含まれ、設立したばかりで最高財務責任者（CFO）を雇用できない組織などにCFOを派遣しているというわけです。過去20年間でDBAは50社を超える企業にサービスを提供し、5億ドルを超える資金を集めました。

その20年にわたって、創業者のデビッド・ブレアは繰り返し起こるある問題に苦戦していました。起業家や投資家の多くはなぜか、財務担当者を「後ろ向きな姿勢で書類仕事のみに注力しがちなエキスパート」だと決めつける傾向にあります。データ集めや、税とコンプライアンスに関する業務は任せるものの、決定事項は事後通達でよいのだと見なしているのです。デビッドは起業家と投資家に、現場に投入している自分たちの少数精鋭の専門家たちを、意思決定においても主要なメンバーとして信頼してほしいと考えていました。そうすれば、クライアントにさらに大きな価値をもたらすことができると考えたのです。

デビッドは、この問題はそもそも自社のチームメンバーと一緒に取り組まなければ解決できないことがわかっていました。「一般的に財務の専門家が『事務処理屋』として、自分自身の業務の進捗や成果に重点を置きがちなのは、通常は社外の顧客ではなく社内の顧客に対応してきたことに起因しています。チームのキャンバスは、このパラダイムシフトを実現するうえで大いに役立ちました」。

端的に言えば、DBAチームの最大の「価値提案」は、クライアントの投資家と経営幹部が「夜にぐっすり眠れるように」支援することだとデビッドは言います。すなわち、財務および財務以外におけるKPI（重要業績評価指標）の状況を正確にトラッキングし、計画と照らし合わせ、ビジネス環境における変化の影響（プラスとマイナスの両方）を正確に予測することです。これには、ただ単にコンプライアンスと納税申告を確実に実施することよりも大きな価値があります。

「主な活動」では、チームメンバーが「真の価値」を生み出すことが求められます。ぬるま湯的な環境から脱却し、膝をつき合わせたミーティングを増やし、クライアントと協力してトラッキングすべき財政以外の目標を特定することも含まれます。その後チームは、KPIデータを簡潔、かつ活用しやすい形式で提供するレポートシステムを構築する必要があります。そのためには優秀なITリソースと適切な研修も必要でしょう。しかしそれ以上に重要なことは、チームメンバーが正しいマインドセットを身に付けることだとデビッドは指摘します。真にクライアントと向き合い、ペインポイントを把握し、コミュニケーションによって確かな価値を提供しなければなりません。彼らからすれば、クライアントは顧客であると同時に主要なパートナーでもあります。臨時の財務チームのコンセプトを受け入れてもらった後は、それを社内に説明し、DBAスタッフを適切な会議に参加できるようにしてもらう必要があります。

「チームの一人ひとりにすでにパーソナル・ビジネスモデルを活用しており、その拡張版としてチームモデルを導入しましたので、比較的容易に実践できたと思います」とデビッドは言います。

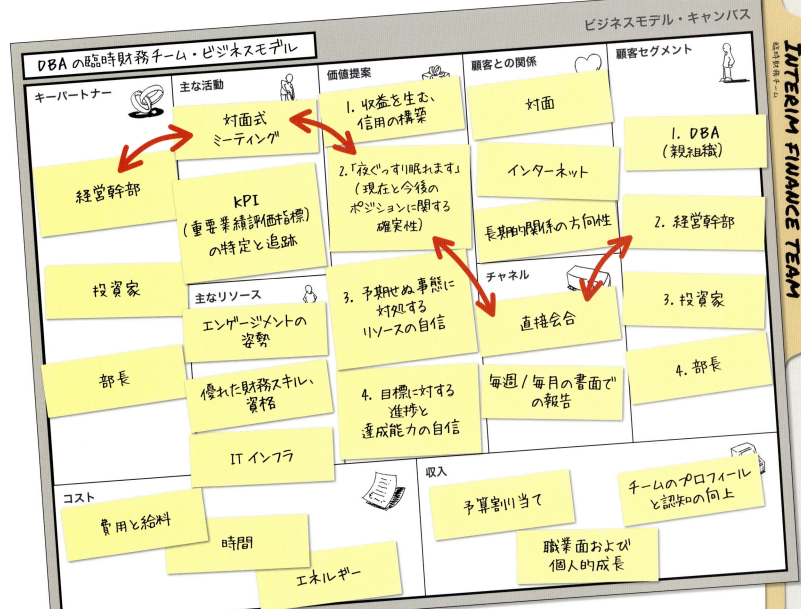

ベス・アレン

ビューポイントソフトウェア：
ラーニングサービス・チームモデル
Viewpoint Software: Learning Services Team Model

ビューポイント・コンストラクション・ソフトウェア社は、建設管理、予算見積、ERP（統合業務パッケージ）のソフトウェアを世界の建設施工業界に提供しています。オレゴン州ポートランドに本社を置き、米国、英国、オーストラリアに約700名の従業員がいます。

ビューポイント社のラーニングサービス部長ベス・アレンが率いるチームは、同社のクライアントに製品やサービスの使い方を教育する業務を担当しています。

ベスのチームが制作とメンテナンスを行っているセルフサービスコンテンツ（ヘルプページ、動画、クイックリファレンスガイドなど）は、オンラインで利用でき、無料です。有償のカスタマートレーニングも実施しており、ビューポイント製品のサービスとサポートを行う社内および社外のソフトウェアコンサルタント向けに、5つの認証プログラムも管理しています。

ビューポイント社に長年就任していたCEOが引退し、他の主要経営陣も退社したことに伴い、ベスはメンバーが一新された経営チームと向き合うことになりました。ただ、このチームのメンバーは、ラーニングサービス部門の役割をよく把握していませんでした。ラーニングサービスの価値を示すため、ベスはチームのビジネスモデルを作ることを決意します。そして、実際にチームモデルを描き、読み上げて同僚に聞いてもらううちに、重要な利害対立が明らかになりました。

ベスは次のように指摘します。「私たちのチームの使命は、効果的なトレーニングとセルフサービスによる専門知識へのアクセスを提供し、ライブカスタマーサポートチームの負荷を軽減することです。ところが、学習者が期限切れのオンラインコンテンツを閲覧してしまうと、ライブサポートセンターへの電話問い合わせが増え、コストも増大してしまいます。期限切れのコンテンツは自分たちのチームにとって『コスト』にはなりませんが、カスタマーサポートには多くのコストがかかってしまいます。チームモデルによってこうした相互依存関係が明らかになり、期限切れのラーニングコンテンツの更新または削除に投資することを提案する、有効なビジネスケースにもなりました」。

ベスは他にも、チームのビジネスモデルを使用することの実践的なメリットを発見しました。「私は重要事項のリストを書き出すことをやめ、ビジネスモデルに書き込む方法に切り替えました。これで誰もが、本当の優先事項はどれかを視覚的に捉えることができるようになります。ToDoタスクリストでは状況が見えてきません。チームのビジネスモデルは、他のメンバー、とりわけ新しい経営陣への説明ツールとしてたいへん効果的です」。

内部顧客　外部顧客

ビジネスモデル・キャンバス

ビューポイントラーニングサービスチーム

キーパートナー

マーケティング

製品開発

カスタマーサポート

コンテンツライター

ラーニング管理システムベンダー

主な活動

セルフサービスラーニングプログラムの作成

認証クラスの作成と提供

主なリソース

指導型デザインの専門知識

ラーニングソフトウェアと運用の知識

価値提案

問題をサポートチームからそらす

サポートがより高度な業務に専念できるようにする

ユーザーの適応と信頼

顧客のセットアップと設定のスピードアップ

顧客との関係

対面、Eメール、Skype

長期的関係の方向性

対面、Eメール、電話、ウェビナー、カスタマーポータル

チャネル

内部トレーニング＋プロジェクトチーム

月次レポート、1対1とチームのミーティング

カスタマーポータル　直接

顧客セグメント

新しい経営陣

カスタマーサポートチーム

営業

ソフトウェアのエンドユーザー

建設業界コンサルタント

コスト

ツールと出張費

スタッフの給与

期限切れのラーニングシステムコンテンツでカスタマーサポートコストが増大！

複雑な予算割り当ての管理のストレス

対象分野の専門家の費用

収入

カスタマーサポート、製品開発部からの予算

カスタマーサブスクリプション料

クラス受講料＋認証料

SOFTWARE SUPPORT
ソフトウェアサポート

67

イザベラ・パニッツァ

チームモデルが
企業モデルのシフトをサポート
Team Model Supports Enterprise Model Shift

イタリアのエネル社は、世界30カ国以上、6,000万世帯に電力を供給している会社で、ヨーロッパのエネルギー供給業者としては最大の顧客数を誇ります。2015年にはフォーチュン誌が選ぶ「世界を変える」上位50社のうち、Facebook、アリババ、IBMを抜いて5位にランクインされました。

同年、エネル社は「オープンパワー」と名付けた新しい戦略プラットフォームの立案を始めました。オープンパワーは、業界の先駆けとして「参加型」インダストリーモデルとなるよう設計されました。ユーザーはエネルギーを生産し、完全デジタル化されたグリッド（配電網）とオープンインターネットプラットフォームを経由し、エネル社と提携します。

イザベラ・パニッツァは、このオープンパワーの運営戦略をサポートするために、新たに立ち上げられたデジタルブランドとしてのポジションを定着させるという、難易度の高いタスクを命じられました。

イザベラは、ビジネスモデルイノベーションを専門とするビープル社に協力を仰ぎました。そこでビープル社は、チームと個人用の両方のビジネスモデルを使用したのです。

プロジェクトは、世界各地にいるエネル社のビジネスユニットとデジタルチームのリーダーに一連の研修を行うことから始まりました。参加者は自分のパーソナル・ビジネスモデルを描き、やるべき仕事、ペイン、ゲインを書き込みます[2]。これにより、新しいチームの「主な顧客セグメント」と「関連する価値提案」が明確になり、次ページのようなチーム・ビジネスモデルのデザインが可能になりました。

次に、新しいオープンパワーのデジタル実装チームに人材の採用を促すため、役割とプロセスが定義されました。新しいチームメンバーが採用されると、イザベラは共同ファシリテーターとなってワークショップを開催し、参加者はアライメントキャンバス（78ページ参照）を使用してチームの役割を定義しました。次に参加者は、ビープル社の創設者が作成したブランディングキャンバスを使って、オープンパワーのメッセージをエネル社全体に拡散する方法を定義しました。オープンパワーは2016年に無事サービスを開始し、今では同社の看板サービスになっています。

イザベラは、社内のステークホルダー（利害関係者）が新しいチームのキーパートナーとしての役割を認識してくれたことに、最も手ごたえを感じたと当時を振り返りました。「この手法と可視化ツールと共通言語を使って作業をすることが、プロセス全体の強力な推進力になりました」。

ビジネスモデル・キャンバス

オープンパワーのデジタル実装チームモデル

キーパートナー

社外機関

国、ビジネスライン と部門

主な活動

1. チャネル 管理
2. プログラム管理
3. 戦略の 作成
4. デジタルのオープン パワー・ブランドの創出

主なリソース

デザイン、ブランディング の 専門知識

完全デジタル グリッド（配 電網）での リーダーシップ

ベストプラ クティスの 専門知識

成果の トラッキング レポート

価値提案

1. エンゲージメント
2. 可視性と戦略的 一貫性
3. 戦略のロールア ウトのガイドライン
4. エネルの評判を 高める

顧客との関係

1. ソーシャルメディア
2. 共創コミュニティ
3. 共創コミュニティ
4. 書面、口頭のレポート

チャネル

1. ソーシャル メディア、ウェブ
2. 対面でのミーティ ングとソーシャルプ ラットフォーム
3. ソーシャル プラットフォーム と ワークショップ
4. 対面で の ミーティング

顧客セグメント

1. エンドユーザーと インフルエンサー
2. エネルの ビジネスラインと部門
3. エネルの国レベル のデジタルコミュニ ケーションマネージャー
4. 企業

コスト

エンジニア リング費用

研修費用

給与

メディア バイイング

収入

「デジタルカルチャー」 の創出

予算割り当て

傑出した仕事の認知

より積極的な ワークスタイル

より大きな充足感

DIGITAL STRATEGY ROLLOUT
デジタル戦略のロールアウト

69

EYの
社内コンサルティングチーム
An Internal Consulting Team at EY

ラインハルト・ダルツ

従業員数が20万人を超える大企業が直面する複雑さは計り知れません。そして、EY（旧アーネスト＆ヤング）社に勤めるラインハルト・ダルツにとって、そういった大企業は、EY社の充実した社内ラーニングラボを提供する場となっています。

ラインハルトはクライアントの人事問題についてコンサルティングを行う「人事アドバイザリーサービス」というグループのシニアマネージャーです。
人事アドバイザリーサービスは、よりよい職場環境を構築する新たな方法を開発して検証するという業務を担当しています。EY社の同僚であり、ドイツ、スイス、オーストリアを担当するイノベーション責任者（CIO）マーカス・ハイネンからの後押しを受け、ラインハルトは社内でチームと個人のビジネスモデルを実験し始めました。

ラインハルトは次のように語っています。「当社では、従来からビジネスモデルを社外戦略に使用してきました。クライアントのビジネスモデルは経済、社会、技術のトレンドに影響を受けることが多いからです。ところが、社内にチームのビジネスモデルを活用することが、EY社の各部門にとって強力な支援策になることがわかりました」。

ラインハルトは、外部のEYクライアントに対応する最高執行責任者（COO）のサポートに専念する社内コンサルティングチーム（次ページ）を結成しました。ラインハルトとメンバーは、組織図よりも、新しいグループのチーム・ビジネスモデルが理解を促進し、目的を明確にするためにはるかに効果的であることに気づきました。

「新しいチームの主な成功要因については暗黙の了解がありましたが、チームのビジネスモデルを作成するまで明確に表現していなかったのです。チームモデルは組織図よりはるかに強力な可視化ツールです。物事を説明し、確実にチームの方向性を共有させることがとても簡単になりました」とラインハルト。「さらに、チームのビジネスモデルがあれば、新メンバーでも必要なスキルと提供すべき真の価値を明確に把握することができます」。

ラインハルトとメンバーは現在、社内コンサルティングチーム内での各自の役割を描くパーソナル・ビジネスモデルの実験に取り組んでいます。
「個人のビジネスモデルによって期待される事柄とスキルのプロフィールが明確になるため、各自の個人的目標とグループの目的が一致しているかどうかを確認することができます」。

ビジネスモデル・キャンバス

EYの社内部署向けコンサルティングチーム

キーパートナー

クライアント対応部署のCOO

EY技術チーム

品質管理チーム

主な活動

戦略変更のコンサルティング

EYの各チームが変化を業務化するのを支援

主なリソース

変化へのモチベーション

クライアント対応部署のチームメンバー

クライアントプロジェクトの経験

異業種間専門知識

価値提案

変化を起こす

他業種から得た解決策

クライアントに提供するサービスの改善

従業員エクスペリエンスの向上

顧客との関係

これから実施する変化についてCOOとのコンサルティング

チームメンバーとのコンサルティング

チャネル

COOとチームとの対面ミーティング

トピック別オンラインEYコミュニティ

顧客セグメント

クライアント対応部署のCOO

クライアント対応部署のチームメンバー

コスト

運営費

ROI分析に基づく変更プロジェクトへの投資

収入

サポートした変化の収益／成果

人材の成長（職業的、個人的）

本当に役立つことを達成した満足感

個人の功績の認知

チーム・ビジネスモデルを描く
Draw Your Team's Business Model

次は皆さんの番です。付箋紙を用意して、次ページの空白のキャンバスにチームのビジネスモデルを描きましょう。できればポスターサイズのキャンバスをプリントアウトして、チームと一緒にモデルを描いてください。その際のヒントをいくつか紹介します。

1. 顧客セグメント
顧客が複数の場合、付箋紙に番号を振ると優先順位を示すことができ、顧客と価値提案を一致させる際に役立ちます。または顧客ごとに付箋紙の色を変えてもよいでしょう。

2. 価値提案
顧客ごとに個別の価値提案を作成します。価値提案には、活動よりもベネフィット、ソリューション、成果を記すようにしましょう。

3. チャネルと顧客との関係
顧客によって異なるチャネルや顧客関係を必要とする場合もあります。番号または色違いの付箋紙を使用しましょう。

4. 主な活動
価値提案の作成と提供に必要な具体的な活動を挙げます（ヒント：誰もが避けたがる活動であることも少なくありません）。事務やルーチンワークは外します。

5. 主なリソース
価値提案の作成と提供に必要なものは何ですか？　欠けている、または開発不足の必須要素に注目しましょう。

6. キーパートナー
内部と外部のパートナーの両方を含みます。パートナーが提供するもの、またはパートナーの活動を具体的に挙げます。64ページのデビッド・ブレアの場合のように、関係を築くためにキーパートナーが果たす重要な役割を示しましょう。

7. 収入とコスト
チームメンバーにもたらされる業務上の成長やその他の財政要素以外のベネフィットを書き出します。

チームモデルを作成した後は、他のチームとどのような関連があるかを探りましょう。
例として、ベアトリス（74ページ参照）がチームモデルを使って自分のグループのポジショニングを修正し、全く新しい内部顧客を発見した方法を見てみましょう。

ビジネスモデル・キャンバス

キーパートナー
- キーパートナーは誰か？
- キーパートナーが提供する主なリソース、または実施する主な活動は何か？
- キーパートナーが提供する、私たちのモデルに不可欠なものは何か？
- キーパートナーがベネフィットを生む方法：
  - 最適化または節約
  - リスクまたは不確実性の低減
  - 他では獲得できないリソースや活動を提供

主な活動
- 価値提案、チャネル、顧客との関係、収入が必要とする主な活動は何か？
- 主な活動の種類：

開発：設計、開発、製造、解決、提供
販売：教育、説明、デモンストレーション、宣伝、広告
サポート：管理、保守、監督、その他作成・売り込みの補佐

主なリソース
- 価値提案、チャネル、顧客との関係、収入にとって必要な資産は何か？
- 4種類の主なリソース：

人的：スキル豊かな人材
有形資産：車両、建物、土地、機器、道具
無形資産：ブランド、メソッド、システム、ソフトウェア、特許、著作権、ライセンス
資金：現金、株式、売掛金、信用限度額、財政保証

価値提案
- 顧客に提供するベネフィットとは何か？

機能的価値
リスクの低減
コストの削減
便利さ、使いやすさ
パフォーマンスの改善
特定の仕事を終わらせる

感情的価値
楽しみ、喜び
受容
帰属
承認
安心

社会的価値
地位の向上
好みやスタイルの検証
親近感

顧客との関係
- 販売後のサポートをどのように提供するか？
  （マーケティングフェーズ5）
- 現在どのような関係を持っているか？
  例：
  - 対面または電話でのサポート
  - 自動配信のEメールまたはセルフサービスのウェブフォーム
  - Eメール、チャット、Skypeなどを利用したリモートのパーソナルサービス
  - ユーザーコミュニティやwiki
  - 顧客との共創
- 顧客は他にどんな関係を構築・維持してほしいと期待しているか？

チャネル

- どのチャネルを通して顧客にリーチするのか？
- 最もうまく機能しているのはどのチャネルか？
- 他に顧客が好むチャネルがあるか？
- マーケティングフェーズ1-4
1. **認知**：顧客候補はどのように私たちを知るのか？
2. **評価**：どのように評価を引き出すか？
3. **購入**：顧客はどんな方法で購入するのか？
4. **提供**：どのように届けるか？

顧客セグメント
- 誰の役に立つのか？
- 収入の最も大きな割合を占める顧客は誰か？
- 戦略上、最も重要な顧客は誰か？
- 私たちの顧客の顧客は誰か？

コスト

- 最大のコストは何か？
- 主なリソースと活動のうち最も高価なものは何か？
- どのようなマイナスの外的効果を発生させているか？
- コストの種類：

固定：給与、リース料
変動：品物またはサービスのコスト、臨時労働力
現金以外：償却、営業権、外部効果

収入

- 顧客が進んで対価を払うのはどんなベネフィットか？
- 今はどのように支払っているか？
- 顧客が望む支払い方法とは？
- 各顧客はどの程度収入に貢献しているか？
- どのようなプラスの外的効果を発生させているか？
- どのような支払い形式があるか？

例：
- ライセンス料
- 資産売却
- リース/レンタル料
- 購読料
- 仲介手数料
- 手配料または広告料

ベアトリス A. ゴンザレス・トーレ

チームの方向性を
顧客の目標に合わせる
Aligning a Team With Customer Goals

ベアトリス・トーレは従業員800名のエレベーター・イノベーション・センターのトレーニングチームのリーダーです。エレベーター・イノベーション・センターはティッセンクルップ社の研究開発部門であり、ティッセンクルップ社は従業員15万人以上、売上高は420億ドルという多角経営の国際的一流企業です。
ティッセンクルップ社の動く歩道とエレベーターのシステムは世界中のビル、空港、大型商業施設に採用されていますが、ますます複雑化するシステムの提供が適切に行われるように「イノベーション・センターの従業員のスキルを向上させること」がトレーニングチームの目的です。

このシンプルな目的を達成するうえで、トレーニングチームのリーダーであるベアトリスは2つの関連する課題に直面していました。

1つは、予算の締め付けが厳しくなる中で、トレーニングチームによってエレベーター・イノベーション・センター（内部顧客）の研究開発の成果が高まっていることを示す必要がありました。
2つ目は、さらなる貢献によって、チームが新たな価値を創出できる方法を見つけたいと考えていました。ベアトリスは「自分たちの仕事に誰が価値を感じてくれるのかを明確にするため、物事を違う角度から見てみる必要がありました」と振り返ります。

ベアトリスは、チームのビジネスモデルの方向性をイノベーション・センターのビジネスモデルに合わせてみようと考えました。はじめに、イノベーション・センターのプログラムマネージャーにビジネスモデル思考の概要を説明し、一緒にイノベーション・センターのチームキャンバスに取り組みました。次に、トレーニングチームのモデルを定義しました。最後に、イノベーション・センターのチームモデルをトレーニングチームのモデルに重ねて2つを比較しました。

次ページを見れば、いかに重大な不一致が（つまりそれだけ大きなチャンスが）あるのかが一目でわかります。

相互関係を知ることが
価値を理解する鍵
Seeing Interconnections Unlocks Value

イノベーション・センターの価値提案は「新製品を市場へ投入すること」でした。しかしベアトリスとマネージャーがセンターのモデルをビジュアル化したところ、新製品の創出にはティッセンクルップ社の他の4つのチーム（製造、サプライチェーン、営業、財務）との緊密な連携が必要であることが明確になりました。ところが、この5つの相互に関連したチームのメンバーには製品管理の経験や専門知識がほとんどなく、ベアトリスのチームもそれまではエンジニアリングとプロジェクト管理の研修だけを重点的に行っていました。

ベアトリスはすぐに製品管理研修のニーズが高いこと、さらにこの研修をイノベーション・センターだけではなく、他の4つのティッセンクルップ社のチームにも提供する必要があることに気づきました。
これは、チームモデルに4つの新しい「顧客」を追加し、新しい「価値提案」を作成し、新しい「主な活動」を追加することを意味します（次ページの緑の付箋紙）。ベアトリスは新しい研修の設計と提供のため、ティッセンクルップ社の他の部署から新しいキーパートナーを採用しました。新しい顧客が研修の共創に役立ったことは、顧客との関係のビルディングブロックが示しています。
トレーニングチームのモデルの方向性をエレベーター・イノベーション・センターのモデルの方向性に合わせることで、ベアトリスはチームの価値を示し、予算の増額を勝ち取りました。さらに1つの役職の範疇を超えたビジョンを示したことで、ティッセンクルップ社内でのリーダーとしての評価も高まりました。

「この2段階分析によって、単に新しいアイデアをブレインストーミングするだけでなく、主要な内部顧客と方向性が一致しているかどうかを検討することを余儀なくされました。これは難しい課題でしたが、最終的には非常にやりがいのある仕事でした」とベアトリスは言います。

ベアトリスの得た教訓

- 「多くの従業員が関わる技術分野の環境では、業務が過度に細分化されていることがあります。細分化によって、単純かつ大きな不一致が見事に見過ごされてしまいます」

- 「キャンバスの使い方のトレーニングを受けていない人にキャンバスを使って物事を説明するのは避けましょう。混乱させてしまいます。まずはビジネスモデルの基本的なトレーニングを受講してもらいましょう」

- 「異なるチームのメンバーにモデルの作成を手伝ってもらうと、全員が多くを学ぶことができます」

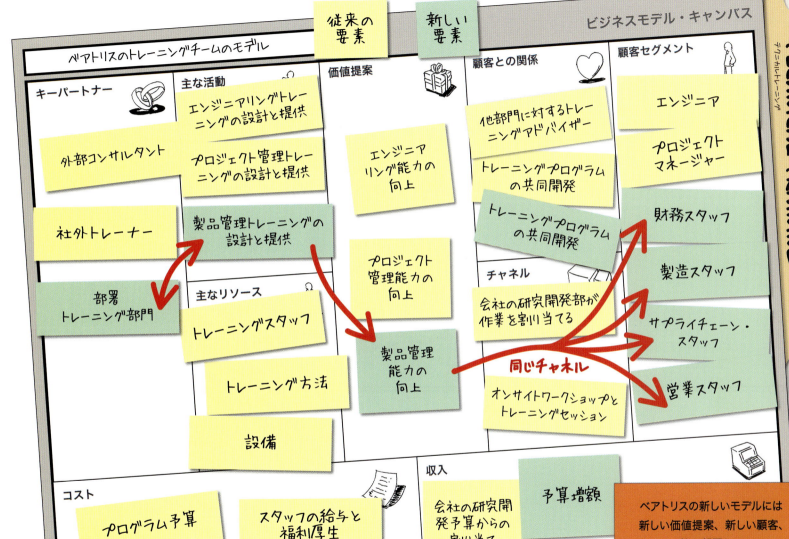

アライメントキャンバス
The Alignment Canvas

ベアトリスはトレーニングチームモデルとイノベーション・センターのモデルを比較することで、自分の仕事を顧客の目標の方向性に合致させる方法を理解しました。アライメントキャンバスを使って同じ作業をしてみましょう。

アライメントキャンバスは、下位（複雑度が低い）ビジネスモデルと上位（複雑度が高い）ビジネスモデルという2つの関連するビジネスモデルを同じシートに示します。上位と下位のモデルは、階層、相互依存、下請けステータス、顧客とプロバイダのステータス、またはこれらの組み合わせで関係性を示すことができます。レストラン モデロがキッチンチームの顧客であったように、エレベーター・イノベーション・センターはベアトリスのチームの顧客です。

「下位」と「上位」とは複雑度や階層における位置を示すだけの言葉であり、評価や価値を表した言葉ではありません。アライメントキャンバスでは、上位モデルは下位モデルより優先されます。通常の場合、上位モデルのニーズに合わせて下位モデルを修正または調整します。次ページのアライメントキャンバスを見てみましょう。

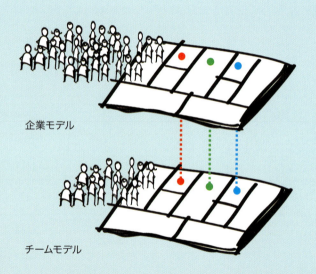

企業モデル

チームモデル

キーパートナー
1) 私たちに主なリソースを提供してくれる
2) 私たちのために主な活動を実施してくれる

パートナーを列挙する

1) あなた方に主なリソースを提供してくれる、または
2) あなた方のために主な活動を実施してくれる

パートナーを列挙する

コスト
主なリソース、主な活動、キーパートナーに対して発生する最大のコストを列挙する

| 上位モデル | 下位モデル | | ビジネスモデル・アライメントキャンバス |

主な活動

私たちの価値提案の作成、コミュニケーション、評価の促進、売り込み、提供、サポートを行うために欠かすことのできない継続的な活動を記載する

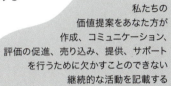

私たちの価値提案をあなた方が作成、コミュニケーション、評価の促進、売り込み、提供、サポートを行うために欠かすことのできない継続的な活動を記載する

価値提案

私たちが解決する顧客の問題（実施すべき仕事）、提供するベネフィット、満たすべき顧客のニーズを記載する（サービス/製品名を含む）

あなた方が解決する顧客の問題、提供するベネフィット、満たすべき顧客のニーズを記載する

顧客との関係

私たちが
1) 購入後のカスタマーサポートを提供し、
2) 顧客に別のサービス/製品を紹介するために持っている関係性を記載する

あなた方が
1) 購入後のカスタマーサポートを提供し、
2) 顧客に別のサービス/製品を紹介するために持っている関係性を記載する

顧客セグメント

私たちが価値を提供する最重要顧客セグメントの優先順位を示す

あなた方が価値を提供する最重要内部/外部顧客セグメントの優先順位を示す

主なリソース

私たちが価値提案の作成、コミュニケーション、売り込み、提供、サポートを行うために必要な最重要リソース（人材、財務、知的財産、物理的）を列挙する

チームの価値提案の作成、コミュニケーション、売り込み、提供、サポートを行うためにあなた方が持っている最重要リソース（関心、個性、スキルと能力、経験、知識等）を列挙する

チャネル

見込み客に対して
1) 認知を高め、
2) 評価を促し、
3) 購入できるようにし、
4) 価値を提供するためのタッチポイントを列挙する

見込み客に対してあなた方が
1) 認知を高め、
2) 評価を促し、
3) 購入できるようにし、
4) 価値を提供するためのタッチポイントを列挙する

収入と報酬

各顧客セグメントから提供される収入と報酬の具体的な形式を記載する

あなた方の仕事を行ううえで最大のコスト（財務的、感情的、社会的等）を列挙する

顧客からあなた方が受け取る収入または報酬（財政的、感情的、社会的、個人的等）を記載する

Chapter 3

アライメントキャンバスを活用する
Using the Alignment Canvas

アライメントキャンバスを活用する際は、2つの関連するビジネスモデルから始めます。上位モデルを各ビルディングブロックの、左上の影のない部分に描きます。次に、下位モデルを各ビルディングブロックの、右下の影のついた部分に描きます（要素を貼る面積は限られているので簡潔に書くことが重要です）。

次ページのアライメントキャンバスは、モデロ（上位モデル）を青い付箋紙で、ダイニングルームの接客チーム（下位モデル）を黄色の付箋紙で示しています。

次に、上位と下位のモデルを比較します。まず「2つのモデルで最も類似点が多いのはどのエリアか」と「最も相違点が多いのはどのエリアか」という2つの質問から始めましょう。
次ページのアライメントキャンバスでは、レストラン モデロは3つの顧客セグメントにサービスを提供していることがわかります。優先順位では1)ディナー客、2)ランチ客、3)プライベートパーティです。ダイニングルームの接客チームも3つの顧客セグメントを対象としています。1)モデロ、2)ディナー客、3)ランチ客です。

アライメントキャンバスで2つのモデルを並べてみると、主な相違点が明らかになります。ダイニングルームは、レストランの第3の顧客セグメントであるプライベートパーティにはサービスを提供しません。モデロがこの顧客セグメントに対応するチャネルとして使っているのがケータリングだからです。ケータリングのチャネルはダイニングルームの接客チームのビジネスモデルには入っていません。

ただ、デニス（82ページ参照）という状況判断力のある接客係のおかげで、この状況も変わろうとしていました。

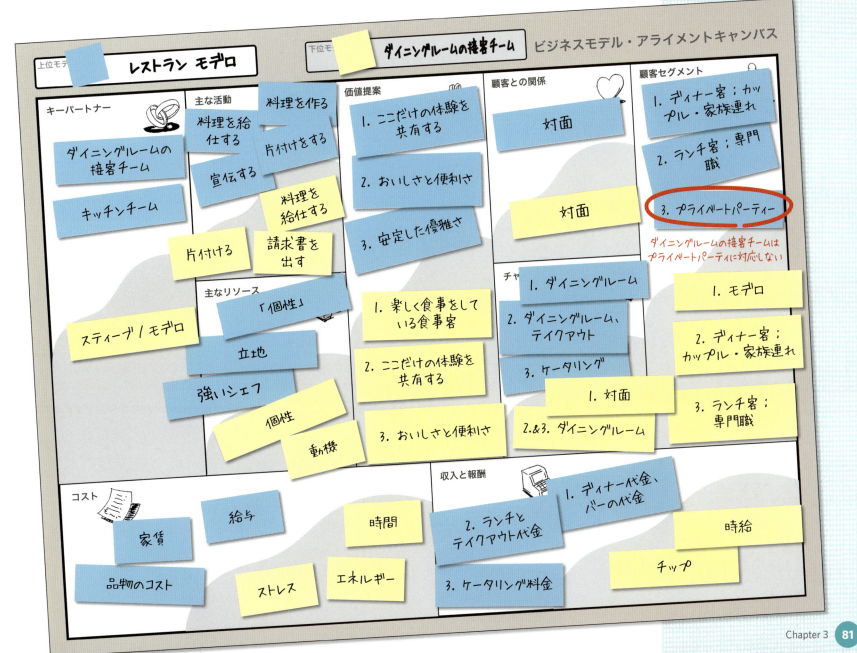

デニスの偶然の発見
Dennis's Accidental Discovery

デニスはモデロの接客トップの1人です。レストランで週に4回シフトをこなし、時にはモデロがケータリングをするプライベートパーティでチーフを務めます。持前の人当たりの良さのおかげで、デニスの名前を憶えている常連客もたくさんいます。ランチの常連客であるフィルは、医薬品メーカーの営業部長です。

ある日、フィルと連れの来店客に給仕をしているときに、デニスは2人が熱心にフードデリバリーサービスについて議論しているのを聞いて驚きました。そのうえ、フィルからおすすめの地元のケータリング業者についてプロとしての意見を求められたことで、さらに驚かされました。
「そうですね、モデロではランチメニューは全品ケータリングでもご提供していますよ」とデニスは答えました。このやりとりについてはすぐに忘れてしまいましたが、その週の後半にフィルの秘書からスティーブに電話があり、15名の昼食会のケータリングの予約を受けることになりました。

翌日、スティーブはデニスを呼び出しました。「フィルから小児整形外科での15名の昼食会の予約をいただいた。君がうちのケータリングを勧めてくれたおかげだよ。私は2人の営業マンが、その日のランチ以上のことをうちに求めてくるなんて思ってもみなかった」。

デニスはちょっと肩をすくめて答えました。「フィルとお連れの営業マンの方がフードデリバリーについてずいぶん困っていたようだったので」。

スティーブはしばらく考えを巡らせた後、ふいに指を鳴らして言いました。「君のおかげで、たった今ビジネスモデルのアイデアが浮かんだよ！」。

次の全スタッフ会議で、スティーブは前ページのアライメントキャンバスを示してこう宣言しました。
「当店のケータリングサービスについては皆知っていることだし、その手伝いをしてくれている人もいるね。しかし先週デニスが新しいケータリングの顧客を紹介してくれたのを契機に、うちのケータリングビジネスをもっと成長させることができると思ったんだ」。スティーブは、アライメントキャンバスに貼った「プライベートパーティ」の付箋紙を指さしながら続けました。
「今後は、みんなの紹介によってケータリング契約を1件獲得する度に、その金額（店の収入）の8％をチップに上乗せしよう」。

興奮が混じったささやき声が部屋中に広がりました。スティーブは5枚の新しいピンク色の付箋紙をアライメントキャンバスに貼りながら言いました。「まずはプライベートパーティを顧客セグメントの1つとして考え、『ケータリングについて話をすること』を主な活動にしよう。ただしあくまで控えめに、話の流れに沿って話すように。誰もが料理のデリバリーを必要としているわけじゃないからね」。会議はスタッフの笑い声で終わりました。スティーブとデニスは並んでダイニングルームへ向かいました。

スティーブは「さあ、フィルとおしゃべりの時間だ」、「PINT（パイント）タイムだな」と語りかけてきました。
「パイントって、ビールを飲みに誘うっていうことですか」とけげんな顔をするデニスに向かって、スティーブが笑いました。「そうさ、Problem（問題）、Issues（課題）、Needs（ニーズ）、Trends（トレンド）の頭文字を集めた"PINT"について、パイント（ビール1杯）を飲みながら語り合うんだよ」。

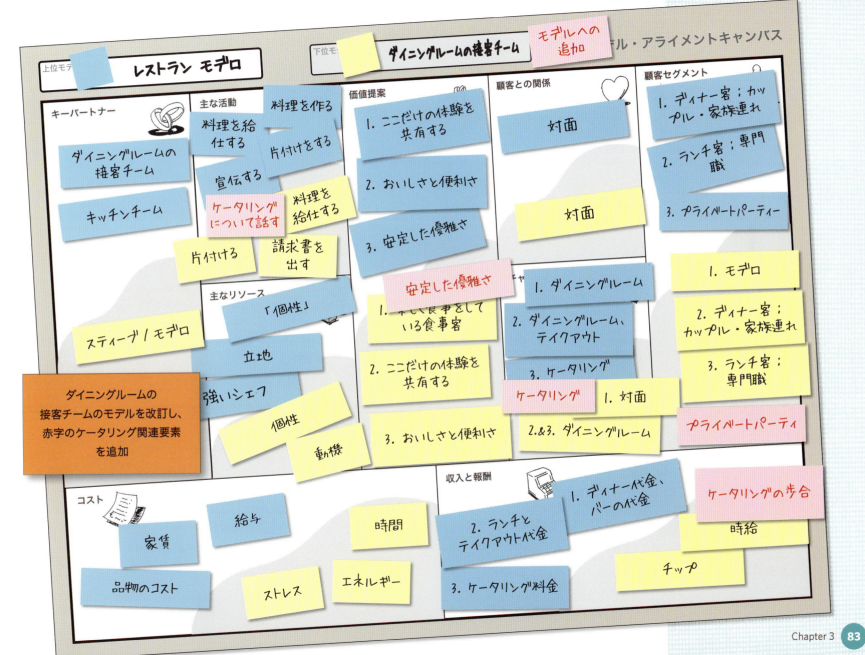

製薬業界のPINT （問題・課題・ニーズ・トレンド）

A Pharmaceutical Industry PINT (Problems, Issues, Needs, and Trends)

スティーブは「たいへんお忙しい中、お時間をいただいてありがとうございます、フィル」と、黒ビールのジョッキを上げて製薬会社役員であるフィルと乾杯しました。「起業家のお役に立てるならいつでも喜んで、スティーブ。ところで、何をお知りになりたいのでしょう」とフィルは返し、ジョッキの4分の1ほどもひと息に飲みました。

スティーブは鞄からノートを取り出し、次のように尋ねました。「小児整形外科での昼食会が無事成功されてよかったです。お聞きしたかったのは、病院にはカフェテリアもあるのに、なぜ料理の手配をする必要があったのでしょうか？」。

フィルは、困った顔で首を振りながら答えました。「製薬業界の営業合戦が激化し、以前のように病院や診療所に容易に入っていけなくなったのです。業界のガイドインで、デモンストレーションや営業活動は診療時間外にすること、とお達しがありました。それで医療スタッフに会える現実的な時間が昼休みしかなくなってしまい、集まってもらうにはおいしい食事を無料で提供するしかないということになったというわけです」。

スティーブは熱心にメモを取りました。
一方、フィルは眼鏡越しにノートをのぞきこみながら、スティーブに「そのオレンジや青の四角は何ですか」と尋ねました。

「これは問題（P）、課題（I）、ニーズ（N）、トレンド（T）を分析する手法なんです」。スティーブはフィルが見やすいように、ノートを反転させて見せました。PINTの頭文字が4つのオレンジのボックスに書かれています。スティーブはTのボックスを指さしました。「現場での食事の無料提供がトレンドのようですね」。

「信じてもらえないかもしれませんが、私の部下の営業員はネットや電話でケータリング業者を探すのに何時間も費やしているんです。時間の有効活用とは言えませんよね」と答えたフィルはグラスを飲み干し、ウェイターにもう1杯と合図しました。

「確認してもいいですか？」と、スティーブはオレンジ色のボックスのうち3つに引いた線を指さしました。「製薬業界のトレンド（T）は現場での昼食会だが、これは営業員が料理の手配に時間を取られ過ぎるという問題（P）を生んでいる。そのため、信頼できるケータリング業者のニーズ（N）が生まれている。そういうことでしょうか？」。

「その通りです」と、フィルはウェイターからお代わりの黒ビールを受け取りながら答えました。そして「PINT分析にビールで乾杯しましょう」と、2人で笑い合ったのでした。

誰の役に立つか

✏ **P**roblem or **P**otential　問題（P）または潜在問題（P）

> 営業員が料理の手配に
> 時間を取られ過ぎている

✏ **I**ssue　課題（I）

✏ **N**eeds　ニーズ（N）

> 料理がおいしく手配も手軽な、
> 信頼できる地元のケータリング業者

✏ **T**rend　トレンド（P）

> 業界ガイドラインで営業員は昼休みに
> デモンストレーションをしなければならない

Section 2

SIRP（ソリューション、イノベーション、リソース、ポジショニングのアイデア）
SIRP (Solutions, Innovation, Resources, or Positioning Ideas)

「これがどのように役立つのかご説明しましょう」とスティーブ。「まず、このようにPINT要素を書き込みます。こんな感じで合っていますか？」とオレンジ色のボックスを指しました。

フィルは頷き、ゆっくりとビールを飲みました。

スティーブはペンを使って図の中の青いボックスを指しました。「次に、どのソリューション(S)、イノベーション(I)、リソース(R)、ポジショニングのアイデア(P)によって主なPINT要素に効果的に対処できるかと考えます。御社の場合、営業員が必要としているのは間際に手配しても対応できるケータリング業者です。いつでもオンラインで注文できるとか、レストランの閉店時間でも注文できるといったニーズもあるかもしれないですね」。フィルはうんうんと頷き、スティーブはSのボックスに書き込みました。

「これはすごいね、スティーブ」と、フィルはテーブルのグラスを交換しながら言いました。「レストラン業界に飽きたら言ってくれ。君のような人材はうちの部署で採用したいよ！」。

価値ある仕事の検出シート

The Valuable Work Detector

スティーブは**PINT**について友人のサリーから学びました。サリーは医療機器メーカーでフルタイム勤務をしながら夜間MBAプログラムに通っています。右の図はサリーが「**価値ある仕事の検出シート**」と呼ぶツールの一部です。

スティーブはサリーと「**何が仕事を生み出すか**」というシンプルながら重大な問題について話し合ったことがあります。サリーは、この問題を真剣に考えている人はほとんどいないと言っていました。
ほとんどの人は、会計士、ロジスティクスマネージャー、マーケティングアシスタントなどといった肩書のついた「職業」に就いていれば、仕事は自然に生まれてくるものだと思い込んでいます。サリーは、この暗黙の「職業＝仕事」という思い込みがリーダーにとってトラブルの種になると感じていました。というのも、多くの人は

1) 仕事とは「職務明細」と定義し、
2) 仕事を職業の肩書によって規定された活動に限定
しているからです。

この「職業＝仕事」という思い込みは、自分で考えて行動する姿勢と熱意を阻害してしまいます。「大局的視点で働くためのセオリー」が必要だとサリーは主張してい

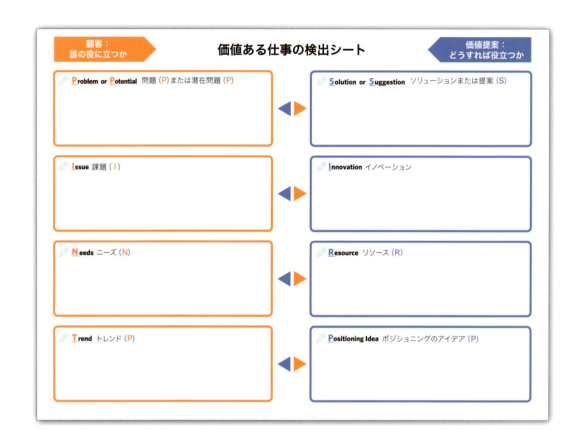

ました。
価値ある仕事の検出シートは、仕事とはすべての組織に共通する4つの項目から生まれるものであるという常識的考えに基づいています。4つの項目とは、「問題（**P**）または潜在問題（**P**）」、「課題（**I**）」、「ニーズ（**N**）」、「トレンド（**T**）」（**PINT**要素）です。各**PINT**要素はやりがいのある仕事の原動力になります。サービス、製品、内部活動、または新しい職業の肩書によって仕事が規定されるよりも**前に**、PINT要素は取り組むべき仕事を検出するレンズの役割を果たします。

PINT要素
The PINT Elements

サリーは4つのPINT要素のそれぞれを、自分の人事チームでの経験を例に挙げて説明しました。

1. 問題（P）または潜在問題(P)
守られていない、またはうまく機能していないものがある、あるいは新しいものを導入する機会が存在しています。たとえば、サリーの会社の従業員の離職率は高過ぎました。

2. 課題（I）
守られていないものはありませんが、規則、規制、条件が変化しています。たとえば、施行予定の法令によって、サリーの会社は外国人大学院生をインターンまたは契約社員として雇用する際の対応方法が変わることが予測されます。

3. ニーズ(N)
何かが欠けている、または何か新しいもの、違ったものに対する要求があります。たとえば、サリーの雇用主は南米進出を計画していたため、スペイン語とポルトガル語が堪能で文化にも精通している有能な従業員を必要としていました。

4. トレンド(T)
物事が変化している、または新しい方向へ向かっている、あるいは人々の行動に変化が見られます。たとえば、医薬業界においてロボティクスの活用が増加しているということは、サリーの会社にもロボティクスの専門知識を持ったエンジニアが必要だということを示唆しています。

価値ある仕事の検出シートの使い方
最初のステップは、チームの主な顧客に注目し、その顧客が直面している**問題(P)または潜在問題(P)**、**課題（I）**、**ニーズ（N）**、**トレンド（T）**について検討することです。重要と思われる要素を1つか2つ特定し、それぞれについて簡潔な概要を書きます。4つの**PINT**要素はキャンバスの「顧客」ビルディングブロックにあると考えます。

顧客の**問題(P)または潜在問題(P)**、**課題（I）**、**ニーズ（N）**、**トレンド（T）**について直接知っている場合は、概要は「事実」を表すことになります。そうではない場合は、概要は「仮説」を表しているため、顧客または事情を知る内部者を通じて検証する必要があります。

Chapter 3　87

SIRP要素
The SIRP Elements

有効な**PINT**要素を1つ以上特定した後は、チームがそれにどう対応するかを説明します。対応は、特定した**PINT**要素に取り組むための価値提案になりうるものです。この価値提案は、「**SIRP**」という頭文字で表される4つの要素のいずれかを含みます。

1. ソリューションまたは提案（S）
<u>問題（**P**）または潜在問題（**P**）に対応するための解決策、改善、または新しい手法、サービス、製品の提案</u>です。たとえば、サリーの人事チームは、退職者面談の分析によって、主要従業員がもっと柔軟な勤務時間体制を求めて離職したことが判明したため、フレックスタイム制を導入しました。

2. イノベーション（I）
<u>課題（**I**）に対応するため、積極的に物事または環境を採用すること</u>です。たとえば、サリーのチームはいくつかの学術的イベントに出席して、国内の大学院の工学部に有望な新しいプログラムが2つあることを知りました。そこで採用対象を修正して、海外で学んだエンジニアへの依存度を低下させました。

3. リソース（R）
<u>ニーズ（**N**）を満たす人、資金、資材、知的財産</u>です。たとえば、サリーのチームは従業員ボランティアを募って言語スキルに関するアンケートを行い、南米市場に関する新しい役職を社内から採用しました。

4. ポジショニングのアイデア（P）
<u>トレンド（**T**）を活用する、またはリスクを軽減する方法の提案</u>です。たとえば、サリーのチームは、地元の大学院のロボティクスエンジニアリング博士号課程に基金を寄付することを提案しました。

その結果、サリーのチームは新たに役職や肩書を作ることなく、4つすべての**PINT**要素に対応しました。

今回の例は、**PINT**分析に基づき、チームメンバーは取り組むべき事柄の定義を拡大して実施したにすぎません。それが「職務明細」の範疇にあるかどうかは気にも留めていません。「価値ある仕事の検出シート」が、社内と社外の顧客のどちらにも活用できることがわかりましたか？

次はあなたの番です。次ページの価値ある仕事の検出シートを使って、あなたの顧客を1つ選び、その顧客が対応を必要としている価値ある仕事を見つけ出しましょう（BusinessModelsForTeams.comにサインインすれば、すべてのツールのPDF版を無料で利用できます）。

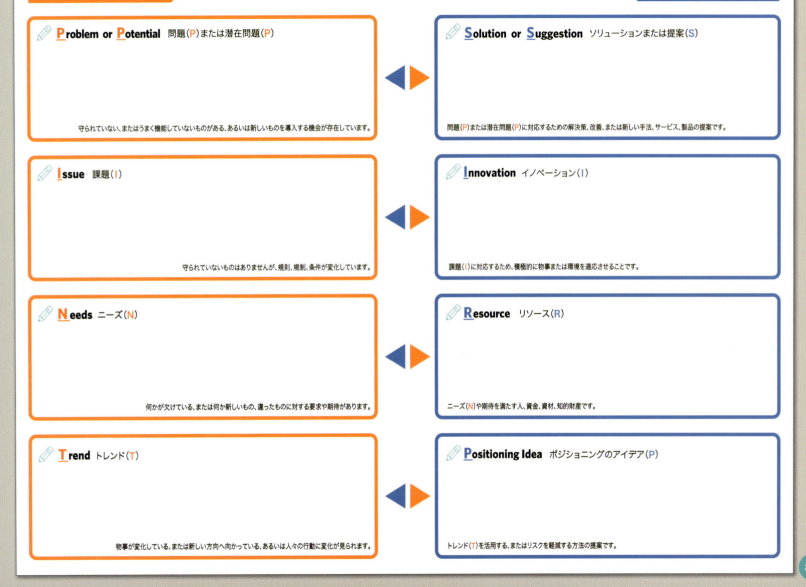

Things to Try on Monday Morning

月曜日の朝に取り組むこと

チームワークテーブルの下書き

まずは、あなたがリーダーまたはサポート役を務めるグループのチームワークテーブルを作りましょう。次のテンプレートを使ってください。

役割	業務	顧客	業務の成功による成果	業務の失敗による影響

アライメントキャンバスの下書き

次に、付箋紙を使ってアライメントキャンバスでチームと上位のビジネスモデルを描いてみましょう。

完成したキャンバスを活用し、行えることを見つけ出します：

1. 修正または改善
2. 排除（なるべくしない）
3. 強化（なるべく多く）
4. 再調整
5. 活用

キーパートナー

1) 私たちに主なリソースを提供してくれる
2) 私たちのために主な活動を実施してくれる

パートナーを列挙する

1) あなた方に主なリソースを提供してくれる、または
2) あなた方のために主な活動を実施してくれる

パートナーを列挙する

主な活動

私たちの価値提案の作成、コミュニケーション、評価の促進、売り込み、提供、サポートを行うために欠かすことのできない継続的な活動を記載する

私たちの価値提案の作成、コミュニケーション、評価の促進、売り込み、提供、サポートを行うために欠かすことのできない継続的な活動を記載する

主なリソース

私たちが価値提案の作成、コミュニケーション、売り込み、提供、サポートを行うために必要な最重要リソース（人材、財務、知的財産、物理的財産）を列挙する

チームの価値提案の作成、コミュニケーション、売り込み、提供、サポートを行うためにあなた方が持っている最重要リソース（関心、個性、スキルと能力、経験、知識等）を列挙する

コスト

主なリソース、主な活動、キーパートナーに対して発生する最大のコストを列挙する

| 上位モデル | 下位モデル | | ビジネスモデル・アライメントキャンバス |

価値提案
私たちが解決する顧客の問題（実施すべき仕事）、提供するベネフィット、満たすべき顧客のニーズを記載する（サービス／製品名を含む）

顧客との関係
私たちが
1) 購入後のカスタマーサポートを提供し、
2) 顧客に別のサービス／製品を紹介するために持っている関係性を記載する

あなた方が
1) 購入後のカスタマーサポートを提供し、
2) 顧客に別のサービス／製品を紹介するために持っている関係性を記載する

顧客セグメント
私たちが価値を提供する最重要顧客セグメントの優先順位を示す

チャネル
見込み客に対して
1) 認知を高め、
2) 評価を促し、
3) 購入できるようにし、
4) 価値を提供するためのタッチポイントを列挙する

見込み客に対してあなた方が
1) 認知を高め、
2) 評価を促し、
3) 購入できるようにし、
4) 価値を提供するためのタッチポイントを列挙する

あなた方が解決する顧客の問題、提供するベネフィット、満たすべき顧客のニーズを記載する

あなた方が価値を提供する最重要内部／外部顧客セグメントの優先順位を示す

収入と報酬
各顧客セグメントから提供される収入と報酬の具体的な形式を記載する

あなた方の仕事を行ううえで最大のコスト（財務的、感情的、社会的等）を列挙する

顧客からあなた方が受け取る収入または報酬（財政的、感情的、社会的、個人的等）を記載する

Chapter 3　93

すべての人に見晴らしのいい部屋を

Everyone Deserves a Room With a View

ほとんどの組織は、何らかの形式で戦略計画を立てようとしています。ミッションやビジョンの趣意書を作ったり、戦略資料を作成したり、5か年計画を立てたりなどです。

しかし本当の挑戦はここから始まります。戦略立案に関わったわずかなメンバーだけでなく、戦略の内容を広く浸透させるためにはどうするか、というのが本質的な課題です。
この非常に重要な任務にこそ、リーダーの能力が試されます。戦略立案者には素晴らしい計画に見えたものが、市場分析や戦略立案や組織計画の訓練も経験も積んでいない組織の残りの人々にとっては、混乱の種になることも少なくありません。
その結果、従業員は自分にとって明確でわかりやすいもの、つまり職務明細に示された任務に固執するようになります。

従業員に戦略を理解して従ってもらうには、戦略が　**1) わかりやすい言葉で説明してあり、2) 実際の行動を導くもの**　でなければなりません。

組織とチームのビジネスモデルは、すべての人に「見晴らしのいい部屋」を提供する理想的な窓の役割を果たします。つまり、組織がどのように機能し、従業員がどの部分にフィットするのかを遮るものなく一目で把握できるということです。
これを達成するための最後のステップは、「パーソナルモデル（個人のビジネスモデル）を明確にすること」です。これについては次のチャプターで取り上げます。

Chapter ④

Modeling People

個人のモデリング

企業、チーム、個人

Enterprises, Teams, and Individuals

ここまでの説明を通じて、「チーム」を「企業のビジネスモデルを補完するもの」として捉えることがいかに重要であるかを理解できたのではないでしょうか？

同じように、「一人ひとりのメンバー」も、チームに貢献するためのパーソナルモデル（個人のビジネスモデル）を持っています。

パーソナルモデルは、一人ひとりが毎日仕事に従事する意味を価値提案として改めて示します。もし、全員のパーソナルモデルがチームの目標と一致すれば、あなたのグループは無敵のチームとなります。

一方、個人がチームと同調していない場合は、調整が必要です。個人のニーズとグループの目標の両方に配慮するリーダーとして、あなたがまず取り組むべきは、不一致点を見つけ出し、対処することになります。

このチャプターの目的は、1）パーソナルビジネスモデル・キャンバスを使ってパーソナルモデルを描き、活用方法を紹介して、2）個人とチームの不一致を特定する方法を示すことです。

パーソナルビジネスモデル・キャンバスは、企業のビジネスモデルと同じ用語を使って、部署や組織の目標に沿った個人の仕事を表す枠組みです。同時に、各人が組織内での適職に就き、個性を活かし、個人としての目標も追求できるようにするためのものでもあります。

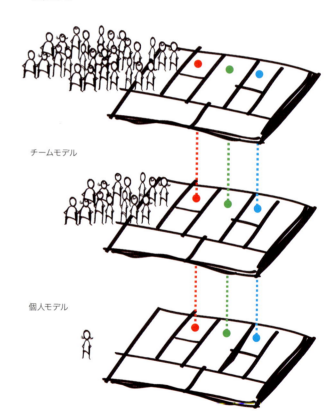

企業モデル

チームモデル

個人モデル

パーソナルビジネスモデル
最初に、グループと個人のモデルの違いを説明します。

パーソナルビジネスモデルでは、主なリソースは「あなた」です。つまり、自分の関心事、スキルと能力、個性、価値観などがリソースとなります。企業やチームに比べ、個人はリソースが限られています。だからこそ、成功のためには周囲の人々の助けも必要だということを改めて認識しなければなりません。

モデルを通じて社外の顧客に製品を提供するチームや企業と異なり、個人は自らの労働をサービスとして提供していると考えるとわかりやすくなります。このサービスはほとんどの場合、内部顧客（社内や組織内）へと提供されます。

パーソナルビジネスモデルは、数量化できない「ソフト」コスト（ストレスなど）と「ソフト」報酬（職業上の成長や達成感など）を考慮に入れます。ほとんどの企業モデルでは、金銭的なコストとベネフィットが中心だったことと異なる点に留意します。

部下や同僚とパーソナルビジネスモデルを活用する前に、必ずあなた自身のモデルを描く練習をしてください[1]。

Chapter 4　99

パーソナルビジネスモデルの
ビルディングブロック
The Building Blocks of a Personal Business Model

パーソナルビジネスモデル・キャンバスを構成する9つのビルディングブロックの概要を紹介します。ビルディングブロックはチームと企業のキャンバスと同じですが、ビジネスモデルの用語を個人としてわかりやすくするため、別のラベルも追加されています。
以下のビルディングブロックの説明は、**あなた**が自分自身のモデルを描く場合を想定した解説になっています。

あなたはどんな人か/どんなリソースがあるか（主なリソース）

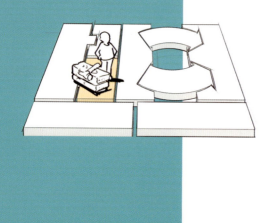

このブロックは、いくつかの自分のコア（核）となるリソースについて定義します。1) 関心を持っていること、重要だと思うこと、2) スキルと能力、3) 個性、4) プロフェッショナルアイデンティティ（職業上のアイデンティティ）などです。関心を持っていること（ワクワクするもの）は、時として最も大切なリソースかもしれません。この作業は、リーダーとして現在の役職に対する自分の適性を評価する良い機会となります。あなた個人の関心事は、「チームや企業の目的」と一致していますか？スタッフに自分を手本とするよう示唆する前に、まずはこの点を確認してみましょう。

あなたならではの仕事や取り組み（主な活動）

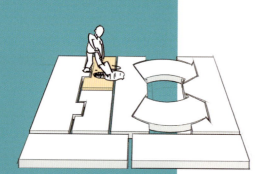

あなたならではの仕事やこだわっている取り組み（主な活動）は、本来のあなたの姿が反映されたものです。つまり、主な活動は、主なリソースによって「決定付けられる」ものです。一方、職業には誰にでもわかりやすい一連の主な活動があるものです。たとえば、大学教授は講義を行い、研究をし、地域貢献などの活動を行っています。
なお、主な活動は、「販売する」、「まとめる」、「採用する」など行動を表す動詞を使って表現するとわかりやすくなります。

一般的に、価値を生み出すためにはいくつかの活動の組み合わせが必要です。しかし、顧客は活動自体に価値があるとはまず考えません。**主な活動は"価値"とは異なるのだということを忘れないでください。**
パーソナルビジネスモデルの可視化は、"主な活動"と"価値"を明確に区別する視点を醸成するため、個人にもチームにも大いに役立ちます。

誰の役に立ちたいか（顧客）

企業のモデルと同様に、最も重要な顧客とは、あなたの提供するサービスに対価を支払うことを決定する人物です。しかし普段こうした意識を持ちながら仕事をすることは極めて少ないため、可能性のあるさまざまな顧客を列挙するのは、結構難しいかもしれません。内部顧客（社内）には、上司、他のリーダー、あなたの部下、または特定のキーパートナー（64ページのDBAの例のように）などが含まれます。

一方、外部顧客（社外）の把握は比較的簡単です。外部顧客は、価値の対価を直接支払っているか、もしくは、対価は払わずに価値を受け取り、その分を有償の顧客、納税者、寄付者などが補う形になっています。ただし多くの組織では、外部顧客に直接対応する従業員はそれほど多くありません。そのため、実は外部顧客が最終的にほとんどすべての支払いを行っていることを意識していない場合も考えられます。

つまり、コスト意識と収入意識を高める良い方法は、一人ひとりにパーソナルビジネスモデルを描いてもらい、内部顧客と（実際の費用を支払っている）外部顧客の両方を示してもらうことなのです。

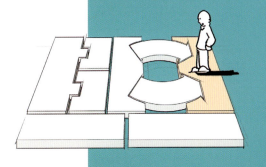

どう役立ちたいか（価値提案）[2]

このブロックが、パーソナルビジネスモデルの中心と考えます。個人の価値提案は、あなたの仕事が顧客にとってなぜ意義があるのかを表し、実施する活動ではなく「提供するベネフィット」を意味します。

たとえば、自宅に新しいフェンスを建てたいとき、所定の場所に開いている「穴」が必要なのであって、「穴を掘る作業」自体を求めてはいません。つまり、仮に作業者がキャンバスを作成しているとした場合、価値提案は「穴掘り」ではなく、「家の所有者が必要とする場所と時期に穴を作ること」となります。あなた個人の価値提案は、あなたのプロフェッショナルアイデンティティの中核を成す部分です。これについてはこのチャプターで後ほど説明します。

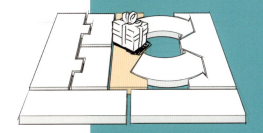

個人の価値提案を見定めるには、「私の顧客は、私に何の仕事をさせるために私を雇っているのか」、「その仕事を終えた結果として私の顧客は何を得るのか」という質問に答えるとよくわかります[3]。ベネフィットは、リスクの軽減、決定内容に対する自信、高まる評価、コストの削減、クライアントへのアピールなど、形のないものであることも少なくありません。「価値提案」と「顧客」はパーソナルビジネスモデルの二大重要要素です。価値提案と顧客を定義すれば、ほぼ終わったと言っても過言ではありません。モデルの残りの部分は、比較的簡単に埋まるのではないかと思います。ただし、「あなたの個人の価値提案がチームと組織の目標にフィットすること」だけは必ず確認してください。

Chapter 4　101

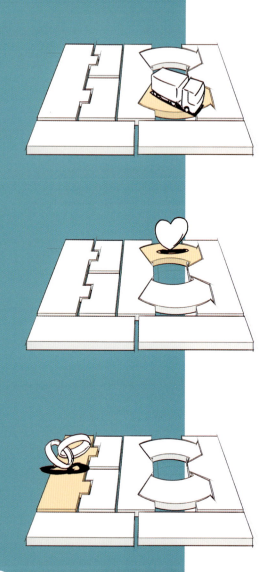

パーソナルビジネスモデルの
ビルディングブロックの続き
More Personal Business Model Building Blocks

どう知らせるか/どう提供するか（チャネル）

チャネルとは実は、1）認知を高め、2）評価を引き出し、3）売り込み、4）提供し、販売後フォローアップを行う（顧客との関係のブロックで実施）というマーケティングプロセスです。

多くの人はチャネルを「提供」という観点で捉えます。あなたが仕事を提供する方法も、レポートを提出する、話をする、サーバーにコードをアップロードする、車を運転するなど、あらゆる方法が考えられます。ただし、提供とフォローアップのチャネルフェーズばかりを重要視しないよう注意してください。同じ組織に長年勤務していると、仕事の提供とフォローアップの果てしないループにはまってしまい、自らを内部に「マーケティング」することをついつい怠りがちです。結果として、別の可能性やステップアップのための機会損失を招いてしまうことも多々あります。

どう接するか（顧客との関係）

顧客を獲得し続ける優秀なベンダーは、製品やサービスを提供した後のフォローアップで顧客が満足しているかどうかを確認します。フォローアップは、対面での話し合い、Eメール/電話/動画/チャット、書面の報告、個人的調査、wiki、ブログ、イントラネットやインターネットの投稿など、さまざまな形式が考えられます。これは新たに加わったメンバーに、どのようなサービスを提供できるのかを伝える機会になります。主に内部顧客と接する人の場合は、チームまたは企業内のつながりを認識し、強化する機会にもなります。

支援してくれる人（キーパートナー）

チームで仕事をする場合、キーパートナーは支援を求める相手です。チームメイト、リーダーまたは監督、直属の上司、サプライヤーまたは外部パートナー、別の部署の同僚、業界内の仲間、あるいは外部顧客さえ含まれる場合があります（1つの相手がビジネスモデル内の複数のビルディングブロックに登場する場合があることを思い出してください）。キーパートナーが完全に「個人的なつながり」の場合もあります。たとえば、夫婦や家族、個人的または精神的なメンター、親しい友人などです。リーダーだったら、業務上のしがらみや対面だけにこだわるのではなく、個々人の個性や特性を活かしながら仕事に取り組むことを奨励したほうが、はるかに大きな成果を挙げられることが多いものです。自分のこうした取り組みを参考にさせる場合は、特にこれらの個人的な要素にも配慮します[4]。

報酬(収入)

報酬には、まず給与、料金、ストックオプション、ロイヤルティ、ボーナス、その他金銭など、いわば「支払い」を補償する「ハード」的報酬があります。「ハード」的なベネフィットには、健康保険、退職金制度、育児休暇、学費補助などが含まれます。一方「ソフト」ベネフィットには、能力開発、承認、社会的貢献、フェローシップ、帰属意識、フレックスタイム制などが含まれます[*]。

ハード的報酬よりもソフト的報酬に価値を見出す人も多いので、リーダーの仕事には適切な報酬の設定や交渉も含まれます。4つの人間の内発的モチベーションに直接働きかけるソフト報酬を作る機会を求めましょう。

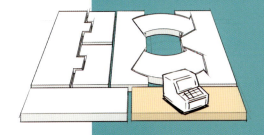

人間の内発的 モチベーション	ソフト報酬
目的	社会的貢献、他の人の役に立つこと
自律性	フレックスタイムまたは勤務地、仕事の内容と方法を決定する権限
関係性	認証、連帯感、全力で仕事に取り組めること
達成感(熟練・向上)	ラーニング、職業上の成長

投資(コスト)

人は仕事に膨大な時間とエネルギーを費やし、時にはストレスという形で代償を払っています。他にも投資には通勤時間や移動時間、未払いの残業代、業務時間外に仕事関連の課題に対応することを期待されること、研修、ツール、制服代など、まだ精算していない経費も含みます。

人生には「時間」と「お金」という2つの通貨があると言われますが、実は3つ目の通貨として「フレキシビリティ(柔軟性)」という要件もあるのではないでしょうか。勤務時間や場所のフレキシビリティは、犠牲(コスト)となることもあれば、得られるメリット(報酬)となる場合もあります。フレキシビリティは、意外にも非常に重要な要件になるのです。時には報酬よりも重要になることさえありますので、過小評価しないように注意しましょう。

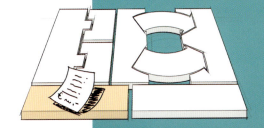

[*] 「ハード」的報酬とは、給与のように「具体的な支払い」を意味する物理的・金銭的なベネフィットを意味します。一方「ソフト」的報酬とは、主に心理的・環境的な価値など、目に見えないベネフィットを意味します。

パーソナル ビジネスモデル・ キャンバス

The Personal Business Model Canvas

パーソナルビジネスモデル・キャンバスの完全版に、各ビルディングブロックに記入する際の「ヒント」になる質問を加えています。付箋紙を使って、あなたの個人のビジネスモデルを描いてみましょう。

支援してくれる人
（キーパートナー）

- 価値提供を支援してくれる人は誰か？
- その他の方法で支援してくれる人は誰か？
- その方法は、あなたの代わりに主なリソースを提供してくれる、または主な活動を実施してくれる人はいるか？
- 代替がきくか？

キーパートナーに含まれる人
- 友人
- 家族
- 上司
- 人事担当者
- 同僚
- サプライヤー
- 同業の仲間
- メンターまたはカウンセラーなど

あなたならではの仕事や取り組み
（主な活動）

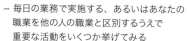

- 毎日の業務で実施する、あるいはあなたの職業を他の人の職業と区別するうえで重要な活動をいくつか挙げてみる
- 主な活動のうち価値提案で必須となるものはどれか？
- チャネルや顧客との関係で必要となる活動はどれか？

あなたの活動が以下の分野に分類されるかどうか検討する
- 開発に関わる活動（構築する、創造する、解決する、提案するなど）
- 販売に関わる活動（情報提供する、説得する、教えるなど）
- 支援に関わる活動（管理運営する、計算する、組織するなど）

あなたならではの仕事や取り組み
（主なリソース）

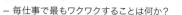

- 毎仕事で最もワクワクすることは何か？
- 優先順位を付ける

主に 1) 人、2) 情報 / アイデア、3) 物理的なもの / 屋外作業のどれに関わることが好きか？
- 自分の能力（苦労せずに自然にできること）とスキル（ラーニングして身に付いたもの）をいくつか列挙する
- 他のリソースも列挙する
  - 人脈、評価、経験、身体能力など

投資 (コスト)

- 仕事に費やしているものは何か（時間、エネルギーなど）？
- 仕事のために犠牲にしているものは何か（家族や1人の時間など）？
- 最も「高くつく（コストを圧迫している）」活動は何か（疲労感がある、ストレスが多いなど）？

仕事に関するソフト/ハードのコストを列挙する

ソフトコスト：ストレスまたは不満
　　　　　　　個人的または職業上の成長の機会損失
　　　　　　　社会的貢献の低評価または不足
　　　　　　　フレキシビリティの欠如、常に仕事に対応可能な状態であることを過剰に期待される

ハードコスト：労働または移動時間の長さ
　　　　　　　精算できていない通勤費または出張費
　　　　　　　精算できていない訓練、教育、ツール、資料、その他に関わるコスト

パーソナルビジネスモデル・キャンバス

どう役に立ちたいか
（価値提案）

− 顧客への提供価値は何か？
− 解決できる問題、
　または満たすことのできるニーズは何か？
− あなたの仕事の成果として
　顧客が喜ぶベネフィットを具体的に記載する

あなたが提供する支援は、何に寄与しているかを考える
・リスクの低減
・コストの削減
・便利さ、使いやすさの向上
・パフォーマンスの改善
・楽しさを高める、または基本的ニーズを満たす
・社会的ニーズ（ブランド、ステータス、称賛など）を
　満たす
・感情的ニーズを満たす

どう接するか
（顧客との関係）

チャネルフェーズ5. フォローアップ：
いかに顧客のサポートを継続し、満足してもらうか？
− 顧客はどんな関係を構築・維持してほしいと期待しているか？
− 現在の関係の種類を記載する
例：
・対面での個人的サポート
・電話、Eメール、チャット、
　Skypeなどでのリモートヘルプ
・同僚またはユーザーのコミュニティ
・共創
・セルフサービスまたは自動サービス

どのように認知してもらい
／どう届けるか
（チャネル）

− どのチャネル経由で顧客は接触を望んでいるか？
− 現状はどのように接触しているか？
− 最適なチャネルはどれか？
チャネルフェーズ：
1 **認知**：見込み客は
　　　　あなたについてどうやって知るのか？
2 **評価**：見込み客があなたの価値を
　　　　評価するのをどう後押しするか？
3 **購入**：新規顧客はどのようにあなたを雇うのか、
　　　　またはあなたのサービスを購入するか？
4 **提供**：どのように価値を顧客に提供するか？

誰の役に立ちたいか
（顧客）

− 誰に対して価値を提供するのか？
− 最も重要な顧客は誰か？
− 自分の仕事を遂行するためにあなたの仕事に依存しているのは誰か？
− あなたの顧客のその先の顧客は誰か？

報酬（収入）

− 顧客が進んで対価を払うのはどんな価値か？
− 現状は何に対価を払っているか？
− 現状はどのように支払っているか？
− 顧客が望む支払い方法とは？

報酬を説明する
・ハードベネフィットに含まれるもの
・給与
・賃金または専門料
・健康保険または障害保険

・退職金
・ストックオプションまたは利益配当
・学費援助、通勤手当、育児手当など
・ソフトベネフィットに含まれるもの
・満足感、楽しさ

・職業上の成長
・認知
・連帯感
・社会的貢献

Chapter 4　105

パーソナルビジネスモデルの例
A Personal Business Model Example

ショーン・バッカスは優秀な新卒者でした。はじめに入社した会社、2つ目に転職した会社のいずれもプログラミングチームに配属されましたが、なぜかどちらのケースでも、チームのリーダーから「辞めていい」と言われてしまいました。
ショーンの「ソフトウェアでビジネスの問題を解決する」という価値提案は、どちらの会社の方向性にも完璧に一致していたのに、です。では、ショーンのパーソナルビジネスモデルが、最初の2社の仕事においてどのような内容だったか見てみましょう。

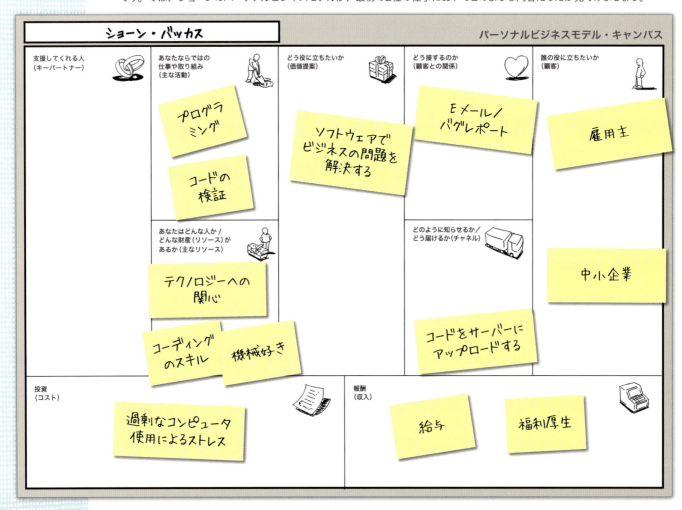

チームメイトの満足感、チーム力の向上

3社目の仕事で、ショーンは自分の長所である「人との協調が得意」という自身の傾向を見落としていたことに気づきました。プログラミングのみに終始する役職では、パーティションの中で孤独にコーディングをするという職場環境となります。テクノロジーへの関心しか満たされないため、フラストレーションがたまっていたのです。
ショーンは上司に、「人に教えることに興味がある」ということを話し、他のプログラマーにデバッグ技術のトレーニングを行うということで合意しました。多様性があり社交的な仕事のおかげで、ショーンの満足度は飛躍的に高まり、また「自分や他の従業員のスキル向上や熟練度を追求する」といったモチベーションも見出すことができました。さらに、ソフトウェアのバグが減少すればクライアントも満足するので、新たな役職における貢献度も増大しました。

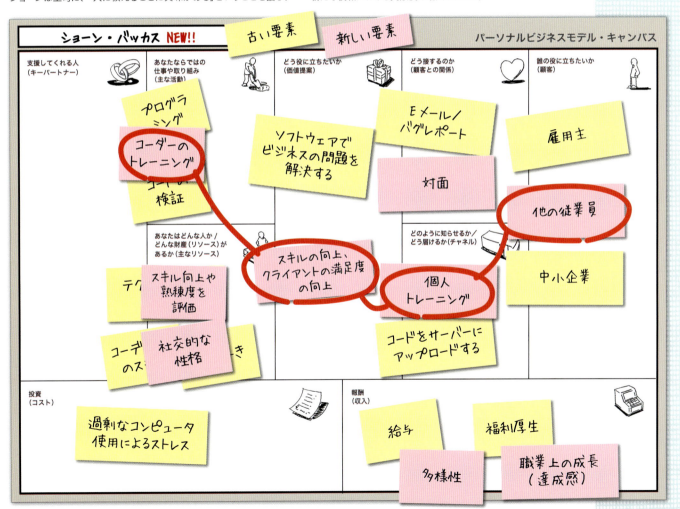

プロフェッショナルアイデンティティによるチームの強化
Strengthening Teams Using Professional Identity

リーダーにとってたいへんな仕事

リーダーにとって、やっかいでたいへんな仕事があります。部下が 1) 現在のチームにより貢献できるようにする、2) もっと貢献できるように組織内の別の部署へ異動させる、3) フィットしなくなった組織から離脱させる、のいずれかができるようサポートすることです。

チームまたは組織にフィットしているかどうかを判断するには、**スキル** (あるいは「職業」) ではなく**役割**について考える必要があります。たとえば、ショーンのかつての上司は、いずれも彼のことを**スキル**のみで判断していました。つまり、「彼が果たせる可能性のある役割」ではなく、「彼が遂行できる業務」のほうを重視していたのです。ショーンは実は高いスキルを持っていたのですが、最初の2社の上司は、彼が仕事に打ち込めなくなったときにそれに気づくことができませんでした。

一方、ショーンと雇用主の両方にとって幸運なことに、3人目の上司は「役割」という概念を把握していました。役割という観点で考えるために、ビジネスモデルと組み合わせることができるテクニックがあったのです。

プロフェッショナルアイデンティティ

ショーンは当初プログラマーとして働くことの意味、つまりアイデンティティを重視し過ぎていました。しかし、せっかくの外交的な性格とスキル向上に対する意欲を仕事に活かせないかと考え、ショーンと上司は**プログラムの品質を改善して保証**するという新しい役割を作り出したのです。この新しい役割によって、ショーンはより多くの価値を提供するだけでなく、本質的な意味で、**プロフェッショナルアイデンティティ (職業上のアイデンティティ)** も表せるようになりました。

プロフェッショナルアイデンティティは、永続的な職業上のエッセンスであり、価値提供のスタイルと併せて、職業を通じて他の人との差別化を図るものです。

あなたのプロフェッショナルアイデンティティは、個人のビジネスモデルとして「顧客に安定して提供しているベネフィット」と考えましょう。もしすべての肩書、受賞歴、学歴、認定、資格を失ったとしても、このアイデンティティは残ります。個性があなたの心理的エッセンスを表すように、プロフェッショナルアイデンティティは、あなたの職業上のエッセンスを表しています。このアイデンティティには「価値提供のスタイル」も含まれます。

ショーンの場合は、気さくで自虐的なユーモアを交えた話しぶりと確固たる技術的専門知識が、トレーニング受講者には説得力があり、役に立つものとして映りました。

プロフェッショナルアイデンティティを伸ばしてあげることで、その人がチームにさらに貢献できるように (あるいは貢献できる別の場所を見つけるために) サポートすることができます。

さらに、その人にとってのプロフェッショナルアイデンティティを明確にする手助けは、リーダーとして大きな達成感を得られることでもあります。その理由を知るために、組織が人を採用・昇進・異動する際に用いてきた従来の方法について考えてみましょう。

従来のニーズとリソースのマッチング

組織は従来、**ニーズとリソースのマッチング**によって採用・昇進・異動を行っていました。「ニーズ」とは実行する必要のあること、「リソース」は人材を指します。「リソース」はさらに、知識(Knowledge)、スキル(Skills)、能力(Abilities)の「KSA」で定義されます。社内公募には必須KSAが記載され、該当する知識、スキル、能力を持つ人物が採用、昇進、異動となっていたのです。KSAを使ったニーズとリソースのマッチングは確かに個人がチームに貢献する可能性を高めます。しかしKSAは人を評価する方法としては不完全です。一方、プロフェッショナルアイデンティティは、その人の才能、物事を成し遂げる能力、そして最も重要な「価値提案」を表しています。そして「個人の価値提案」をチームまたは企業の目標に同調させることこそ、リーダーシップの本質なのです。

プロフェッショナルアイデンティティの明確化を支援する

チームメンバーのプロフェッショナルアイデンティティについて、あなたはどんな手助けができるでしょうか。まずは、組織の従業員開発の方針や考え方を明確に理解しましょう。人材開発は組織の仕事ではなく、むしろ**組織の仕事を遂行することで、人は自らの能力開発の機会が与えられている**[5]という考え方を採用する先進的な組織が増えています。

方針を明確にした後は、フィードバックの重要性について考えましょう。生まれつき自己観察眼が鋭い人というのはそう多くはいません。大半の人は多くのフィードバックを必要としています。だからこそ、自分自身も同僚や部下もたくさんのフィードバックを得られる環境を作ることがリーダーの責務として不可欠です。直属の部下にとって、あなたは最も重要なフィードバック源であることを忘れないでください。

チームワークコンサルタントのパトリック・レンチオーニは、夫婦をのぞけば、職場のリーダーほど職業上の自己意識に影響を与える人はいないと言います[6]。あなたができる最も重要なことは、チームメイトに純粋に人としての関心を持ち、彼らの個性を存分に活かして仕事に取り組めるようにすることです。こうした姿勢を持つとフィードバックも多くなりますので、たまにしか機会のない公式の専門的な能力開発セッションよりもはるかに有効です。

自分自身を「フィードバック提供」と「フィードバック収集」のツールと考えましょう。部下やその顧客と話をするとき、あなたが客観的な観点を提示することで、彼らは自らの個人的な意見を事実に照らして検証することができます。また、社内アンケートなども役立つはずです。人事部の専門家にチームメンバー向けのアンケートを作ってもらうか、「360 Reach」[7]のように定評のある手法を使ってもよいでしょう。

エクササイズ：プロフェッショナルアイデンティティを明確にする

Exercise: Define Your Professional Identity

部下がプロフェッショナルアイデンティティを明確にするために役立つエクササイズがあります。このエクササイズは、これからチームに参加する人またはチームから離れる人と面接するときや、公式の能力開発セッション中、または部下との決まったルーチンを変えたいときに有効です。また、この4ステップのエクササイズは2回のセッションで行うことをおすすめします。

具体的には、「コメント集め」や「スタイルの描写」をステップ1と2の「宿題」として、次のセッションで提出してもらいます（参加者が精神的に成熟している人や自己認識力が高い人なら1回のセッションでエクササイズを完了できるかもしれません）。必要なものは、紙と鉛筆とディスカッションのできる静かな場所だけ。できればカフェや喫茶店など、普段その相手と会うときには使わない場所を選びましょう。エクササイズのステップ1はグループでも行えます。なお、冒頭でこれは業績評定（パフォーマンスレビュー）ではなく、仕事の進め方のレビュー（パフォーミングレビュー）だということを確認しておきます。

ステップ1. 自分の成果を明確にする

あなたをよく知る3人に、あなたが仕事で挙げた成果について短いコメントを書いてもらいましょう。コメントをもらう相手は、現在またはかつての顧客、パートナー、上司、チームメイト、コーチ、部長、教師などが考えられます。活動内容ではなく成果に対するコメ

ントをもらってください。また、あなたの仕事のスタイルについてもコメントしてもらいましょう。成果を出すあなたは他の人の目にどう映っているかを記してもらいます。フィードバック（感想）は150〜200字程度にまとめ、紙に書き留めます。

ボーイング社の企業コミュニケーション部門に務めるエレンがまとめたコメント例（左）を見てください。

ステップ2. スタイルを描写する

コメントをじっくり見直します。次に、コメントに示されている、あなたが成果を挙げているときのスタイルをまとめます。コメント集からキーワードを拾い、自分の言葉も付け加えます。このまとめを別の紙または付箋紙に書きます。ヘレンはステップ2で次のように書きました。

> ステップ1.
> エレンの環境政策に関する調査の結果は、環境対策プログラムの変更に役立ちました。環境に高い関心を持つ従業員と数回の面接を行い、熱意だけでなく自らの書いたアイデアを裏付けるためデータも使用しました。
> （環境サービス部長）
>
> エンジニアウィークに「環境のためのデザイン」会議を彼女が組織したときには、必要とする人数を超えるボランティアが集まり、お断りをするほどでした。環境の質と保護を重視し、こうした問題に人々を巻き込んでいく力もあります。
> （チーフエンジニア、サプライヤーサービスグループ）
>
> エレンはチームを立ち上げ、共同リーダーとしてカスタマーサービス認知プログラムを成功させました。新任の経営陣による指示の変更や部署の再編成があったにもかかわらず、です。彼女の外交スタイルは人々を惹きつけ、プログラムが軌道から外れることはありませんでした。
> （企業コミュニケーション部長）

> ステップ2
> 私は他の人たちを巻き込み、やる気を引き出す。私は他の人の仕事に光を当てる。社交的。目的の変更に直面しても立ち直りが早い。水準に達する以上のことを成し遂げる。

ステップ1と2を「宿題」にした場合は、参加者にそれぞれのコピーを2枚ずつ次のセッションに持ってきてもらいます。ステップ3の指示をして、参加者がステップ3に取り組んでいる間に提出された文章に目を通しましょう。

ステップ3. プロフェッショナルアイデンティティをまとめる

コメント集を簡潔な一人称（「私」）の声明文にまとめます。これはあなたが提供したもの（あなたの価値提案）と提供する方法を簡潔にまとめたものとなるはずです。声明文は50字以内にまとめましょう。エレンは次のように書きました。

> ステップ3.
>
> 私は直感的に、分かち合うべき隠れたストーリーを発見する。
> 私が書いた文は取材対象者が読むと誇りと達成感を感じる。
> 私は組織の枠を超えて戦略的で納得感のあるストーリーを生み出す企業外交官である。

ステップ4. デブリーフィング

部下がステップ1でまとめたコメント集をステップ2のスタイル描写と比較します。他者のコメントの内容を正確に捉えていますか？価値提供スタイルをよく認識していますか？

次のデブリーフィング質問が役に立つかもしれません。

- 他の人が気づいているのに自分自身は関心がない長所はありますか？
- コメントや描写で示されているものは、あなたが判断、選択、決断をするときに用いる主な価値ですか？
- このプロフェッショナルアイデンティティを活用して発展させる、理想的かつ実現可能な仕事のシナリオはどんなものですか？

部下のプロフェッショナルアイデンティティは、本人も気づかない間に時間とともに進化・変化します。だからこそ、直属の部下や指揮下の部下とこのエクササイズを早くから始め、定期的に繰り返すことが重要です。

あなたが集めているフィードバックは、さまざまな役割をそれぞれの人が遂行する手法に関するものです。確かな実績を上げながら、後に対立、不和、孤立を残す人を見たことが誰にでもあるはずです。成果は提供の方法が重要なのです。

あらゆるリーダーシップのテクニックと同様に、他のスタッフを手助けする前に、あなた自身が練習するのが賢明です。「プロフェッショナルアイデンティティを明確にする」エクササイズを、同僚や他のパートナー役のメンバーと実践してみましょう。

プロフェッショナルアイデンティティを使ってチームに合わせる手助けをする

Using Professional Identity to Help People Better Align with Teams

リーダーとして、あなたはすでにプロフェッショナルアイデンティティを確立することは、単に肩書や地位やステータスを追い求めるよりもはるかに大きな実を結ぶことに気づいているかもしれません。プロフェッショナルアイデンティティを追求する部下を支援することで、彼らの結びつきとチームへの同調性を高めることができます。例を挙げて説明しましょう。

広告代理店の取締役であるサラは、会計マネージャーのランディがクライアントの心を揺さぶるようなプレゼンテーションを行う能力では傑出していることに気づきました。ただ、ランディは場を盛り上げることに夢中になるあまり、クライアントがユニークなアイデアに対するデータによる裏付けを聞きたがっているというサインを見逃しがちであることにも気づいたのです。

サラはランディに「プロフェッショナルアイデンティティを明確にする」エクササイズを受けさせました。ランディが「毎回喜ばれ、わかりやすい説明ができた」という文を書いた後、サラはランディに、よく担当する役割を2つ挙げさせました。ランディは「エンターテイナー」と「プロフェッサー」を挙げました。そこでサラはランディに、「エンターテイナー」が彼の中心スタイルであること、必要に応じて「プロフェッサー」モードに意図的にシフトする必要があることを指導しました。プロフェッショナルアイデンティティを活用することで、サラはコーチングという自分の役割を維持することができ、ランディの仕事の細部にまで口出しせずに済んだのです。

プロフェッショナルアイデンティティを活用して方向性の一致とエンゲージメントを引き出す

ほとんどの人は自分の能力を最大限に、最高の状態で仕事に活かしたいと努力しています。誰でも基本スキルや知識を上回る特別な何かを持っているからこそ、チームのメンバーに選ばれているのです。ところが多くの人は、知識、スキル、能力の範疇を超えた自分の才能がわからずに苦労しているので、それを価値提案に変換するために手助けが必要なのです。

パーソナルビジネスモデルを描いてもらうことは、最初のステップとしておすすめです。部下は自分のプロフェッショナルアイデンティティが明確になると、自分の価値提案がどのように**問題 (P)**、**課題 (I)**、**ニーズ (N)**、**トレンド (T)**に対応できるのかを意識的に認識しはじめます。

経験の浅い部下は、自分の影響を表現するだけの十分な成果を達成していない場合もあります。彼らには、自己観察眼を養って小さな成果 (単なる活動ではない) でも気づくように励まし、サービスを提供する相手からフィードバックをもらうよう促しましょう。次のセクションでは、あるリーダーがプロフェッショナルアイデンティティを活用して貴重な人材を失うことを防ぎ、重要な新規部門でビジネス展開を活性化させた方法を見ていきましょう。

採用されたのは誰でしょう？

明らかになったプロフェッショナルアイデンティティによって、仕事のカテゴリに縛られない新たな機会がもたらされることもあります。たとえば、医療機器メーカーでの採用面談で、ロボティクスの医療機器を研究しているエンジニアリング博士課程の学生のコバ・ヒトシは、技術面を重視した自己紹介をやめ、その場で急きょ自分のプロフェッショナルアイデンティティを「動脈硬化と戦う戦士」としました。これが面接官に強い印象を与えました。このプロフェッショナルアイデンティティによって、コバ氏はあらかじめ示していた「エンジニア」カテゴリの枠を超え、直ちに「雇用者の目的に合致する存在」へと押し上げられたのです。もちろん、採用されたのは誰か、言うまでもありませんね。

的外れ
Off Target

「私は入札を失ったことで災難を招いてしまったのだろうか。運が逃げたような気がする...」とウェインは言い、心配そうな顔をしました。

運輸コンサルタント会社FLRの人事部長であるジム・トーマスは、ハッとして話を止めました。ウェインの言葉には、落胆と告白と助けを求める声が入り混じっていたからです。ジムはすぐに、FLRは貴重な人材を失うかもしれないという危機感におそわれました。

ウェインは上級運輸エンジニアで、2件の主要な入札を競合企業に奪われたときにも、主任運輸エンジニアへの昇進に向けて復活の構えを見せていました。ただ、ジムは、ウェインがクライアントへの入札プレゼンテーションを計画して作成している間に、プロジェクトリーダーの意見を聞き入れ過ぎているのではないかと気になっていました。このプロジェクトリーダーはPowerPointのスライドを作るときに、データを詰め込み過ぎる傾向があったのです。入札を獲得できなかったことで不満がたまり意気消沈していたウェインは、人事部長と内密に話がしたいと申し入れをしてきました。

FLR内でのウェインのアイデンティティは「会社オタク」でした。いわゆるIT専門家ではありませんが、ウェインが提案した多くのツールによって社内でクラウド技術の活用が改善されました。しかし、ジムが思うに、ウェインは今や自分の貢献について、さらには有望な新規市場についての見通し（パースペクティブ）が持てなくなっているようでした。ジムはウェインに「プロフェッショナルアイデンティティを明確にする」エクササイズのパート1を完了してもらい、2日後に再度内密に話し合いを持ちました。この2回目の話し合いでは、ウェインが「自分の成果を明確にする」という課題に次のような文章を提出しました。

> 私は収集した膨大なデータに埋もれたトレンドを察知します。
> 私はプログラマーやソフトウェア専門家ではないので、不可解なデータをわかりやすくします。
> 私はそのデータを、クライアントが実際の運輸に関する問題について決断をして解決するために使用する情報へと変換します。

次に、ジムが見ている間に、ウェインはステップ3の「プロフェッショナルアイデンティティをまとめる」で次のように書きました。

> データを使ってストーリーを語ることで洞察（インサイト）を作り出すオタク。

ジムとウェインはこの文についてディスカッションをして、その後で最近の戦略計画の撤退に関する決定に話題を向けました。FLRの経営陣は、Googleの自動運転自動車が予想よりも早く市販され、スマートハイウェイやユビキタス内蔵モニターが瞬時に現在地と目的地のストーリーを伝えると見越していました。しかしこの事態に備えるには、膨大なエンジニアリングとデータ科学の作業が必要となります。これはFLRが得意とする分野でした。

そのため、撤退によってFLRは企業ビジネスモデルを修正し、新しい価値提案（市町村に既存インフラの乗客輸送能力を2倍にできるクラウドベースのスマート交通網を提供する）、新しい主なリソース（ビッグデータ分析機能）、新しい主な活動（市町村向けスマート運輸システムの設計）を正式に追加しました。

ジムは、巨大な「価値ある仕事の検出シート」をオフィスの壁に貼り出して、ウェインにFLRの最新の戦略的決定に関する要素を少なくとも1つは書き込むよう依頼しました。ウェインは直ちに自分の個人の価値提案を3つのPINT要素に一致させました。

FLRに貢献できる有力な新方法を示したウェインを見て、ジムは満足げに微笑みました。**これらのツールこそ私の仕事を楽にしてくれる**、と彼は思いました。**外部の対象と物理的な作業に集中することで、すべてが違ってきた**のです。ジムは人事部長として全く違う方法で仕事をしてきた長い年月を思って首を振りました。

1時間もしないうちに2人は、ウェインがFLR社内で新しいスマート運輸システムのイニシアチブを率いる理想的な立場にいることをはっきりと見て取りました。数日後、CEOがその異動を了承しました。今ではウェインはFLRで大きな事業を任されて張り切っていますし、ジムは真のリーダーシップを発揮して温かな余韻を楽しんでいます。

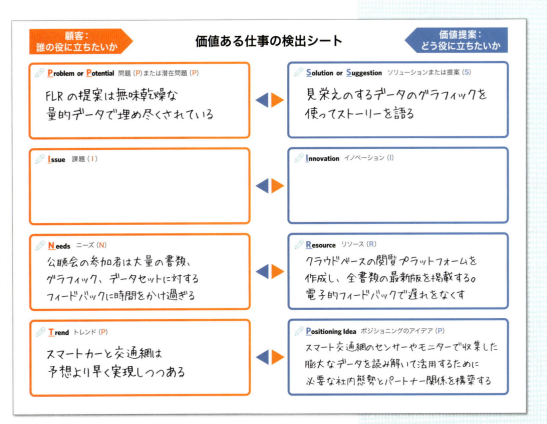

Chapter 4　115

フィットする否かの問題が「スカイル」の場合
When Fitting In Is a Matter of Skyle

スキル＋スタイル

チーム内の個人の問題が「内容」ではなく、「スタイル*」の問題である場合もあります。この原因の一部はリーダーが才能について表面的にしか捉えていないことにあります。リーダーはスキルを重視し過ぎ、成果をもたらすうえで重要な行動スタイルの力は軽視しがちです。スキル（Skill）と提供スタイル（Style）の組み合わせ（Skyle＝スカイル）は、「できること」を超えて「どう行うか」を含みます。優れたスカイルとは、他の人と仲良く快適に過ごすことができ、役割、リーダー、チーム、組織、顧客に対するフィットを作り出すことを指します。不適切なスカイルとは、他の人と仲良くできなったり、距離を置いてしまったり、摩擦を引き起こして成果を弱めてしまったりすることを指します。

他の人たちとのフィットを支援し、自らのリーダーシップを改善するには、部下の提供スタイルに敏感になることです。そのためには、まずプロフェッショナルアイデンティティには個人のスタイルが含まれ、その有効性には差があるということを認識しなければなりません。

誰かが優れた運用スタイルを示したときは、そのスタイルを取り続けることを勧めつつ、スタイルを過信しないようにサポートするのがリーダーの腕の見せ所です。改善の余地のあるスタイルは、早い段階で、できれば頻繁にコーチングをすることが求められます。

誰かが不適切なスタイルを示したときに、変化を促すための会話を切り出すのは簡単ではありません。ただし、スキルのレベルは十分にあり、問題がスタイルにある場合は、その両方について話すことでディスカッションのバランスを取ることができます。そのために役立つのが第三のモノ・ツールである「スカイルゾーン」です。

スカイルゾーン

スカイルゾーンは4分割マトリクスで、横軸はスキルレベルを、縦軸はスタイルの効果を表します。たとえば、スキルが低くスタイルの効果が低い人は左下の「要注意ゾーン」に入ります。優れたスキルと優れたスタイルの持ち主は右上の「フローゾーン」に入ります。

*ここで言う「スタイル」とは、見た目、話し方、習慣、癖など、自分を表現すること全般を意味します（場にふさわしいトーン＆マナー、仕事に対する姿勢、働き方や考え方の表現方法などが、業務に大きく影響するものです）。

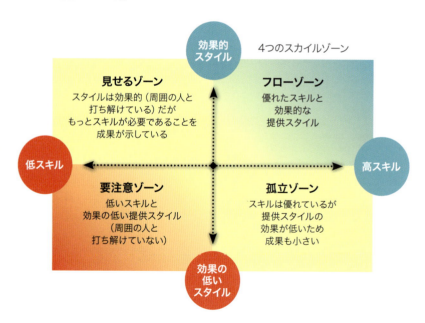

広告代理店の会計マネージャー、ランディを思い出してください（112ページ参照）。上司のエレンはランディとスカイルゾーンについて見直し、前回のクライアントへのプレゼンテーションで彼が「孤立ゾーン」にはまってしまった様子について説明しました。クリエイティブな戦略を次々に並べ立てたランディは、クライアントが各オプションのプレゼン後にその裏付けデータを知りたがっていたことに気づけませんでした。つまり、ランディは「自分のアイデア」に気を取られ、「クライアントの関心」をないがしろにしてしまったのです。

ランディには「エンターテイナー」と「プロフェッサー」を併せ持つという長所があることを強調したうえで、エレンは彼が見過ごしたクライアントからのサインをいくつか取り上げ、これに気づいていればミーティングの間にスタイルを「エンターテイナー」から「プロフェッサー」にシフトできたことを指摘しました。

そして今後のミーティングでは、エレンがシフトの必要性に気づいたときにランディに送る合図について取り決めをしました。この合図があれば、ランディは自分のスタイルをチームのサポートに活かすことができ、さらに

個人としても成功体験を味わうことができます。

スカイルゾーンによって、リーダーと部下はディスカッションのテーマをパフォーマンスに絞り、必要な調整を具体的に知ることができるようになります。誰かとスカイルゾーンを使用する前に、その人に対して他の人たちがどのように反応したのかを具体的に観察し、そのときの態度を説明できるように準備しましょう。このためには、同僚や他の従業員からフィードバックを集める必要があるかもしれません。自分1人の意見や反応だけに頼らないようにしましょう。

リーダーなら誰しも、スキルは高いにも関わらず、スタイルが不適切なためにチームや組織のニーズを満たすことができない（または満たそうとしない）人を部下に持つリスクを負っています。「スキルがあればすべてうまくいく」と誤解をしているリーダーや採用担当者があまりに多いのですが、「そのスキルを提供するスタイル」によっては成果も損なわれるということを、後になって気づかされることになります。

それでは、次ページのエクササイズでスカイルゾーンを体験してみましょう。

Chapter 4 **117**

Things to Try on Monday Morning

月曜日の朝に取り組むこと

スカイル改善の手助けをする

スカイルゾーンがあれば、難しい話し合いをするときに役立ちます。ポジティブなスタイルを打ち出してフローゾーンへと移る必要がある人、または要注意ゾーンや孤立ゾーンに留まる原因になっている不適切なスタイルを改善する必要がある人とこの手法を試してみましょう。スカイルゾーンがあれば会話の焦点が「性格」ではなく「行動」に向けられるので、常に客観的な話し合いをすることができます。

セッション1.

チームメンバーまたは直属の部下に、仕事で用いているスキルとスタイルについて話し合いをしようと持ち掛けます。スカイルゾーンについて説明し、これが仕事とスタイルに関する会話を客観的で建設的なものにしてくれることを説明しましょう。宿題として、スカイルゾーンシートを作り、最近見せたいくつかの行動について付箋紙に書き込み、それぞれを適したゾーンに貼り付けるよう指示します。あなたも同じことをし、次のセッションで内容を比較することを伝えましょう。

セッション2.

2回目のセッションでは、最初に相手を理解すること、そして相手に理解してもらうことに努めます。相手のスカイルゾーンシートをよく見てください。記載された行動を理解できるようになるまで（必ずしも同意する必要はありません）、相手に行動の説明について質問しましょう。相手が問題のある行動または求められている行動を正確に認識している場合は、その意見に賛成して次のステップについて話し合います。相手が認識した行動で、あなたが見落としていたものや、シートに貼られた位置について同意ができないものについては確認し、注意を払いましょう。これは貴重なフィードバックであり、改善のために必要な洞察を生むものかもしれません。

"話し合いたいと思う"行動は、あなたのスカイルゾーンシートにしか現れていないかもしれません。その場合はそれを指摘します。その行動については 1）客観的な観察（できれば複数の人物の意見で）と 2）その結果（または結果の欠如）を必ず示しましょう。話し合いのうえ、望ましいスタイルとはどのようなものかについて合意します。

一緒に過ごす時間が少ない場合など、その相手について具体的な行動を特定することが難しいこともあります。しかし、そうした部下もあなたのフィードバックを必要としています。スカイルに関して気づいたことを記録する習慣をつけることも検討しましょう。

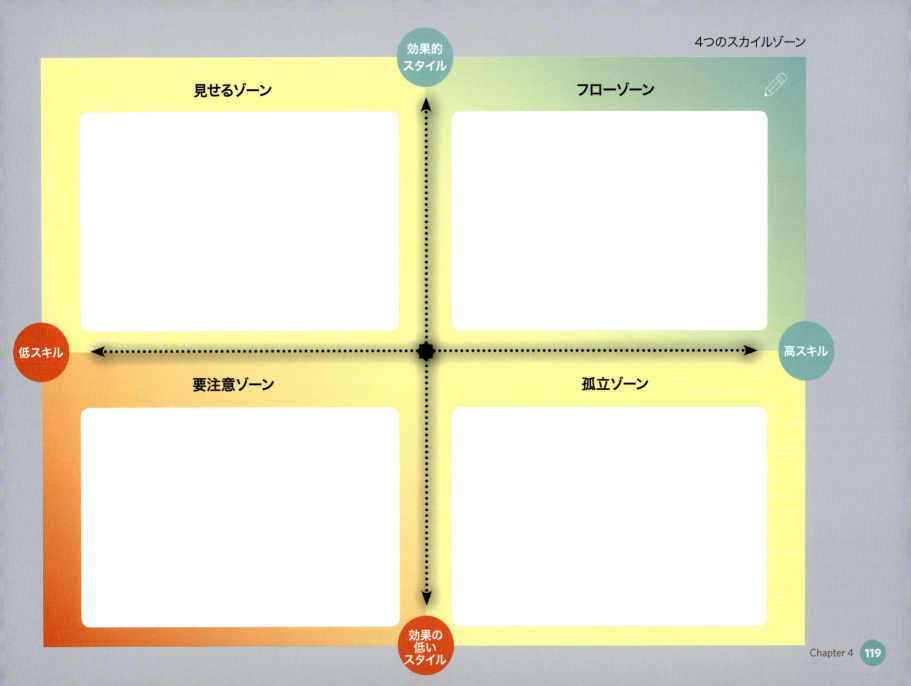

クイックレビューと次のステップ

クイックレビュー
キャンバスで描いたパーソナルビジネスモデルは、個人が顧客に価値を提供し、「ハード」と「ソフト」の両方のベネフィットで報酬を受けるロジックを明確にします。最も重要なことは、これが個人の価値提案を設定し、チームや企業の価値提案と比較することができるという点です。

プロフェッショナルアイデンティティは、その人の提供した具体的な成果と、その成果を提供するときのスタイルという職業上のエッセンスを表します。

価値を提供する個人のスタイルは、プロフェッショナルアイデンティティに欠かせない要素です。価値を正しく提供するためには、スキルとスタイルの組み合わせ（スカイル）が必要です。部下がさらにチームに貢献し、より大きな個人としての成功を達成するためにスタイルを調整する必要がある場合に、スカイルゾーンを使って評価し、フィードバックを与えましょう。

次のステップ
では、有能な部下がチームの目標に貢献できない場合は、何をするべきでしょうか？あるいは、部下の能力が十分なレベルに達していないときは？チームの目標を追求しながら、有効なメンターとなるにはどうすればよいのでしょうか。チャプター5では、「大局的視点で働くためのセオリー」を拡張してこうした課題に取り組み、新しい解決策を提案します。

Chapter 4

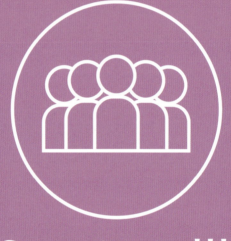

Section III

Teamwork

チ ー ム ワ ー ク

ビジネスモデルシンキングを補う新しいツールでチームワークを強化する

Chapter 5

Begin With Me

「私」から始める

「私」から始める
Begin With Me

リーダーにとって、自分の指導や励ましによって部下が能力を開花させる様子を目の当たりにすることは、大きなやりがいを感じる出来事でしょう。反対に、部下に何らかの懲罰、別の職務への異動、解任などを言い渡すことほど辛いことはありません。辛さを緩和し、やりがいを担保することを両立するリーダーシップ戦略は残念ながらありません。それでも、それは決して不可能ではないばかりか、人にモチベーションを与える貴重なチャンスに立ち会えることは幸せだと、多くのリーダーは口を揃えています。

何が職場でのモチベーションになるのかは、今では科学的事実として示されています。数十年にわたって行われた研究によって、人間には4つの内発的モチベーション（自分の内側から起こる動機付け）があることが明らかになりました。**目的、自律性、関係性、達成感**[1]です。この4つのモチベーションについては左の表で説明しています。あなたにも当てはまるかどうか確かめてみてください。

内発的モチベーション	定義
目的	今よりもより大きなもの、優れたもののために行動したいと願う欲求
自律性	自分の人生は自分で決めたいという意思
関係性	他人から認められ、誰かとつながりたいという願い
達成感（熟練、向上）	重要な事柄を行うスキルを向上させて得られる満足感

ここでリーダーにとって問題となるのは、「何がモチベーションになるか」ではなく、「4つのモチベーションにどう働きかけるか」です。行動のやる気スイッチに最も手が届きそうなことは何でしょうか？
答えはシンプルですが、それを理解するには背景となるロジックを知る必要があります。
最初に、リーダーはチームまたは企業の目標を「個人レベルの内発的モチベーション」にどうにかしてリンクさせる必要があるのは明らかです。成長の過程で、内発的欲求として第4四半期の収益を増やしたいとか、来年の夏までに次のソフトウェアアップグレードを発表したいとか、社会福祉局で養子縁組の成立数を倍増させたい、と表明する人などいません。こうした目標は組織のマイルストーンとして、従来の組織では「リーダーのモチベーション」となるものです。
一方、個人のモチベーションとなるのは、**目的、自律性、関係性、達成感**の4つなのです。

つまり、最も一般的なモチベーションのアプローチである、チームや組織の目標に機械的に合わせるやり方は、人間的なモチベーションに適切に対処していないのです。ゆえに、リーダーにとっても部下にとっても満足のいかない結果となってしまうのです。リーダーは同時に4つの人間的モチベーションに対応する方法が必要です。4つそれぞれについて考え、どのように仕事と関連させるのかを検討しましょう。

目的：仕事とは他の人の役に立つことを意味します。個人は企業のビジネスモデルを学ぶことで、所属する組織が誰の役に立っているのかを理解できます。また、他の人の仕事がよりうまくいくようにサポートすることにも目的を見出すことができます。

自律性：人は自分の仕事や人生をコントロールすることを学ぶことができます。優れたリーダーがいればなおさらです。ここでの「自律性」とは心理学で言う作用や自己効力感を指し、グループからの独立を意味していません。ああしろこうしろと指図されることが好きな人などいません。チームの一員であることに喜びを感じるのです。

関係性：多くの人にとって、職場とは強い帰属意識と社会的交流を提供する場です。また、公的な権威ある人物から認知されることは、ほとんどの人にとって強力なモチベーションになります。

達成感（熟練・向上）：職場とはスキルを磨き経験を積む場です。これを推進するリーダーは忠誠心と尊敬を得ます。

これら4つのモチベーションは、家族、友人、趣味、スポーツ、信仰などによっても得られますが、ほとんどの人にとって、職場と仕事そのものが4つのモチベーションの主な原動力となっています。また、さまざまな形の仕事が、時とともにキャリアへと収束していくのです。キャリアは4つすべての内発的モチベーションに直接関わるものであり、行動の引き金となるものです。現在のキャリアの状態は、1枚のパーソナルビジネスモデルに簡潔に表すことができます。人にモチベーションを与えるにはどうすればよいか思案しているのなら、**「キャリア」**の視点から手がかりを探ってみてはどうでしょうか。

キャリアコラボレーション
Career Collaboration

キャリアの良い点は、誰もが持ち得るものだということです。上手にキャリアアップできるという人も中にはいるでしょうが、大半の人はなるべく高いレベルにできるだけ早く到達したいと必死です。

優れたリーダーというのは、この不安を認識したうえで、**チームや企業の仕事に従事すること**がキャリアアップにつながることを理解させます。多くのリーダーはこうした方法を取り入れていませんが、上手に多くの人間を関与させるには有効です。キャリアコラボレーションは、リーダーが個人のモチベーションを向上させる強力な方法なのです。

キャリアコラボレーションとは、個人の内心、対人間、市場をベースにしたインサイトに基づいて行動することで、働くうえでの関係性をマネジメントしながら誰かを手助けするということを意味します[2]。

ただ、ここで耳の痛い真実をご紹介しましょう。ほとんどの人は、多かれ少なかれ場当たり的に**一連の業務**を次々に引き受け、やがてありふれたテーマを中心に"小さくまとまってしまう"ということです。簡潔に言えば、一般的にキャリアデザインに沿ったものではなく、成り行きで築かれたキャリアになるということです。

この成り行き任せのアプローチは、「延々と続く歯車のような仕事のためにキャリアを費やしている」と揶揄されます[3]。ほとんどの人はこのアプローチから抜け出してもっとやりがいのある仕事に出会いたいはずです。そのためには、「大局的な視点で働くためのセオリー」が必要なのです。つまり、職場での行動をチームの目標と個人としての成長の両方にリンクさせるという考え方です。

キャリアコラボレーションは、「大局的な視点で働くためのセオリー」と「実践に当てはめるためのツール」の両方を提供します。また、成長のために必要となる責任から逃げることなく、真正面から個人に負わせていきます。その代わり、リーダーが定期的にフィードバックと指導をすることで、チーム、および企業の業務遂行を通じて、個人として成長を確かなものにすることができるのです。

職場での異なる世代を1つにまとめるには？

有能な人材を引き留めるために、「組織」は多くの労力を費やしてきました。中でもベビーブーマー、ミレニアル世代、ジェネレーションZ、「スクリーンエイジャー」など、各世代の特徴の解析や世代間の違いに対応する方法を見つけ出すためには、多くの苦労がありました。しかし、世代間ギャップについて心配するのではなく、異なる世代を1つにするものに重点を置いてみてはどうでしょうか？どの世代にも共通する重要な要素があります。あらゆる企業のあらゆるレベルで働くすべての人に共通する要素、それが「キャリア」です。

目には見えないエビデンス

Unseen Evidence, in Plain Sight

米国のギャラップ社は調査および業績管理コンサルタント会社であり、全世界で2500万人の従業員に関するデータを収集しています。具体的にはQ12というシンプルな12問のアンケートを用いて、同社が「従業員のリーダーに対する感情的コミットメント」と定義するエンゲージメント（結びつき）を評価しています。ギャラップ社のQ12をよく見てみると、半分近くがキャリアに関する質問であることがわかります。

別の調査では、組織を去る理由として最も一般的なことは、"成長する機会がない"ということが明らかになっています[4]。また別の調査では、ほとんどの従業員は、リーダーと部下はキャリアマネジメントプロセスを一緒に「保持」すべきだと考えています[5]。

皮肉なことに、コンサルティング会社が提供する多くのエンゲージメント改善プログラムでは、採用、福利厚生、報酬のプログラム、リーダーシップ研修、

Q12エンゲージメントの質問	リーダーの教訓
1. 私は職場で最も得意なことをする機会を毎日与えられている	キャリアの発展は専門知識と専門技術を伸ばすことにあり、昇進を確実なものにすることではありません
2. 上司または職場の誰かが、私を1人の人間として気にかけてくれているようだ	リーダーとの個人的な関係は、ただ査定されるだけでなく、評価されていると感じるために不可欠なものです
3. 職場に私の成長を促してくれる人がいる	リーダーには仕事での進歩をサポートしてくれることを期待しています
4. 過去6か月間に、私の進歩について話しかけてくれた人が職場にいる	成長にはリーダーからの定期的なフィードバックが必要です
5. この1年間は職場で学び、成長する機会があった	優れたリーダーは、個人の生産性だけではなく個人の成長にも価値を見出します

コミュニケーションの改善、アンケート頻度の増加を重視しています。もちろんこれらは、いずれも従業員のエンゲージメントを低下させるものではありません。しかし、ただでさえ十分ではないリーダーシップのリソースを、キャリアコラボレーションに不可欠な取り組みとは別の要件に向けることになってしまいます。今や「前進し続けること」を教えるリーダーは、数えるほどしかいません。さて、あなたなら部下に何を教えますか？

Chapter 5　129

キャリアコラボレーションのフレームワーク：
3つの質問

3つの重要な質問は、意図的に口にするかどうかにかかわらず、
業務上の成長を目指す人々にとって意思決定の裏付けとなります。
3つの質問はキャリアに関する行動のあらゆる可能性に対応しています。
このセクションを読むときは、キャリアを追及する専門職になりきって考えましょう。

問1

今は
ステップアップの時か？

自分の仕事、組織、役職を気に入っていて、成長したいと思えるときは、「ステップアップ」の良いタイミングかもしれません。**ステップアップとは成長を意味し、必ずしも昇進とは限りません。**人によって成長の定義は異なります。責務の増加や報酬の増加と捉える人もいれば、地位や報酬ではなく、やりがいのある役割へのシフトと考える人もいます。

問2

今は離脱の時か？

職業、組織、役割にフィットしなくなったときは、「離脱」のタイミングかもしれません。離脱とは、同じ組織のままで、フィットしなくなったチームや役割から外れる（または上下関係から離れる）ことを意味する場合もあります。将来を見越したリーダーは、「離脱」という選択肢について話し合うことに抵抗感がありません。忠誠心や帰属意識を疑うことではないと理解しています。真のリーダーは、一人ひとりが才能を発揮するために最も適した場所を見つけてあげたいと思っています。

問3

今は
スタイルを順応させる時か？

仕事、組織、役割は気に入っているが、成長という点では物足りなさを感じる場合は、「スタイルを順応させる」タイミングかもしれません。ここで2つの留意点があります。1つは、停滞しているのは他の誰かのせいではなく、大抵は自分自身の責任だということ。2つ目は、おそらく適正が問題なのではないということです。むしろ価値を提供するスタイルに問題がある可能性が高いので、自分を取り巻く環境によりフィットするようにスタイルを順応させることで解決につながることがあります。必要とされるスタイルの変更を見極めて対応するには、適切なフィードバックとコーチングが必要です（仕事の提供スタイルの見直しについては116ページ参照）。

３つの質問について覚えておくべき５つの事柄

Five Things to Remember About the Three Questions

第1に、誰でも3つの質問に何度も繰り返し答えなければなりません。これは答えが間違っているということではなく、人は常に進化しており、仕事の対象となるマーケットも常に進化しているからです。つまり、パーソナルビジネスモデルは常に修正しなければならないということです。スタイルを順応させることもあれば、別のチームまたは新しい上司の下へ異動したり、ステップアップしてより効果的にグループの目的に貢献したり、ということもあるでしょう。

第2に、3つの質問に毎日答える必要はありません。この質問は、職業上の変化の必要性を感じた人、または外的圧力によって変化が求められているときにのみ活用します。

第3に、3つの質問を活用するリーダーは、自分自身の成長と部下の成長の両方を真剣に考えていることを「行動」によって示します。行動を通して、リーダーは部下に対し、チームの目標をサポートする仕事にコミットできるよう促しましょう。この責任の共有は、すでにコーチングに多くの時間を割くことに重圧を感じているリーダーの負担を軽減します。

第4に、3つの質問によるアプローチは、リーダーと個人の両方にとって、ステップアップ、離脱、スタイルの順応の各選択肢について、オープンに話し合うことが当然必要であると考えられるようになります。人は胸の内で仕事について熟慮を重ね、ひそかに決断できるものです。しかし、3つの質問を口に出してリーダーと一緒に考え、チームまたは企業の中でその才能を最も活かせる最善策を互いに納得したほうがはるかに効果的です。このアプローチは、ともすれば受け身で概念的にと捉えられがちな専門職の開発・成長を、より具体的な活動の伴うものへと変化させます。

第5に、3つの質問の活用で仕事に関わる難しい会話が容易になります。

３つの質問の使い方
How to Use the Three Questions

ほとんどのリーダーは、部下とパフォーマンス、職業上の成長、「フィット」、異動、契約解除についての話し合いをしたがりません。こうした会話は緊張をはらみ、気まずく、感情的になりやすいからです。

そこで、3つの質問が役に立ちます。話し合いの相手と共通の用語を共有できることで、中立的な「ハンドル」となるため、キャリア修正の方向を決める3つの可能性について落ち着いてしっかり説明することができます。双方がアプローチを理解していれば、「3つの質問についての話し合い」に誘導することで、決まった用語を用いながら建設的で率直な話し合いをする流れができます。これが緊張を和らげ、気の進まない会話もしやすくなるのです。

メソッドについて詳しく理解した後は、次のような定評のある5つのステップのプロセスを部下に対して試しましょう。

1. 準備する

3つの質問の会話には双方の準備が必要です。相手に質問についてよく考えてもらいましょう。本書を貸すか、オンラインで入手できる無料の資料を提供しておきましょう。事前にコンセプトと用語を理解しておくことが不可欠です。準備しておくことで、会話を手短に、かつ効果的に行うことができます。

2. 誘う

部下に数日から1週間のうちに「3つの質問の話し合いをしよう」と誘います。話し合いには次の2つを用意してもらいます。1)「現状」のパーソナルビジネスモデルと 2) 3つの質問のうち、どの質問が現時点で最も的を射ているかという考えです（書き出す必要はありません）。あなたはチームの「現状」のビジネスモデルについて話し合う準備をしてください。

3. エンゲージメント

話し合いを行う方法として定評があるのは次の方法です。

a. 「現時点でどの質問が自分に最も当てはまると思いますか」と尋ねます。

b. 回答を聞いた後に、選んだ質問についてすぐに話し合うのは避けます。代わりに、残りの2つの質問について先に話し合います。たとえば、「なるほど。その質問については後で話し合いましょう。まずは、他の2つの質問について考えたときにどんな思いや感情が起こったのかを教えてください」というように話すとよいでしょう。そして相手に、他の2つの質問のどちらかで心に浮かんだ仕事のシナリオを想像してもらいます。あるいは、相手にパーソナルビジネスモデル・キャンバスを使って他の2つの質問が何を意味するのかを示してもらってもよいでしょう。

c. 最初に選んだ質問に戻ります。話し合いの冒頭で、なぜその質問が最も該当すると思ったのかを尋ねます。次に上記 b. のコメントを考慮しても、この質問がやはり最も当てはまると思うかを尋ねてください。「今はどの質問が最も該当すると思うか」を尋ねてもよいでしょう。

d. 相手に同意した場合は、合意した質問に対して新しい「理想的」なパーソナルビジネスモデルを一緒に描きます（または、次の話し合いまでの宿題にします）。選択した質問に同意できない場合は、「その質問が最も的を射ていると思った理由を説明してください」などと尋ねましょう。その後、次の内容を伝えます。

- 行動または提供スタイルに対するコメント
- 成した成果または達成できなかった結果に関する講評
- 相手の成長に関連するチーム・ビジネスモデルに関する洞察

もし両者とも差し迫って変更する必要性や要望を感じない場合は、話し合いは終了です。こうした話し合いのポイントは、是が非でも変えたり直そうとすることではありません。時にはすべてうまくいっていることを確認するだけでも構わないのです。落ち着いて進めることが肝要です。両者、もしくはどちらか1人が差し迫った変化の必要性または欲求を感じている場合は、ステップ4に進みます。

4. 終了する
話し合いを締めくくります。相手にこのセッションについて考える時間として1日から3日を与え、修正したパーソナルモデルを持って来るように提案します。小規模な組織で働いている場合は、オフィシャルな昇進のように提示できるものは少ないかもしれません。それでも他に何かしらのオプションはあるものです。キャリアコラボレーションのペアとしてあなたと相手は、正式な昇進以外に、組織内の別の部署へ異動すること、「拡大」業務を負うこと、別の同僚とクロストレーニングをすること、ジョブクラフティング[6]に挑戦すること、成長を促進するその他の行動をとることについて検討してみることもできます。重要なことは、受け身にさせないこと、あるいは昇進が当然だと思わせないことです。現実的ではないにもかかわらず昇進は当然だと思ってしまった場合は、そのままにせず、正直に「離脱する」または「スタイルを順応させる」ための話し合いを持つべきです。

5. フォローアップ
3つの質問についての2回目の話し合いでは、部下の修正版パーソナルモデルを検討します。パートナーシップが大事なので、「理想」のモデルを一緒に描くという姿勢で話し合いを始めるようにしましょう。これは部下による二者択一のプレゼンテーションではありません。部下のモデルで示されている3つの質問の中で、最も該当する質問について検討してください。そしてモデルの設計中に考えたインサイトやフィードバックを見直しましょう。今のあなたはコーチングの役割をしているので、「理想」のモデルに示された可能性に対してリアリティがあるかどうかを検証してください。ここは、モデリングとは繰り返し行うことが重要なのだということを改めて確認する良い機会です。現在の状況とリソースに基づいて、「理想」のモデルの一部だけを使用して実施する場合もあるかもしれません。それもモデリングの成功です。「理想」のモデルを実現するために、両者がこれから何をするのかを明確に理解して終了するようにしましょう。主たる責任はその部下にありますが、あなたも行動を起こしたりリソースを提供したりする必要があるかもしれません。

はじめは3つの質問の話し合いを頻繁に行うことが重要です。4〜6週間に1回、20分のセッションを組むようにしましょう。その後は3か月に1回程度にまで減らしても構いません。大事なことは、3つの質問の話し合いを頻繁に行って、部下が成長の最大の課題や機会に対応する行動をとっている様子を確認できるようにすることです。どんな話し合いでもそうですが、行動の後のフィードバックが早いほどインパクトは大きくなります。たとえば、大きなプロジェクトの直前または完了直後は、3つの質問の話し合いをする絶好のタイミングです。

Chapter 5

最も難しい話し合いに取り組む
Handling the Toughest Conversation

管理職の多くは、キャリアに関する話し合いを避け、物事がうまくいくよう期待しているだけです。ただ、「期待」は「戦略」ではありません。パフォーマンスに関する話し合いが気まずくなりがちで、言い争いになることさえあるのは、リーダーは上司と部下の両方を同時にサポートしなければならないからです。そのことを理解しておくことは、リーダーと部下の両方にとって役立ちます。

時には、グループが必要としているものを直属の部下が提供できないこともあります。これは全員にとって望ましくない状況です。もしあなたの部下が慎重に採用され、適切な訓練を受けていれば、こうしたことはごく稀なことでしょう。ところが、ある特定の人がいることで起こる不一致が解消されずに残ってしまう場合もあります。「今は離脱の時か」という最も難しい話し合いを切り出さなければならないのはそういうときです。

最初に、「離脱する」とは必ずしも組織を離れることを意味しているわけではないということを思い出してください。特定の役割や特定のリーダーとの関係から離れること、あるいはチームから外れ、長所も短所も含めて仕事との調和が取りやすい部署への再配置ということもあり得ます。もちろん究極の「離脱する」は、組織そのものから離れることを意味します。これは個人の業績が振るわないことが理由の場合もあれば、不況やサービス・製品の提供中止といった、個人の裁量ではどうしようもない問題が原因になることもあります。
「離脱する」のはうまくフィットしないことが原因になることが多いのですが、ほとんどの人は最初にこれを「失敗」だと受け止めてしまいます。リーダーは次のような基本的な考え方で状況を設定する必要があります。

1. 仕事上の成長には才能だけではなく、適切な状況設定が必要です。スキルは十分にあるにもかかわらず、特定の顧客や同僚とそりが合わない場合は、離脱すべき時かもしれません。

2. **すべての仕事は一時的なものです**。すべての仕事は顧客、マーケット、組織の変化とともに進化します。

3. 離脱するという話し合いはエビデンス（根拠）に基づいて行わなければなりません。エビデンスとは生産性の統計数値に限りません。リーダーは、仕事を終えるために時間がかかり過ぎている、特定の提供スタイルによって協調性を乱すような反応を買っている、仕事を遂行するうえで助けが必要なあまり、誰かに過剰に負荷をかけている、といったことを率直に話してもよいのです。

厳しい愛情が雇用主としての評価を高める

リーダーだからといって、誰もが難しい話し合いをうまくこなせるような感情的インテリジェンスや対人関係スキルを備えているとは限りません。米国のある運輸エンジニアリング会社は、この問題を解決するために2人のリーダーをペアにするという方法を採用しました。有能にもかかわらず職場に適合しないエンジニアに対し、「離脱」という難しい話し合いを進めるために、2人はスキルを補完することで対応しました。数か月後、2人のリーダーは契約解除に至ったそのエンジニアがお礼に訪れたので驚きました。「私を合わない役割に留めておくのではなく、『よりフィットする』ことがどういうことなのかを理解させてくれた」ことへの感謝だと言うのです。これは契約解除された従業員が親善大使が変わり、企業のブランドを高めてくれたエピソードです。

3つの質問に関するビギナーにありがちな失敗
A Three Questions Beginner's Mistake

カレンがゼネラルマネージャーを務める食品製造会社は、冷凍パン生地から本格的な専用機械を使った焼きたてのペストリーまで、多彩な商品を扱っています。カレンが直面しているのは、冷凍食品の生産を監督する部署の部長であるアレンの問題です。アレンは製造機械の技術士としてはとても優秀ですが、彼が指揮する作業チームからはアレンの怒りっぽく人を見下すような業務スタイルについて、不満の声がどんどん大きくなっていたのです。カレンはアレンとの話し合いのことを考えるだけで憂鬱になりました。単に叱責するだけでは済まない状況ですが、それでもカレンは建設的に進めたいと思っていました。3つの質問について読んだカレンは、このアプローチを試してみようと決意します。

話し合いでは、カレンは3つの質問について説明し、アレンにどの質問が最も該当すると思うか尋ねました。話し合いはあっという間に崩壊し、カレンは最後通牒を突き付けていました。「スタイルを直すか、出て行くかどちらか決めなさい！」。
その後、カレンはこの状況は自分には手に余る「個性の問題」に関わるものだということに気づき、人事部長にアレンのためにコーチを見つけてほしいと依頼しました。最初のセッションでコーチはすぐに、アレンは「ややこしい技術的問題を解決すること」が何よりも好きなのに、「自分が問題解決の才能に長けていること」に気づいていないということを見抜きました。そのため、アレンは他の人も自分と同じように問題を予測して予防するはずだと思い込んでいたのです。これが問題解決にあたる際の怒りっぽく高慢なスタイルにつながり、現実には作業メンバーに屈辱的な思いをさせていたわけです。コーチは数人の部下と個人的な短い面談を行い、アレンの気に障るスタイルを確認しました。

2回目の話し合いで、コーチはアレンに「管理職という立場はあなたが本当に望んでいるものですか？あなたのスタイルや気性に合っていないように見えますが」と尋ねました。打ち解けた内輪の会話なので、アレンも本心を認めることができました。「問題解決は心から好きですが、人をマネジメントするのは嫌ですね」。

では、解決策は？アレンは社に残りましたが、管理職からは外れました。技術的なトラブルシューティングの専門家は多くの分野で必要とされていたので、カレンとアレンは社内コンサルタントとして配置換えすることで合意しました。アレンの肩書は残りましたが、スタッフを管理する職務からは解放されました。この変更は会社全体にベネフィットをもたらしたのです。

教訓

最初にメソッドを共有する

カレンは3つの質問を使って危機を回避しようとしましたが、問題が発生する前にメソッドを採用したほうが状況は良くなっていたはずです。少なくともカレンは、アレンに事前に3つの質問アプローチについて学んで「3つの質問の話し合い」に備えるよう頼んでおくことができたでしょう。ところがカレンは古典的な教え方のミスを犯しました。新しいスキルを教えると同時に、プレッシャーが大きい状況でそのスキルを応用するよう強制してしまったのです。

スカイルの重要性を認識する

カレンはこの状況で個性の重要性を正しく察知しました。ただし、部下が価値を提供するのはスキルだけではなく、スキルとスタイルの組み合わせ、つまりスカイルによることにもっと早く気づいていれば、さらに良い結果になったはずです。スカイルの重要性を察知していれば、第三者であるコーチは必要なかったかもしれません。職業上の成長に関する会話が脱線してしまうことが多いのは、その従業員が自分は業務に対して十分なスキルレベルを持っているという正当な主張をした場合です。一方、リーダーはそのスキルを提供するスタイルに焦点を当てようとします。スキルとスタイルの違い、そして職業上の成長における**スカイル**の意義を教えることには大きな価値があります。

「信頼」が鍵

カレンの権限をアレンは威圧的と感じ、認めたくない真実を告白するほどには彼女を信頼できなくなっていました。ところが、その真実を明らかにすることこそが、むしろアレンにとって職業上の成長につながりました。3つの質問によって相互信頼を築けるのは、キャリアコラボレーションが有能な人材により大きな成功を収めるうえで有効であり、かつ問題がチーム全体に害を及ぼす前に対処する共同作業であることを明確にできるからです。

「私」の成長を助ける

Helping Me Progress

3つの質問を実践するリーダーは、部下が定期的に組織内での職業上の成長を現実に照らしてチェックし、**「ステップアップ」**、**「離脱」**、**「スタイルを順応させる」**のオプションについて検討することを喜んで支援します。それに応えるため、部下は自分の職業上の成長を自分で引き受け、1) 自分が仕事を行うチームまたは企業のビジネスモデルを理解し、2) 自分のパーソナルビジネスモデルを理解して、それが上位のモデルにどう貢献するかを理解する、ということに責任を持とうとします。

チームと個人のビジネスモデルは、どちらも時とともに進化します。個人モデルは、結婚する、子供が生まれる、病気や離婚を経験する、精神的な気づきを得る、年を取る、親の介護をする、といったあらゆる経験から起きる人生の変化とともに変わります。

一方、チームのモデルはそれ以上の速さで進化することがあります。すべての企業（そしてチーム）のモデルはやがて時代遅れになります。しかしそれまでは、新しい戦略上の優先事項、組織再編や買収、新しいリーダー、あるいは技術、経済、社会、競合他社との環境のシフトによって変化するでしょう。リーダーが成功するか否かは、個人とチームのビジネスモデルを行ったり来たりしながら対処する能力、そしてこの2つが常に一致するように指導する能力にかかっています。この任務には、個人とチームのモデルが時間とともに変化する様子に対する洞察力と感受性が求められます。

チームモデル

2018　　　　　　　　　　2028

個人モデル

キャリア開発の新たな視点
A New View of Career Development

キャリア開発は、従来は「選択の連続」だと考えられていました。3つの質問ではキャリアを「変化の連続」と捉えます。従来の考え方では、成長は年齢とともに進むと思われていました。しかし急速な社会の変化や技術変革に伴い、年齢に基づく考え方は時代遅れになりました。あなたも次のような人を職場でサポートすることになるかもしれません。

- 45歳の母親。17年間の育児の後、大学に戻って医療運営の分野でMBAを取得しました。教室で隣に座っていた26歳の学生は、後に卒業後の就職活動で幹部補佐の役職を競うライバルとなりました。伝統的なキャリア開発モデルではこうしたシナリオは予測されていませんでした。

- 22歳のロボティクスマニア。6年間の公式と非公式の経験があり、現在はスマートフォンの位置情報アプリ開発に携わっています。彼女は、GPSを専門とする新興企業でシニアエンジニアの職を35歳のライバルと競い合って勝ち取りました。

- 50歳の弁護士で2児の父親。空を飛ぶこととセーリングへの情熱を押さえきれず、航空工学プログラムに入学しましたが、競争相手は23歳の数学の天才でした。ところが、卒業後の最初の仕事でジェット推進研究所に採用されました。彼の判断スキルがエンジニアリングの専門知識と同等に求められたからです。

今日のリーダーにとっては、キャリアを年齢とは関係のないもの（そして公式な経験にもあまり関係のないもの）として捉え、何歳であっても従業員の成長の機会提供を重視することが有益だと考えられています。そのために役に立つのがキャリアモデルなのです。

5段階のキャリアモデル
The Five-Stage Career Model

5段階のキャリアモデルとは、職業上の人生において、人は5段階のうち1つまたは複数の段階を通過するという考え方です。これらの段階を決めるのは、年功序列、役職の就任年数、年齢ではなく、より大きな挑戦へ進みたいという欲求です。3つの質問に答えることで、次の段階へ進むべきか、今の段階に留まるべきか、あるいはいっそ前の段階に戻るべきかを判断することができます。

5段階のモデルは価値の問題ではありません。つまり、「正しい」とか「望ましい」進み方があるわけではありません。たとえば、第2段階までしか到達しない人もいます（ほとんどの人はそうかもしれません）。また、いくつかの段階を進んでから前の段階に戻る人もいます。あるいは、5段階すべてを経験してから1からやり直す人さえいます。つまり、5段階モデルには正しい進み方も間違った進み方もないということです。むしろ、共通言語を確立することですべての人が職業上の成長を建設的に話し合い、非生産的な対立を最小限に抑えることができるようになるのです。5段階は次の通りです。

第1段階　学業を実践で試す

第2段階　得意分野を確立する

第3段階　得意分野でリーダーになる

第4段階　複雑性が高い、あるいは得意分野の枠を超えたリーダーになる

第5段階　さらに複雑性の高い状況のリーダーになる、またはやり直す

第5段階：さらに複雑性の高い状況の
　　　　　リーダーになる、またはやり直す

↑

第4段階：複雑性が高い、あるいは
　　　　　得意分野の枠を超えたリーダーになる

↑

第3段階：得意分野でリーダーになる

↑

第2段階：得意分野を確立する

↑

第1段階：学業を実践で試す

Chapter 5　141

第1段階：学業を実践で試す
Stage 1. Test Your Training

高校、専門学校、または大学を卒業したばかりで、初めての本格的なフルタイムの仕事に就いた新入社員の上司になったと想像してください。

その新入社員は仕事が好きなのか、期待通りか、学んだことや準備したことは適切だったか、将来はどうなるのか、ということを見極めるために、「学業を実践で試す」必要があります。

次ページの表に、新入社員が自問自答する質問と、成長を促すためにあなたが伝えてあげられることを記載しています。この段階はパーソナルビジネスモデルのビルディングブロックのうち「**主なリソース**」（あなたはどんな人）と「**主な活動**」（あなたならではの大事な仕事）と密接な関連があります。成果を達成するために、「知識」と「すでに持っている能力」を実際に試すことが影響するからです。

第1段階は、次に紹介するジョアンのような経験豊富な人であっても体験するということを覚えておいてください。ジョアンは41歳の歴史の教師ですが、教職を離れて法学部に入学し、これから法律の世界で初めての仕事に就きます。あるいは、30歳のトーマスの場合もそうです。彼は金属制作会社に勤める機械工でしたが、機械工学の学位を取得した後で、技術的にさらに大きなチャレンジをしようと地元の航空宇宙部品メーカーに入社し、学業を実践で試そうとしています。

部下とリーダーのための第1段階の質問

第1段階にある人が自問することが多い事柄：	成長を促すための助言：
この仕事は本当に私の適職なのか？	「この仕事のどんな面が最も得意だと感じ、やりがいを感じますか？ 反対に、難しい、不満だと思う面は？」
この仕事について実はよく 理解していなかったのではないか？	「この役割と自分がしている仕事について最も驚いたことは何ですか?」
私の学歴はこの業界の実務において 十分な下地になったのか？	「もし時間をさかのぼって、この仕事に就くためにもっと多くの、あるいは 別の訓練や学業を積むことができるとしたら、他に何をしますか?」
私はこの仕事を、同僚を、組織を 好きなのか？	「もしあなたが現在の役割でベストを尽くし、感情的にも最高の状態のときには どんな状況にあるのかを説明してください。そこに誰がいますか？ 何が起きてきますか?　あなたの目的は何ですか？ このシナリオを具体的に説明してください」
私が成長するために 最適な仕事は何だろうか？	「もしあなたが理想とする次の役割でベストを尽くし、 感情的にも最高の状態になると考えられるときにはどんな状況にあるのかを 説明してください。 そこに誰がいますか?何が起きてきますか?　あなたの目的は何ですか？ このシナリオを具体的に説明してください」
どのようなアプローチで仕事に臨めば、 より大きな仕事を任され、 重要な仕事に携われるのだろうか？	「次のツールを使って、他の人たちがあなたのスカイルを どう見ているかを知りましょう。 　- 360フィードバックツール 　- 人事部にあなたの同僚または顧客の何人かと面談してもらう 　- 同僚から、Eメール、電話、対面を通じて直接フィードバックを引き出す 　- 特定の仕事をする能力を測る習熟度テストを受ける」

第2段階：得意分野を確立する
Stage 2. Develop Your Specialty

第1段階は自分が最も得意で最も楽しめることを知ることであり、プロフェッショナルアイデンティティを築く職業上の土台となるものを見つけ出すチャンスです。第1段階で学生時代に培ったものを実践で試し、フィットするものを見つけられた人は、自然と第2段階へ進もうとします。

第2段階は得意分野を確立して、特定の範囲内で評価を勝ち得ていく過程です。第2段階はパーソナルビジネスモデルのビルディングブロック「価値提案（どう役に立ちたいか）」に密接に関連があります。成果を生むためには、個人としての評価を確立しなければならないからです。

第1段階の特徴であるその分野に関する深い知識（専門教育）や技術的スキル（専門訓練）よりも、「成果に対する評価」のほうが大きな意味を持ち始めます。

たとえば、第1段階で機械工のトーマスは優れた精度と慎重さを示しました。そのため第2段階ではジェットエンジンの部品を任されました。これは極めて細密な精度が不可欠な業務です。また、トーマスは他の熟練工の仕事ぶりをすぐに理解できる能力も見せ、設計室の人たちともすぐになじむことができました。

第1段階で、歴史の教師から弁護士になったジョアンは、すぐに会社法には向いていないことを悟りました。リーダーが鋭い人だったおかげで、彼女は弁護士事務所内で異動になり、家族法の担当になりました。そして第2段階では親権調整という新しい得意分野にも取り組み、思春期の子供や保護者に長年接してきた経験を存分に活用しています。

多くの人は第2段階に到達すると、残りの社会人としての人生をそこで何の違和感もなく過ごします。毎日決まった作業をするほうが気楽で、ほとんど人に指図されることもなく屋外で仕事ができるという点も気に入っている郵便配達人を想定してみましょう。彼が満足しているこれらの要素を、別の仕事で実現するのはかなり難しいでしょう。

同じように、歴史が大好きで、毎年生徒が成長し変わっていくことに充実感を覚え、強豪校として名高いディベートクラブの顧問を務めることに喜びを感じている高校の歴史教師の場合はどうでしょうか。おそらく彼は一介の教師として25年間勤め上げて、満足して引退すると思います。

自分の組織が、長年第2段階に留まる従業員にこそ価値があると判断する場合は、そのための特別な報酬の提供を検討する必要があるかもしれません。そうしないと、第2段階で高い成果を挙げた人がより多くの報酬を得る唯一の手段として、本当は望んでいないリーダーという役割に就くことを求めてしまうかもしれないからです。

Stage 2. 部下とリーダー向けの第2段階の質問

第2段階にある人が自問することが多い事柄：	成長を促すための助言：
私が積んできた学歴と経験は、適職と満足感の高い仕事を見つけるのに十分だったか？	「これまで、学生時代に身につけたことを業務においてどのように実践できましたか？ 周囲の人は、あなたが特にどんな仕事が得意だと言うでしょうか？ あなたは自分の得意分野をどう説明しますか？」
この仕事でプロフェッショナルを目指す場合、専門分野の次のレベルはどのようなものになるか？ その仕事をすることを思い描くとワクワクするか？	「自分が取り組んでいる姿を思い浮かべられる特別なプロジェクトはありますか？ どんな仕事ならもう少し自分の能力を伸ばせると思いますか？」
複雑になっていく問題について、自分のアドバイスや見解を求められているか？	「特定のスキルや洞察力において頼りになる人とみなされ、意見を求められたときのことを説明してください」
私はこの職場のリーダーになる準備はできているか？	「プロフェッショナルアイデンティティに関するエクササイズ（110ページ）に取り組んでください。その結果はリーダーシップの素質を見極めるヒントになります」
リーダーとしての役割にステップアップする時が来たのか？	「あなたの知っている人で、その分野で管理職やリーダーにならずに望み通りのキャリアを築いている人について説明してください」
管理職やリーダーの仕事は、私の得意な仕事をするのと同じくらい面白くなりそうか？	「『理想的』なパーソナルビジネスモデル・キャンバスで、他の人の役に立つことに関与する主な活動をいくつか示してください。あなたの同僚に対して、何か役に立てる価値提案はありますか？」

第3段階：得意分野でリーダーになる
Stage 3. Lead Your Specialty

高い評価を得るようになった人は、第3段階に進んで管理職を務めるよう求められることが多くなります。第3段階への移行は、おそらく最も難易度が高いものでしょう。その人の物の見方や役割を「自己管理」から「他者の管理」へとシフトしなければならないからです。

第3段階では、新たなリーダーは「周囲の人がもっと実力を活かせるよう支援すること」に仕事の重点を置くことが求められます。特に、新しい管理職としての第3段階での成功には、メンバー個々の主なリソースと価値提案に気づいて適切な仕事に向けさせるという能力が不可欠になります。

第3段階で日常業務の采配に卓越した人は、より大人数のチームや挑戦的な目標を任せられるかもしれません。これは管理職という枠を超えて真の**リーダーシップ**の役割を引き受けるということでもあります。日常業務を超えて目指すべき未来を描き、追及し、単に方針を実施するだけでなく、方針の策定や人材の採用、教育も含まれる役割です。これは「**公式な**リーダーシップ」（他の従業員に対する契約上の権限）と、「**みなし**リーダーシップ」（能力や評価に基づく非公式または暗黙の権限）とを区別するとわかりやすくなります。

たとえば、医大の研究ラボで働く化学者のスシュマはみなしリーダーであり、公式リーダーでもあります。公式リーダーとして、スシュマは研究作業とラボを運営するスタッフの両方を監督しています。他の化学者や検査技師も監督していますが、自分では実験の実施や実験機器の操作はしていません。しかし、みなしリーダーとしては、チームの癌細胞に対する理解を促進するような研究をデザインしています。

一方、製造スペシャリストのソフィアは新築された製造施設の現場トレーニングの手配をしています。第3段階への昇進ではトレーナーを直接監督することが必要だったため、正式な管理権限も担っています。やがてはソフィアも真のリーダーの役割へと移行するかもしれません。

最後に、弁護士のジョアンについて考えてみましょう。採用から3年後、ジョアンは事務所の経営会議に参加しないかと誘われました。彼女はこの挑戦を受け、専門職の管理をしています。こうした役割について、彼女は正式な訓練や準備を積んでいません。新しい役割を覚えていくにしたがって、彼女はややそぐわない、「自分らしくない」という気持ちになるかもしれません。この小規模な法律事務所では、彼女は戦術管理と将来の戦略立案の両方を担当することになり、管理職とリーダーを兼ねた役割を負うことになるでしょう。この新しい役割が、家族法という得意分野を担当することよりも彼女に合っているかどうかは、時間が経過してみないとわかりません。

部下とリーダー向けの第3段階の質問

第3段階にある人が自問することが多い事柄：	成長を促すための助言：
管理職やリーダーの仕事は、自分の得意な仕事をするときと同じくらい面白いか？	「リーダーの役割について、最も好きなことと気が進まないことは何ですか？前の役割のほうが良かったと思う点はありますか？」
自分自身より周囲の生産性を重視することについて、自分はどう感じているか？	「あなたのリーダーシップによって、周囲の生産性が向上する具体的な方法を説明できますか？コーチングと管理の違いをどう説明しますか？」
私は「管理職」という新しいキャリアに向かっているのか？	「以前よりも仕事が減っている専門分野について説明してください。その仕事は今あなたの代わりに誰が担当していますか？」
調整が必要なプロセスの修正や改善をうまく引き出せるか？	「管理職にとって説得力のあるコミュニケーションは不可欠です。説得スキルを向上するためのモデルはありますか？ もしないなら、ロバート・チャルディーニの "Harnessing the Science of Persuasion" (説得術の活用) かジェイ・コンガーの "The Necessary Art of Persuasion" (必須の説得術) を読んで参考にしてください」「ここにアライメントキャンバスがあります。あなたのグループを上位モデルに適合させる方法を示してください」
複雑性の高いリーダーの役割にキャリアアップするときが来たのか？	「現在の担当分野以外では、どのグループと最も交流がありますか？どのグループに対して最も影響力を持っていますか？」

新任管理職の中には、自分の長所とやりがいは第2段階（得意分野の確立）に留まっていると気づく人もいます。たとえば、製造スペシャリストのソフィアはトレーニングマネージャーになりましたが、成果は芳しくありません。トレーナーのコースの進め方の細かい所ばかりが目に付くので（かつての第2段階の仕事）、新しい管理職としての役割を確立できなかったのです。

彼女の場合は、従来の細部まで指示するタイプから新たな内部顧客を対象としたスタイルに順応していくことが必要でした。もし洞察力の鋭いリーダーが3つの質問を使ってコーチングをし、彼女のスタイルを自分のトレーニングチーム全体に貢献できるタイプへと順応させるように支援していれば、彼女も管理職として成功できたかもしれません。

第4段階：複雑性が高い、あるいは得意分野の枠を超えたリーダーになる
Stage 4. Lead More Complexity or Beyond Your Specialty

第3段階で得意分野のリーダーとしての経験を経ると、キャリアの分岐点に立たされます。第3段階で成功してやりがいを感じた人は、第4段階へ進む意欲がわくでしょう。第4段階では得意分野の中で複雑性の高い組織のリーダーとなるか、得意分野の枠を超えたリーダーになります。一方、成果が上がらず「フィット」しない人は第3段階に留まるか、第2段階へ戻って得意分野を伸ばすことに再度専念し、管理職という肩の荷をいったん下ろしたいと望むかもしれません。

第4段階に到達する人はほんの一握りです。企業モデルにおいて、さらに下位モデルとの関係についても包括的な理解が求められるからです。技術スキルは重要度が低くなります。第4段階の主眼は、専門チーム間の調和に注意を向けることになるからです。各専門チームは、それぞれのリーダーの指導の下に連携していますが、同時にチームへの注目度とリソースを競い合う関係でもあります。第4段階にある人は、ビジネスモデルを教えて、リーダーとして率いる複雑性の高いグループを明確にして調和させたいと考えます。

たとえば、ローレンは通信分野大手のモトローラで機器部門に勤めています。ここは「ステップアップか離脱か」というチームでした。急激な市場の変化のペースに追いつこうと苦心している組織において、ラーニングと適応ができない従業員は前向きな同僚の足を引っ張る存在だとみなされるからです。ステップアップとは上位の肩書への正式な昇進と昇給、さらに管理する部署の追加を求められることを意味します。ローレンは営業リーダーとしての役割も引き続き担当しながら、マーケティングディレクターの管理職務を引き受けたので昇進しました。営業マーケティング副社長という新しい肩書を与えられましたが、これは典型的な複数の職務を兼務するリーダーへの昇進でした。

管理職またはリーダー職に順応する際の注意点が1つあります。第3段階または第4段階では、能力以上の役職に昇進すると周囲の目にも明らかであることが多い、ということです（いわゆるピーターの法則です）。第3段階では、新しいリーダーが長年完璧にこなしてきた得意分野に「リーダーシップ」という全く新しい役割が追加されるということが多いものです。多くの新しいリーダーは、リーダーシップの役割を十分に果たすことができるようになるまでは、居心地のいい得意分野のスペシャリストに戻りたいと思うものです。第4段階では、職業上の得意分野に対する愛着や忠誠心が強過ぎるために他の分野に注意を向けることがわずらわしい、もしくは意欲がそがれると感じるリーダーもいます。こうしたリーダーは、前の段階に戻ったほうが成果を上げられます。

部下とリーダー向けの第4段階の質問

第4段階にある人が自問することが多い事柄：	成長を促すための助言：
自分がかつて好きだった仕事の勘やコツが鈍ってきているのではないか？	「自分になじみのない仕事をしている新しい部下の集団といるときは、どんな気分ですか？ 彼らの問題、課題、ニーズ、トレンドにもっと自信をもって対処するには何が必要ですか？」
自分の許容範囲を超えた量の管理業務なのではないか？	「特にあなたにとって新しい分野で、仕事の優先順位を決定するのが最も困難なのはどの部分ですか？」
私の専門分野の枠外にある職能分野（人事など）のリーダーに、どのように影響を及ぼすことができるか？	「管理職にとって説得力のあるコミュニケーションは不可欠です。説得スキルを向上するためのモデルはありますか。もしないなら、ロバート・チャルディーニの "Harnessing the Science of Persuasion"（説得術の活用）かジェイ・コンガーの "The Necessary Art of Persuasion"（必須の説得術）を読んで参考にしてください」 「ここにアライメントキャンバスがあります。これらのグループを企業モデルに合わせる方法を示してください」
競合についてどうすれば深く知ることができるか？	「企業キャンバスを使って競合相手のモデルを描きましょう。私たちの運営の方法とどんな違いがありますか？ 競合相手のモデルの一部を参考にして自分たちの活動を改善するにはどうすればよいですか？」
担当する部署でベストプラクティスを実践するだけでなく、戦略的レベルで自社の狙いを定め直すために、自分はどうすれば役立てるのか？	「アライメントキャンバスを使って、チームモデルまたは企業モデルを修正する機会を示しましょう」

第5段階：さらに複雑性の高い状況の
管理職になる、またはやり直す

Stage 5. Manage Even Greater Complexity or Start Over

これまでの4つの段階すべてにおいて成功を収め満足しているという稀な人にとっては、第5段階で1）さらに複雑性の高い状況の管理職になる、または 2) 新しい役職でやり直す、という2つの究極の課題が提示されることになります。

さらに複雑性の高い状況のリーダーの例として、ジェームスを取り上げてみます。彼は第1段階をチップメーカーのアドバンスド・マイクロ・デバイス（AMD）社の人事のスペシャリストとしてスタートし、従業員の健康プログラムの調査を実施しました。この調査の目標は、どのようなプログラムへの参加が実際にAMDの健康と安全のコストを削減したのかを特定することでした。ジェームスはモチベーションが組織に与える影響について強い関心を抱いていたため、大企業のテクトロニクスで試すことに決めました。ここで彼は人事副社長という第3段階の最高ランクの役割を務めるようになりました。

ジェームスは、まさに5段階すべてを成し遂げてしまう運命を歩み始めます。人事部を出て、テクトロニクス社内で光ケーブル検査機器を製造するため垂直統合された部署を統括するようになり、設計、製造、品質、マーケティング、販売の分野を網羅する第4段階のリーダーになりました。この段階でも成功を収め、ジェームスは第5段階に進む機会を与えられ、最も複雑性の高いテクトロニクスの子会社の社長に就任しました。

一方、トムは第1段階をインテルの製造エンジニア補としてスタートしました。28年をかけて、彼は製造構造全体を管理するという生涯の目標を達成しました。50歳でこの生涯の目標を達成したことへの感動が一段落すると、生産とサービス部門の管理職をサポートする新しい「戦略的人事」という役割で第1段階からやり直す決意をしました。

人事は初めてでしたが、長年にわたるCPU製造の経験のおかげで、製造や管理の課題と格闘しているこれからのリーダーにとって、メンターとしての十分な役割を果たすことができました。トムは、新しい役割を始めるということは、パーソナルビジネスモデル要素の「**あなたはどんな人か**」（主なリソースである新しい役割に必要な知識）と「**あなたならではの仕事や取り組み**」（主な活動である成果を生むために必要な手法とプロセス）にもう一度注意を向けることだと気づきました。

トムとジェームスはそれぞれ異なりますが、非常に満足度が高い状態で第5段階への進化を遂げたことを示しています。ジェームスは組織内の最高位に昇りつめました。トムは技術のリーダーという役割から離脱し、人事という新しい分野でキャリアを再出発させました。第5段階は、大胆な自己表現と究極の職業上の成長において、成功体験と能力を組み合わせる段階です。

部下とリーダー向けの第5段階の質問

第5段階にある人が自問することが多い事柄：	成長を促すための助言：
引退すべき時なのか？ 全く新しいポジションに自己改革すべき時なのか？	「キャリアの次のフェーズを示す『理想的』なパーソナルビジネスモデルを描いてください」
この組織の将来のリーダーは誰か？どうすれば私はメンターになれるか、役に立てるのか？	「パーソナルビジネスモデルを見て、主なリソース、主な活動、顧客との関係を部下にどうすれば任せることができますか？委任する候補として誰の顔が浮かびましたか？」
この組織の後継者育成計画において自分はどのポジションでありたいか？	「あなたの知っている人で、従来からある典型的な役割に残ったのは誰ですか？ そうではない役割に就いたのは誰ですか？」

5段階すべてを昇りきる人はほとんどいないので、これを何度も繰り返す人は、さらに稀なケースとなります。それでも大抵の人には、5段階のうち2つ以上の段階を単一の組織（都心の学区や官公庁、あるいはシーメンス、マッキンゼー＆カンパニー、トヨタなどの大企業など）で、生涯をかけて進む典型的な成長を経験したというシニアが家族にいるものです。また、5段階のいずれかで一からやり直し、前の段階、というより第1段階にまで立ち戻ったという知人がいる人も多いでしょう。たとえば、45歳の主婦が医療MBAの学生になり、豊富な知識を身につけて（ただし経験はあくまで限られている状態で）プログラムを卒業したとしても、その後学校で培ったものを実践的に試す必要があります。

リーダーならば、3つの質問は、ある人のキャリアの各段階で作用し、より大きな職業上の成長に向かわせるための内部ジャイロスコープとして捉えましょう。周囲の人が先へ進むにつれて、3つの質問を何度も尋ねて回答する手助けをする必要があります。また、3つの質問はあなた自身の段階を自覚し、意識するためにも役立ち、最適な次のステップを予測しながら決定することができます。まずは次ページの3つの質問エクササイズに取り組むことから始めましょう。

Things to Try on Monday Morning
月曜日の朝に取り組むこと

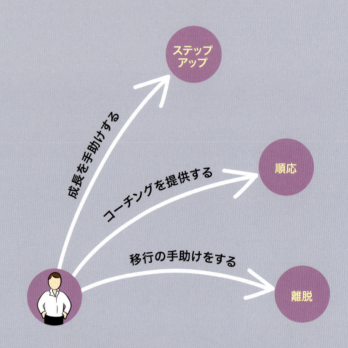

3つの質問の練習

この3つの質問エクササイズは、ステップアップ、離脱、スタイルの順応のいずれか最適な方向へのチームメイトの成長を促します。リーダーとして、ステップアップは成長ニーズ、離脱は移行ニーズ、スタイルの順応はコーチングのニーズを示唆していることを考慮します。

ステップ1

下の表の「部下」の列には、1人、2人、または3人の部下の名前を書きます。これらには3つの質問による話し合いの効果が期待できる人を選びます。たとえばチームメンバーの中で成績上位者、または成果が芳しくない人たちです。

ステップ2

各人の名前の下は、「**ステップアップ**」、「**離脱**」、または「**スタイルの順応**」欄を選び、その質問が現時点ではその人に最も該当すると思う理由を簡潔に記載します。

部下	1:	2:	3:
ステップアップ ステップアップが必要なエビデンス			
離脱 離脱が必要なエビデンス			
スタイルの順応 スタイルの順応が必要なエビデンス			

ステップ3

最初に話し合うのが最も重要だと思う部下を決めてください。下の欄に3つの質問の話し合いをしようと誘うとき、話すつもりの内容を書きましょう。

最後に、3つの質問のうち現時点で**あなた自身**に最も該当するのはどれですか？ 部下、友人、上司、パートナーなど、あなたに最も該当するのはどの質問だと思うか、またなぜそう思うのかを教えてくれる人はいますか？いる場合は、尋ねてみてください。

Chapter 5

次のステップ
Next Steps

これでこのチャプターを修了しました。チームメイトの目を見て、「あなたがキャリアアップをするための手助けをしたい」と心から言えるようになったことでしょう。

キャリアとはすべての働く人に共通するものとして、人間の4つの内発的モチベーションである**目的、自律性、関係性、達成感**の4つに直接働きかけます。キャリアは1枚のパーソナルビジネスモデル・キャンバスに描くことができ、シンプルな概要を一目で捉えることが可能なので、話し合い、見極め、そして最も重要な行動を促すために役立ってくれます。

次に、**キャリアコラボレーション**を通じてエンゲージメントを促す方法を学びました。個人の内心、対人間、市場をベースにしたインサイトに基づいて行動することで、働くうえでの関係性をマネジメントしながら誰かを手助けできます。このコラボレーションは3つの質問を使って行います。3つの質問は、緊張感のあるオフィシャルな空気での議論を、よりリラックスした「行動重視の話し合い」に変えるテクニックです。

最後に、5段階のキャリアモデルによって、部下（そしてあなた自身）が社会人として成長する状況を見極めるための方法を学びました。部下がどのキャリアの段階にいるのかを仮説し、そこからステップアップ、離脱、スタイルの順応をする必要があるのかを考え、彼らの「個人としての生き方」と「仕事上の生き方」についてのインサイトをつかむことで、真のリーダーとしての力を発揮することができます。
組織の目的を達成しようするときには、それに向けて貢献するメンバーが「私から始まるのだ」と思うことが不可欠です。
誰かの責任ではなく、またリーダー1人で達成できるものでもありません。
まさに、「私たち」の第一歩は「私」から始まります。「組織」を構成するのは「チーム」であり、「チーム」を構成するのは「個人」です。
その一人ひとりを理解してサポートすることからすべてが始まります。

ここからは個人の活動をチームの目標にマッチさせる方法、つまり「私」を「私たち」に合わせるために、他の人たちがどのようにツールを活用しているのかを見ていきましょう。

Chapter ⑥

Align Me With We

「私」を「私たち」に合わせる

ここまで、ビジネスモデルを使って組織、チーム、個人を
描くことを学んできました。
ここからは、組織で効果的に仕事を推進しようとするときに生じる
「勝手な判断」や「無駄な対立」を減らすために、
モデルを一致させる方法を学びます。
最も基本的なことは、組織と個人のモデルの一致です。
ある成長著しい米国の会社が「私」を「私たち」に合わせることで、
会社を根本的に作り直した例を見ていきましょう。

ボブ・ファリス

「何を」を捨て、「なぜ」からやり直す
Abandoning What, Starting Over With Why

フィットネスセンター・フランチャイズのフィットフォーライフ社は、常に自社のサービス内容を宣伝してきました。彼らが提供するのは「素晴らしい施設」と「充実した設備」という、個人ではなかなか所有することができないものです。ところが2008年から米国の景気後退が始まると、ビジネスは壊滅的な打撃を受けました。顧客は「ジムの会員権などはぜいたくだ」と考え、続々と退会してしまったのです。この事態を打開するため、オーナーは新しいパートナーを引き入れました。

同社の新CEOであるペリー・ランズフォードは、残っている会員は長期トレーニングプログラムに熱心に取り組んでいる人たちであり、ジムの会員であることを簡単に止めることはできないと思っていることに気づきました。このインサイトをもとに、(ペリーはサイモン・シネックのゴールデンサークル[1]に賛同していたので)伝統的なジムの戦略を逆の方向から考えてみることにしました。フィットフォーライフの「What (何を)」にあたる施設や設備を重視するのではなく、フィットフォーライフの「Why (なぜ)」にあたるフィットネスと健康を前面に押し出したのです。ペリーのチームは「Why」を「人々の人生を変えること」と定義しました。

改革を行った同社は、会員の主なベネフィットとして設備の利用権というより、「人生を変える個人向けフィットネスであること」を打ち出して好調な業績を達成しました。それでもフィットフォーライフ社には、さらなる難題が残っていました。戦略の刷新には成功しましたが、今度は従業員に新しい「Why」に取り組んでもらう必要がありました。それは、それぞれの個である「私」を集団としての「私たち」に合わせるという課題です。

ゴールデンサークル:
フィットフォーライフ社の場合

私たちは誰でも人生を良い方向へ変えることができると信じ、私たち自身の人生の目的はそれを実現することにあります

人生を良い方向へ変える方法として、意義あるエクササイズプログラムを提案します

清潔で快適な施設で、手頃な料金の効果的なフィットネスプログラムを提供します

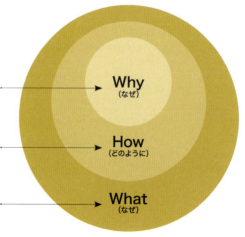

FITNESS CENTER
フィットネスセンター

158

個性と活動のマッチング、Whyの共有

大きな問題の1つは、パーソナルトレーナーが事実上のトレーニング販売部隊として機能していたということでした。ところが、「トレーナーは販売員としては弱かった」とフィットフォーライフ社CFOのボブ・ファリスは言います。ボブはパーソナルビジネスモデルを使って社内のさまざまな役割を分析し、典型的なトレーナーのスキルが販売にどう適さないのかというインサイトを見つけました。

「典型的なトレーナーは思いやりがあり、誰かの役に立ちたいと心から思っている優しい人なので、お金を要求することにあまり積極的ではないのです。商談をまとめるのも上手ではないため、売上が伸びず、仕事で生き残れないという結果になってしまいます」。

「あなたが信じていることを信じる人」を採用する

経営陣は、トレーニングの売り込みをトレーナーだけに任せてはおけないと気づきました。会員権とパーソナルトレーニングサービスの両方を売り込める新しい人材を採用する必要があったのです。同時に、従業員全員が新たな「Why」を理解し、一人ひとりが人々の人生を変えることに全力を尽くすということにコミットしている必要がありました。そこでCEOのペリーは、会社の「Why」を個人レベルに広げた新しい求人広告を作成しました。フィットフォーライフ社の新しい広告にはこう書かれています。

当社が誇れることはたくさんあります。その1つは、フィットネス業界で他のどの会社よりも高いパーソナルトレーニングの販売実績です。ジムがトレーナーを養う方法を知らないために、優れたトレーナーが家族を養えないという理由から復学し、消防士や看護師になる姿を見るのはもううんざりです。フィットフォーライフは1991年の創業以来、人々の人生を変える販売プロセスを開発してきました。当社はフランチャイズ加盟者の人生を変え、会員の皆さまの人生を変えました。そして何より重要なことですが、当社はトレーナーの人生を変えます。トレーナーには、自分の本当に好きなことをしながら、十分な収入と充実したキャリアを獲得する機会を提供いたします！

新しい広告で採用した最初の社員は、入社から4週間でジムの売上を2倍に伸ばしました。ボブは言います。「目標は仕事を必要としている人を雇うことではありません。サイモン・シネックが言うように、自分が信じていることを信じてくれる人を採用することが目標です」。今やフィットフォーライフの全スタッフが「Why」を理解しています。ここでトレーナーのパーソナルビジネスモデルを見てみましょう。

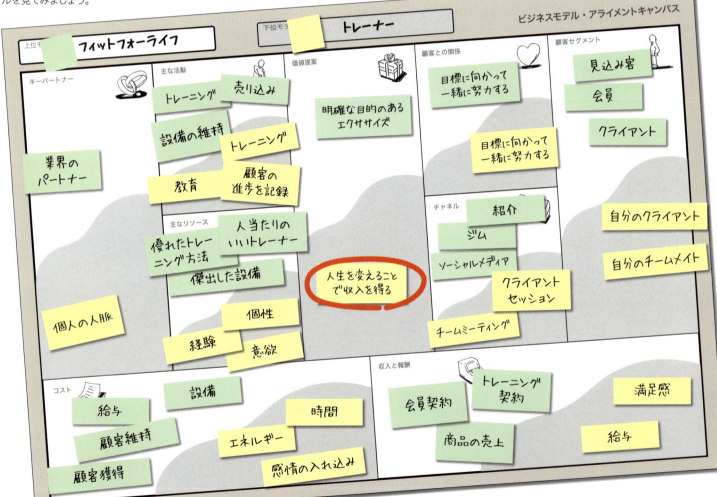

「Why」のパワーを拡げる

新たな「Why」に対する取り組みは販売員だけに留まりません。CEOのペリーは、フィットフォーライフの管理職全員がパーソナルトレーニングを受けて「Why」を体験することを義務付けています。

ボブは、「全員が自ら"Why"を体験する必要があります」と言います。共同オーナーであり、テキサス州で最も人気のあるトレーナーの1人であるケン・ストーンと経営課題についてミーティングをするときは、はじめに多岐にわたる合同のマーシャルアーツトレーニングセッションから始めることで、アドレナリンを出すようにしておきます。

フィットフォーライフの経営陣は、個人とグループの「Why」が一致していることを確認するために、懸命に努力しています。しかし、実際にビジネスモデリングの大半を行うのは、経営陣だけになることが多いのが実情です。「仕事において運動や実践的な肉体労働が多い人は、概念的なツールに関心が薄い傾向があります」とボブ。

それでも、そうした従業員はオンラインで閲覧できるグラフィックにはよく反応します。そこでボブはチームワークテーブルを作成し、次にビジュアル化ツールを使って、地区別の会員とトレーニングの契約数増加率を示すインフォグラフィックを作成しました。インフォグラフィックは毎日更新され、スマートフォンを使ってチームメンバーと共有します。

今ではフィットフォーライフのチームはライバル地区の同僚たちとの競争を楽しんでいます。おまけに、経営面から基本データを見ると、売上が「真のチームの取り組み」に起因する場合と、「1人のカリスマ社員の成果」である場合がよくわかります。

『Why』から始め、ビジネスモデリング戦略を使い、第三のオブジェクトであるチームのビジュアル化によって戦術を改善しています。どんな取り組みであろうと、最初に「私」を「私たち」に合わせる必要があるのです」とボブは明言しています。

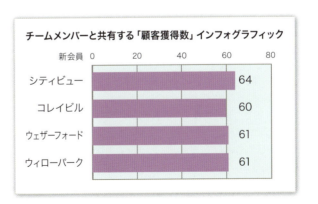

つながりを作る：紙版の Facebook
Creating Connections: Like Facebook on Paper

フィットフォーライフは、個人の活動をグループの目標に合わせるには、リーダーがチームメンバーと純粋に個人的なつながりを作ることが求められると考えています。そのつながりは一人ひとりの価値を認めて肯定するために欠かせないものであり、誰にも気づかれず認めてもらえない人が出ないためのものです。パトリック・レンチオーニが記したように、誰もが権限を持つ地位にある人物に「自分らしい特性を理解して評価してもらいたい」と思っています[2]。優秀なリーダーは、自分に指導を求める人たちには、純粋に個人的な関心も持っていると意思表示しなければならないことをよくわかっています。リーダーがこうした関心を示す理想的な方法は、パーソナルビジネスモデルを職場で実現することです。すでにチームメイトである人にも初めて会う人にも、個人的なつながりを築くのに役立つ補助エクササイズを紹介します。

使用例
このエクササイズは、従業員数が5万人を超える大手エンジニアリング建設会社のサブグループで使用されました。サブグループのメンバーは他の高度な技術的作業に加え、有害廃棄物の管理に関わるリスク測定も担当していました。ほとんどは数学や工学の修士号または博士号取得者の男性で、平均年齢は57歳です。

グループは2つの課題に直面していました。1つ目は、長期設備管理契約の満了が迫っており、会社は新たな仕事を探し、確保するという観点から、より起業家的にならざるを得ないという点です。2つ目は、若いエンジニアとベテランエンジニアは交流がなく、若手は先輩の豊富な経験から十分に学ぶことができないという点です。ベテランエンジニアの側も、若手エンジニアの起業家的発想に触れる機会がありませんでした。

目的
ベテランと若手のエンジニアの交流を促し、信頼と関係を築くことです。

手法
「紙版Facebook」[3]を壁に貼り出して作成し、参加者と共通の関心事をビジュアル化しました。お互いに知らなかった個人的な事柄を発見することで、つながりを作る手助けをしたのです。

参加者数
この場合は28名でした。大きい壁があれば参加者が増えても対応できます。

所要時間
最初のエクササイズは20分もあれば完了します。用紙は壁に貼ってあるので、誰でもいつでもつながりを追加できます。

素材、ツール、その他の要件
Materials, Tools, other Requirements

1. 広く、何もなく、続いている壁
2. 1×5 m以上の大きさの紙。巻紙を使うか、クラフト紙または厚手の模造紙をテープでつないで壁紙を作る
3. 7.5×12.5mm以上のカードまたは付箋紙をアバターとして使い、1人1枚を割り当てる
4. 色違いのペンまたはマーカー
5. アバターを壁紙に貼るための接着テープなど

手順
1. 概要を述べる
「今日は、今この部屋に存在するソーシャルネットワークを描きます。この壁を使って、紙版Facebookのようなものを作ります」。

2. カードや付箋紙を使ってアバターを作る
「最初にネットワークの基本要素として、あなたはどんな人なのかという情報が必要です。自分のアバターとして、カードに自分の名前と関心のあることや経験を短いフレーズで書いてください。内容はおまかせします。似顔絵を描いてもいいですよ」。
自分のアバターと下手な似顔絵を参加者に見せると、好意的な笑い声が起き、他の参加者が自分のアバターを作る際にも、絵心がないことを弁解する声が上がるかもしれません。あるいはインスタントカメラを持参して、アバターに写真を使うよう勧めてもいいでしょう。

3. アバターを壁紙に「アップロード」する
全員を壁のところに行ってもらい、アバターを好きなところに「アップロード」してもらいます。まず自分のアバターをアップロードしてみせましょう。特にグループが大人数のときは、接着テープを十分に用意しておきましょう。

4. つながりを描く
最後に、参加者に自分のアバターと知り合いのアバターの間に線を引いてつながりを示すよう指示しましょう。線には「ソフトウェア開発で仕事をした」とか「シアトルに住んでいた」といったラベルを書き込んでもらいます。次に、全員に壁紙に沿って歩いてもらい、まだ知らない人のアバターを見て、共通点を見つけたら「つながり」線とラベルを書き込んでもらいます。例：「釣りマニア」、「犬好き」など。

結果
エクササイズで出来上がった壁紙には、組織のメンバー間に新たに発見されたつながりが視覚化されています。エクササイズは楽しく、連帯感を生みます。壁紙はそのままにして、誰でもいつでも書き込めるようにしておきます。チームの「壁紙管理人」を1人任命することも検討しましょう。この例の場合、部署の人事部長が参加していましたが、若手とベテランのエンジニアが共通の趣味や関心事を発見して、一体感のある交流が出来上がっていることに感激していました。

デブリーフィング
<u>「それまで知らなかった人とびっくりするようなつながりができた人はいますか？」</u>と尋ねてみます。ここで取り上げた例では、ファシリテーターが次のように言うこともできました。「このグループでは、壁紙はシンプルなエクササイズで発見できる共通の関心事と潜在的関係を表しています。これは、このグループ内のベテランと若手のエンジニアの間で発見して共有できる経験やマーケットの知識も同じです」。紙版Facebookは、特定のラーニングポイントがあるというより、主に関係と信頼を構築するエクササイズです。ただ、デブリーフィングが重要であることに変わりはありません。デブリーフィングをしなければ、エクササイズは参加者のものではなくあなただけのもので終わってしまいます。

デニス・デームス

企業内で「私」を「私たち」に合わせる包括的アプローチ
A Comprehensive Approach to Aligning Me to We in the Enterprise

ここに、採用前の社員候補とつながりを築き、そのつながりを使って最高の人材を獲得した企業があります。

エッフェル社はオランダに本社を置く社員500名のコンサルティング会社で、保険、医療、エネルギー、官公庁の分野に営利と非営利の両方のクライアントがいます。エッフェル社のクライアントには1つの共通点があります。それは目まぐるしく変化する市場で、厳しい世間の目にさらされながら、戦略的決定を下して実施するという難題に直面している点です。

エッフェル社には次のような優れた特徴があります。第1に、昔からスポーツ界に強く、オリンピックのメダリストがただの「スポークスマン」ではなく、「実戦的コンサルタント」としてスタッフに加わっている優れた文化があること。第2に、あえてオランダに本拠を置くクライアントだけに限定し、法律、財務、IT、人事のコンサルティングサービスで（最大ではなく）最高のプロバイダになることを目標としていることです。さらに同社は、個人、チーム、企業レベルの全体でビジネスモデル思考を取り入れています。ビジネスモデリング、デザイン原則、ビジュアル思考に対するエッフェル社の取り組みは、本社の正面入口を飾る巨大なビジネスモデル・キャンバスが象徴しています。

エッフェル社が2011年度の会計報告で減益を発表したとき、経営陣は社員にもっと価値の提供を意識させる必要があると決断しました。「私たちが求めていたのは、顧客に対して当社が何を達成したいのかを理解している従業員でした。つまり、エッフェル社の大局的な構図で自分の立ち位置を認識することができ、自分が影響を与えるビルディングブロックを理解している人材です」と語るのは、エッフェル社のシニアマーケティング戦略コンサルタントであるデニス・デームスです。「財政危機とユーロ危機は、これが正しい手法だと気づかせてくれる転機となりました」。

2012年、エッフェル社は受付担当から最高幹部のコンサルタントまで500名の従業員全員にビジネスモデルYOU®のメソッドの研修を開始します。従業員は18名のグループとなって本社を訪れ、終日のセッションを受講しました。全員が研修を終えるまでに3か月もの月日を要しました。

この研修によって、従業員はエッフェル社の企業モデルの理解を深め、組織内でそれぞれのパーソナルビジネスモデルを洗練させることができました。つまり、自分がエッフェル社と顧客に対してどのように価値を創造しているか、ということを自覚したのです。

デニスは言います。「従業員には、それぞれの強みをできるだけ活かす自由を与えなければならないと確信しています。これはプロスポーツからヒントを得ました。スポーツの世界では得意なポジションに付くのは当たり前のことですから。セッションを通じて多くの強みとビジネスチャンスを発見できました」。

採用と入社

その年の後半、エッフェル社は新規採用を開始します。応募者には採用・不採用にかかわらず研修の機会を与え、自分自身のパーソナルビジネスモデルを作成できるようにしました。新卒者は本社に招かれ、ビジネスモデルYOU®メソッドの研修を受け、自分のパーソナルビジネスモデルを作る機会を与えられたのです。受講者の中で際立った素質があり、エッフェル社の企業モデルと明らかな親和性を見せた人は採用担当者から採用通知が送られました。「今も新入社員の募集にこうしたワークショップを実施しています。金メダリストのラノミ・クロモウィジョジョやピーター・バン・デン・ホーヘンバンドが参加することも少なくありません」とデニスは言います。

エッフェル社の手法で採用するには

デニスの手法では、最初に採用対象の分野（プロジェクト管理、財務、ITなど）と望ましい経験レベル（補佐、中間層、上級）を明確にします。

次に、EventBriteやAmiandoなどのサービスを使って採用イベントを作成します。親しみやすい人柄で業界のオピニオンリーダーたる人物に、イベントに登場してもらうことも検討しましょう。会場はキャンバスを貼り出せる壁のスペースが十分にある場所を選びます。次に、LinkedInなどのサービスを使って有望な候補者を探し出し、繰り返し誘いましょう。エッフェル社が通常行っているイベントのアジェンダを紹介します。

トピック	所要時間（分）	内　容
企業ビジネスモデルの概要	30	スポークスパーソンが企業キャンバスの概要を説明し、実際に使用して組織のビジネスモデルを描く。参加者からの質問や意見を受ける。
ラーニングエッジの例	30	オピニオンリーダーが専門分野における最近の業界動向やキャリア関連の最新情報を披露し、質問や意見を受ける。
パーソナルビジネスモデルの概要	20	トレーナーがパーソナルビジネスモデル・キャンバスの概要を説明し、質問や意見を受ける。
自分のパーソナルビジネスモデルを描く	45-90	トレーナーは参加者に、入社後に引き受けることができると思う役割についてパーソナルビジネスモデルを描いてもらう。トレーナーや他のスタッフが参加者の間を回って質問に答える。モデルの作成が完了したところで、待機している採用担当者と個人面接に移る。
個人面接	45-90	参加者は1人5分の持ち時間で採用担当者に1対1でモデルを説明する。採用担当者はそのプレゼンに基づいて簡単な面接を行う。もう1つの方法：採用担当者は、事前に描かれていたその募集対象の役職に対し、組織が考えるパーソナルビジネスモデル・キャンバスを見せて、応募者のキャンバスと比較し、違いについて話し合う。

良い結果を収め、パーソナルビジネスモデルが組織のモデルとうまく調和している応募者は、二次面接に進むことができます。

職業上の成長に
パーソナルビジネスモデルを活用する
Using Personal Business Models for Professional Development

エッフェル社では、職業上の成長にパーソナルビジネスモデルを活用する試みも始めています。従業員は最初に、現状のパーソナルビジネスモデル(ポイントA)を描きます。次に、これから目指す「理想」のパーソナルビジネスモデル(ポイントB)を描きます。これでポイントAからポイントBに進むという職業上の成長の明確な目標が定まるはずです。しかしエッフェル社ではすぐに、多くの従業員がポイントAからポイントBに進むための道筋を見つけるのに苦労していることが判明しました。

デニスは他の企業で利用されている職業上の成長計画(PDP)について調査することを決断し、その調査結果に愕然としました。

「多くのPDPは事業計画のようでした。文字ばかりでイラストや図がなく、全く人間味もなく、シンプルでもなければ躍動感もありません。文字上の計画など誰も読まないし誰も覚えていないということはわかっているのに!」と語るデニスは、PDPはどこか不完全だとも感じました。そこで、従業員にポイントAからポイントBへ進む具体的な道を示すため、パーソナルビジネスモデル・キャンバスに基づき、「パーソナルストラテジーキャンバス」を作成して検証したのです。

パーソナルストラテジーキャンバス

パーソナルストラテジーキャンバスは、6つのビルディングブロックを使って新しいパーソナルビジネスモデルへ移行するために必要な活動を明らかにします。ユーザーは各ブロックを埋めることで、将来の「理想」のパーソナルビジネスモデルへ向かうために必要な具体的な活動を明確にすることができます。では、エッフェル社の会計マネージャーでコンサルタントへの転身を希望しているカレンを例に見てみましょう。

知識

次のパーソナルビジネスモデルへ移行するために必要な新しい知識を書きましょう。具体的には、「理想像」の知識要件を評価します。公式認定(学位や資格)が必要ですか?理解しなければならないコンセプトは、コース、書籍、TEDやウェビナー*などでラーニングできるものですか?たとえば販売員になりたいなら、販売プロセスの心理学的な面についての知識が必要になるうえ、販売するサービスや製品、対象の市場、ライバルについての情報も必要です。カレンの場合は、コンサルティングの基礎を学ぶ必要があると気づいたため、必読書リストを作り、サービスデザイン思考のコースに登録しました。

スキルと能力

「理想」のモデルにはどんなスキルと能力が求められますか?ここに挙げてください。「スキル」とはラーニングまたは習得した才能、「能力」とは生まれ持った内在する才能、つまり苦労せずにできることを指します。新しい能力は新しいスキルより習得しにくいので、「理想」のモデルで必要とされる能力が自分の手の届く範囲内にあるか確かめましょう。最も迅速にスキルを習得または向上する方法は、仕事上で実践すること(on-the-job practice)、いわばラーニングの限界にまで背伸びをしてみるということです。

「ただし賢くやりましょう」とデニス。「販売員志望なら、何かを売り込まなければならない状況に自分を追い込むのがコツです。仕事で実践できない場合は、個人的な環境で試します。学校の資金集めに宝くじを売る、テニスクラブのトー

---

*「TED」(TEDカンファレンス)は、非営利団体TEDが主催するカンファレンスです。「価値あるアイデア」を世に広めることを目的としており、さまざまな分野の人物がプレゼンテーションを行う場として世界的に有名です。また、「ウェビナー」はウェブ(Web)とセミナー(Seminar)を組み合わせた造語であり、インターネットで行われるセミナーの一般呼称です。

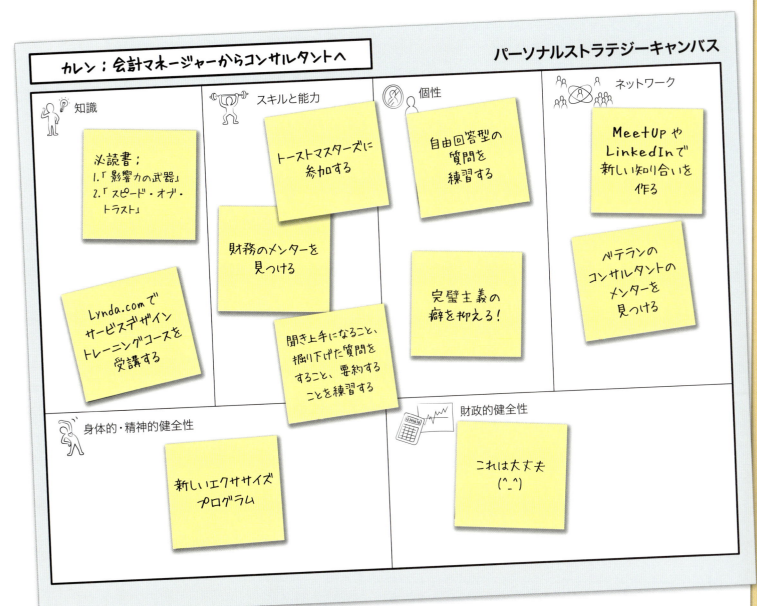

ナメントのチケットを売る、といったことです。経験を積める立場に自分を置きましょう」。

コンサルタント志望のカレンは、フォーマルなプレゼンテーションスキルを上達させる必要があることに気づいたので、トーストマスターズ・インターナショナルに参加しました。また、エッフェル社内でメンターを見つけ、Excelで仮のクライアント契約見積を作成し、財務スキルを磨くのを手伝ってもらいました。

個性

「誰にでも目標に到達するために役立つ性格・特性があるかもしれないし、ないかもしれません」とデニス。「完璧な人などいませんから」。このビルディングブロックは自分の性格・特性のうち、「理想」のパーソナルビジネスモデルを目指すために役立つものを伸ばし、そうではないものを抑制するために活用します。

「自分に対して正直な大人なら、自分の長所も短所もわかっています」とデニス。「大事なことは目標に到達するために役立つ性格上の長所を見つけ、その長所を成長の促進剤にすることです。たとえば、整理整頓が得意な人なら、ラーニング内容や経験を細部まで整理して構築しましょう」。反対に、成長を抑制する性格特性も見極める必要があるとデニスは指摘します。「たとえば、何でも後回しにしがちなら、その癖を"抑える"ために誰かにあえて急かしてもらう、リマインドしてもらうといった対策を取り、時間通りにできたことがあれば自分にごほうびをあげましょう」。たとえばカレンは、完璧主義の傾向が、詳細なパーソナルストラテジーキャンバスや個人の能力開発スケジュールを作成する際にはとても役に立ったことに気づきました。同時に、その傾向のせいで二者択一型の質問をしがちなので、その癖を抑えるため、毎日の会話の中で自由回答型の質問を練習するように努めました。

精神的・身体的健全性

精神的または身体的問題とは、太りすぎ、ストレス過多、望ましくない人間関係などのことで、これが成長の妨げになる可能性があります。このビルディングブロックには自分が抱える精神的または身体的問題を書き込み、それを克服するための活動を挙げます。カレンは、身体のコンディションを改善する必要があることをわかっていました。会計マネージャーの仕事は主にデスクワークです。ところがコンサルタントはクライアント先に出向くことが多くなるので、もっとエネルギッシュで健康的な姿勢を見せる必要があります。そのため、適度なエクササイズを毎朝の習慣として続けることにしました。

財政的健全性

金銭的不安があると実力を十分に発揮できません。収入が低すぎる、多額の借金があるという場合はすぐに対処しましょう。雇用主によっては、内密に従業員支援サービスを提供していることもあります。また、社外の相談機関を利用したり、上司と報酬を交渉したりもできるでしょう。財政的健全性は「理想」のモデルへのステップアップに欠かせません。また、上部のビルディングブロックに取り組むことでさらに改善されます。

ネットワーク

これが最も重要なビルディングブロックですが、職業上の能力開発計画ではあまりお目にかかりません。ここには、新しい人やグループとつながる方法を書き出します。デニスは言います。「私たちは、互いにつながり、目まぐるしく変化し、発展過剰な世界に生きています。

168

BUSINESS CONSULTANCY ビジネスコンサルティング

壁に貼り出したビジネスモデル・キャンバス

他の場所へ行きたいと思ったら、ネットワークも変えざるを得ません。ネットワークは変わっていくものであり、あなたを変えるものでもあります」。たとえば、弁護士になりたいなら、弁護士と知り合いになることから始めます。次世代のパーソナルビジネスモデルへの進化を加速させるには、次のようなネットワークに加わりましょう。

- 知識をできるだけ迅速に与えてくれる
- 最も効果的な方法でスキルと能力を伸ばすために役立つ
- 適切な分野の性格特性を強化または抑制してくれる
- 理想のモデルに近づける状況に身を置くことができる
  （新しい仕事を獲得するのは、正式な応募より人脈を通じた場合のほうが多いのです）

新しいネットワークのつながりは、プライベートでも仕事上のものでも構いません。人との新しい出会いは、精神的、身体的、財政的健全性という基本ビルディングブロックの課題を克服するうえで役立つことも多いのです。あなたの理想とするパーソナルビジネスモデルへの橋渡しとなるネットワークはどこで見つけられますか？それをもう一度考えて発見しましょう。カレンはMeetUpとLinkedInのグループに参加して、引退間際のコンサルタントに出会いました。おかげで仕事上の人脈が広がり、強力なメンターになってくれました。

「当社にいる職歴1年未満の従業員には、全員このパーソナルストラテジーキャンバスを描かせたうえでコーチと一緒にレビューをし、またコーチとして他の従業員のパーソナルストラテジーキャンバスをレビューします」とデニス。「正式の昇進だけが成長ではありません。職業上で向上した部分があるかどうかということです。組織はフラット化が進んでいるため、成長は肩書よりも仕事の内容に関わるものになります」。

結果：定着率の改善、顧客満足度の改善

デニスによれば、エッフェル社が個人、グループ、企業のビジネスモデルを調和させる取り組みを始めて以来、顧客ロイヤルティの指標であるネットプロモータースコアが20％上昇したと言います。一方、従業員離職率は6％低下しました。会社としても、再び堅調な収益を上げるようになりました。こうした改善は、従業員が自分で考えて行動するようになり、エンゲージメントが高まったおかげだとデニスは考えています。「みんなの理解が進み、自分のキャリアは自分が推し進めるものだということを強く意識するようになりました」。

欠点はあるのか？

「ビジネスモデル思考は誰にでも適しているわけではありません」とデニス。「入社希望者にはいつも、これはコートを買うのと似ていると説明します。フィットするなら使えばいい。フィットしないなら、それは捨てて他にフィットするものを見つければいい。ただ、このモデルは当社が使用している共通言語なので、もしうちのチームでプレイしたいなら習得しなければならないよ、と」。

エッフェル社は、人事の仕事とは全く違うアプローチを採用しています。従業員に、チームの活動に貢献する方法を決める責任を負わせ、その過程で成長する方法も自分で決めさせているのです。今や、世界最大のプロフェッショナルサービスファームであるプライスウォーターハウスクーパース（PwC）も同じ手法を採用しています。次の例では、従来の人事管理方法を再構築するPwCのミッションの中身に迫ります。

人材管理を再構築する
Reinventing Human Resource Management

リカルド・ドネッリ

「従業員に自分の貢献方法を決めさせるのは容易な手法ではありません。でも、計り知れないポジティブなエネルギーを解放して競争面で優位に働く可能性があります」と語るのは、プライスウォーターハウスクーパース（PwC）アドバイザリー内の人事組織サービスに勤める46歳のシニア人事エキスパート、リカルド・ドネッリです。「ビジネスモデリングはチーム管理の新しい方法を作り出し、最終的には昇級や他の『ハード』ベネフィットよりも人材の定着希望率を高めるだろうと納得したのもそのためです」。

リカルドは従来の人事管理方法を再構築するというミッションに取り組んでいます。最初のステップは新しい手法を自社内で試すことだと考えました。
「人事の仕事にビジネスモデルを利用する」というアイデアに興味をそそられたリカルドは、PwCで自らが率いる25名の人材コンサルタントのグループでプロセスを試そうと決意しました。目標は、1）手法をPwCクライアントに利用する可能性を評価する、2）特に従業員エンゲージメントと定着率について、自分のチームの満足度とパフォーマンスを改善する、という2点です。

「コンサルティングは、有能な人材の募集と定着という点では競争が熾烈な分野です。毎日、デロイト、EY、KPMG、PwC、アクセンチュアの各社が有能なコンサルタントの引き抜き合戦を繰り広げています。厳しい市場ですし、給与は要因の1つにすぎません。社員一人ひとりの見解を理解し、それぞれが重要だと考える分野で成長の余地がPwCにはあると気づいてもらうことが大切だと考えています」。

「人とキャリアという点では、毎日が『デジタル革命』の意義を体感しています。この革命は人から始まり、ボトムアップで進んでいます。トップダウンで人事戦略を決定してから変更管理プログラムを導入する従来の方式には、ほとんど関わりがありません。誰もがキャリア開発のために必要なすべての情報にアクセスすることができ、無料のツールでこの情報を発見して有意義に活用し、お互いにつながりを築きます」。

「これによって年齢やタイプにかかわらず、あらゆる人がより多くの機会にアクセスできるようになり、職業上でも個人としてもよりよい人生を形成することができます」。

「さらに、キャリアとは、組織が従業員に対してどんな設計をしたのかにかかわらず、自らの職業上と個人的な成長の目標を設定する個人が設計するものですし、またそうあるべきです。私自身も、自分の個人的な目標にフィットする最善の機会を提供してくれる職場を選びます」。

「つまり、企業はキャリア管理のアプローチを従来の固定したトップダウンのキャリアパスから、フレキシブルな機会へと新たに再構築する必要があるということです。コンサルティングファームはそのとても良い例になっています」。

「この観点は、個人と組織も違った関係になることを示唆しています。『反転型』関係とも呼べますが、まず組織が個人の目標を肯定的に受け入れて対応することから始めなければなりません。たとえそれが、最終的に組織を離れることにつながる場合も例外ではありません。そして、その目標を達成するために組織の戦略と調和した機会をより多く提供しなければなりません」。

リカルドは、1日半をかけて自分のコンサルタントチームに個人とチーム・ビジネスモデルを紹介しました。研修は次のような4部構成にしました。

1. パーソナルビジネスモデル（私）を描く

ビジネスモデリングの紹介に続いて、コンサルタントは自分の「現状」と「理想」のパーソナルビジネスモデルを描き、リカルドは個人としての目標もモデルに盛り込んで自由に描くよう促しました。次に3人組に分かれてもらい、互いに「現状」のペインポイントと「理想」の目標についてコーチングをしてもらいます。3人はそれぞれコーチ、コーチングを受ける人、オブザーバーの役割を交代で行いました。

2. 個人からチームの観点に移る（「私」から「私たち」へ）

リカルドは、人材組織チームモデルとアライメントキャンバスを紹介しました。次に、参加者に各自の個人モデルとチームモデルを並べ、各ビルディングブロックで自分がどのようにグループのモデルに貢献できるのかを確認してもらいました。最後に、各自の個人モデルとチームモデルの方向性が一致しているかどうかを評価してもらいました。あなたがしたいこと、そして改善したいことは、組織があなたに求めていることと一致していますか？一致していない場合は、どうすれば変えられますか？組織はどう変わるでしょうか？

3. パーソナルストラテジーの概要を示す

リカルドはパーソナルストラテジーキャンバス（167ページ）を紹介し、参加者に彼らの目標を達成するためにPwCが実施できる支援策も含めて記入してもらいました。

4. 具体的な変化を提案する

参加者は、1）職場での生活を改善する、または2）チームの競争力、収益性、人材配置の有効性を高める、のいずれかに関連する4つのイニシアチブを提案しました。次に、4人組に分かれ、各イニシアチブについて活動のラフ案を具体化して優先順位を付けました。そして、投票で最も価値があるとされた案を選択して取り組み始めました。

即効性
Immediate Results

ビジネスモデルセッションは木曜日と金曜日に行われました。翌週の月曜日には、リカルドとチームはすでにイニシアチブの1つを実施していました。月曜日のミーティングで違いは明らかだった、とリカルドは言います。自分たちが選んだ変化のための活動に新しいアプローチを採用したので、グループは明るいムードでした。その活動とは、「週に1度の人材配置と計画」です。

リカルドは説明します。「人材配置と計画は、コンサルティングファームにとって重要なビジネスプロセスです。同時に複数のプロジェクトが進行しているので、各スタッフのスキルや出欠、その時点でのプロジェクトの優先度、実施場所、ロジスティクスなどの要素をもとに、絶えずスタッフをさまざまなプロジェクトに振り分けなければなりません。これは複雑で面倒なプロセスなので、どのコンサルティングファームでも常に混乱を招いています。事前に正確かつ綿密に予定を組むことなど不可能だからです」。

「私たちのセッションでは、人材配置はジュニアコンサルタントでもシニアコンサルタントでも、等しく誰にとっても苦痛なプロセスだという結論に達しました。わけもわからず、まるで荷物のようにあるプロジェクトから別のプロジェクトへと動かされているように感じていたからです。もちろん正当な理由があって行われていることですが、その理由を理解するのは容易ではありません。通常の月曜の人材配置会議プロセスはうまく機能していませんでした」。

人材配置と計画はもう1つのジレンマを生んでいました。トップダウンにすべきかボトムアップにすべきか、という問題です。

「トップダウンなら、私が決めて命令すればいいだけですから簡単です」とリカルド。「しかし、私も常にすべての情報が手元にあるわけでも、すべてのプロジェクトの重要な事実を把握しているわけでもありません。しかもスケジューリングは、毎週決定しなければなりません。ですからボトムアップのほうがよいのです。ただ、ボトムアップもプロジェクトマネージャー同士で延々議論することになりかねません。この非常に実務的なビジネス関連の課題は、パーソナルモデリングセッションで明白に打ち出されてきました。そこでチームでは、プロセス、使用するツール、共有する情報、適用する重要優先事項について1人のコーディネーターを指名することに決めました」。

パーソナルビジネスモデリングセッションは、コアとなる問題に鋭い焦点を当てました。「自分や家族との時間」という高い個人コストです。「一番下のジュニアコンサルタントから最上位のシニアコンサルタントまで、全員がこれを問題として挙げていました」とリカルド。
「全員が『もっと自分の時間が欲しい』と口を揃えました。パーソナルモデリングセッションでこの点について話し合い、自分の時間をもっと作るには、もっと効率の良い人材配置と計画にかかっているということに全員が同意しました。現状の人材配置プロセスでは、全員の貴重な時間を犠牲にしている、と。人材配置の問題については、一人ひとりが勝手な理由で争っているのではなく、全員が同じ状況にいるのだということに気づいたのです」。

リカルドがチームのパフォーマンスを高めるパーソナルモデリングの力を実感したのは、まさにここです。「4つすべてのイニシアチブがパーソナルビジネスモデルの視点から始まっていました」と言います。

「『私』と『私たち』のモデリングセッションの価値は、個人、グループ、組織の間に異なる関係を築くところにあります。これによって、全員が自分の目標とその達成のための戦略を設定するうえで起業家的視点を持つことができ、また持つべきであるという考え方を裏付けるだけでなく、この組織こそ、そしてこのチームこそ、目標達成にとって最高の場所かもしれないという事実にも気づくことができます」。

世界最大のプロフェッショナルサービスファームで働くコンサルタントは、このアプローチをどう思っているのでしょうか?
「私のチームは全員が人事のプロフェッショナルであり、こうした課題について人事部長のコンサルティングをするのが仕事です。ですから、これが何を意味するのかをよく理解しています。基本的に25人の参加者全員が、これはとても素晴らしいサービスだ、当社で提供できるものだ、と言いました。これは組織にとっても大きなひらめきポイントでした」。

リカルドの得た教訓

- 大人なら何が良くないかを見つけ出し、
  どうすればよいのかをグループとして決定することができます。
  彼らに任せてみましょう。
- 1日半の初期活動だけでは十分ではありません。
  「計画には2日から3日ほどかけました」(リカルド)。

Things to Try on Monday Morning
月曜日の朝に取り組むこと

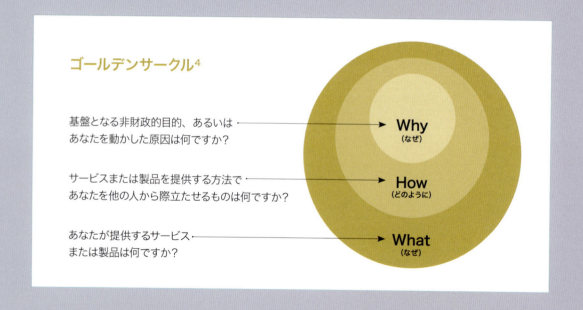

ゴールデンサークル[4]

基盤となる非財政的目的、あるいは
あなたを動かした原因は何ですか？ → **Why** (なぜ)

サービスまたは製品を提供する方法で
あなたを他の人から際立たせるものは何ですか？ → **How** (どのように)

あなたが提供するサービス
または製品は何ですか？ → **What** (なぜ)

「Why」を明確にする[5]

本当の挑戦はここからです。下の表を使って、あなたの企業、チーム、あなた自身の **What（何を）**、**How（どのように）**、**Why（なぜ）** を明確にします。チームと企業の場合、Whatは提供しているサービスや製品なので簡単です。Howもわかりやすいはず

です。ビジネスモデルを見れば、サービスや製品を提供する方法が示されているでしょう。しかし、**Why**は難しいかもしれません。

ヒント：企業の価値提案を書いてみましょう。組織が存在する理由とどう関連していますか？

	企 業	チーム	あなた
What			
How			
Why			

次のステップ
Next Steps

このチャプターでは、3つの異なる組織がどのようにパーソナル（私）ビジネスモデルとチーム（私たち）モデルの方向性を一致させ、グループの成長と個人の自己決定力を可能にしたのかを見てきました。**「月曜日の朝に取り組むこと」**のエクササイズを行って、自分で実践的ラーニングをするようにしてください。

次のステップ：チャプター7では、伝統産業のリーダー的存在の中規模企業であるスパルタン・スペシャルティ・ファブリケーションズ社が、個人、チーム、企業のビジネスモデルを分裂させる典型的な出来事と戦いながら、チームの方向性を一致させようと苦心します。こうした分裂の要因は、あなたも1つくらいは経験したことがあるかもしれないというほどありふれたものです。

登場するリアンヌが、自分のチームと同僚のチーム、さらにスパルタン自体が「私たち」と「私たち」の方向性を一致させようと苦労していることに気づき、三者が一体となってより良い企業を構築する方法を発見する様子を見ていきましょう。

Chapter 7

Align We to We

「私たち」を「私たち」に合わせる

次のケースは、職場の難しい課題を解決するためにここまでに紹介してきた
ツールを活用した事例です[1]。
ビジネスモデルがどのように活用されているかに注目してください。
戦略の再構成のためではなく、
1）チームが何を、なぜ行うのかを明確にし、
2）個性や力関係ではなく「仕事そのもの」によって、
メンバーの行動が導かれることを目指して活用されています。

メンター
The Mentor

「僕の新しい名刺だよ、リアン。いつでも力になるよ！リタイア後のことは何も決まってなかったから、しばらく社内コンサルタントとして残れるのは嬉しいよ」。年配の男性はエスプレッソを飲みながらそう言って笑いました。

リアン・アムスデンが受け取った名刺にはこう書かれていました。

スパルタン・スペシャルティ・ファブリケーションズ
ボリス・ラトチョウ
社内コンサルタント

「ボリス、本当にありがとう。まだ私の上司でいてほしいのに！では月曜日に」。リアンは名刺をバッグにしまい、カップを片付け、支払いを終えると車に向かって歩いていきました。コーヒーショップの駐車場から車を出しながら、急にハンドルを左ではなく右に切りました。私が挙げている収益を考えれば、1時間くらい早退しても大丈夫よね、と彼女は思いました。

自宅までの20分間のドライブの間に、彼女はボリスのアドバイスと、スパルタン・スペシャルティ・ファブリケーションズで働く自分の将来について考えていました。

創業100年を超えるスパルタン・スペシャルティ・ファブリケーションズは、巨大な鉄鋼建造物を建設する会社で、ボリスやベテラン社員は好んで「鉄打ち屋」と呼んでいます。海底隔壁、橋梁、原子力発電所向けの高さ20メートルの格納容器、メートル単位の厚さを持つミサイル格納庫の扉など、求められる精度、品質、サイズの組み合わせが同じものは1つとしてありません。リアンはこの業界では珍しい女性エンジニアであるだけでなく、午前中に溶接業者と渡り合い、午後からは原子力規制庁の検査官に向けてプレゼンをしてしまうような有能な人材です。

港湾管理委員会で機械技師としてキャリアをスタートさせたリアンは、巨大な橋や護岸の構造に魅力を感じるようになりました。数年後には、港湾管理委員会の検査官として監督してきたベンダーの1つ、スパルタンに入社しました。最初はスパルタンの造船部門に配属され、次に商業加工部門へ異動しました。その後、規制の厳しい原子力業界向け構成品の製造を専門とする新しいチームに入り、そこでボリス・ラトチョウが上司になります。ボリスはリアンのメンターとなり、男社会のスパルタン社内で彼女の成長を応援してくれましたが、健康上の問題で引退を考えるようになってしまいました。幸い、スパルタンのCEOがあと1年はフリーの社内コンサルタントとして残るようボリスを説得してくれました。

こうした事情で、リアンが原子力部門のリーダーを引き継ぐことになりました。それがトラブルの始まりだったのです。

再編成
The Reorganization

ボリスはスパルタンの原子力事業をCEO直属で少数精鋭の「製品開発チーム」として立ち上げました。ボリスがリアンを採用した後、売上が一気に伸びたのは、彼女の規制に関する幅広い専門知識に負うところが大きかったのです。そのため、ボリスは健康上の問題で6か月間休職することになったときに、原子力チームを引き継いでスパルタン社初の女性管理職としてリアンを推薦しました。

他のスパルタンの経営陣は、当然ながら、リアンにはプロジェクト管理以上のリーダーシップの経験がない点を指摘しました。その中にはゼネラルマネージャーのダミアン・グリンもいました。彼はスパルタンの商業加工事業部のリーダーです。商業加工はインフラビルダーを対象に、橋の構造物から石油掘削装置まであらゆるものを建造する部署です。

結局、リアンは原子力チームのマネージャーに昇進しました。しかし、彼女にはもっとリーダーシップの経験が必要だと感じている人たちのことを考慮し、原子力チームは再編成によって、ダミアンの商業加工部門のサブチームとなりました。
これには二重のロジックがありました。1) ダミアンは商業加工部門のリーダーとしての豊富な経験を提供する、2) 原子力と類似点がある防衛グループ（こちらも顧客基盤がきわめて均一的）も商業加工部門の直下にある、というわけです。机上の計画では、この再編成は合理的に見えました。ところが実際には混乱を招いてしまったのです。

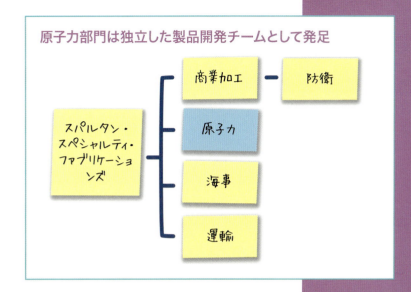

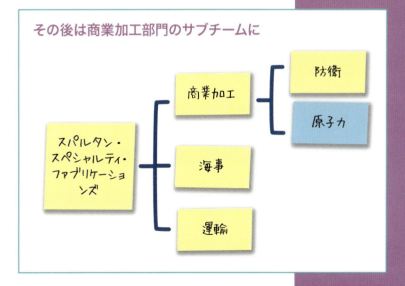

ヘビーメタルとニューウェーブの出合い*
Heavy Metal Meets New Wave

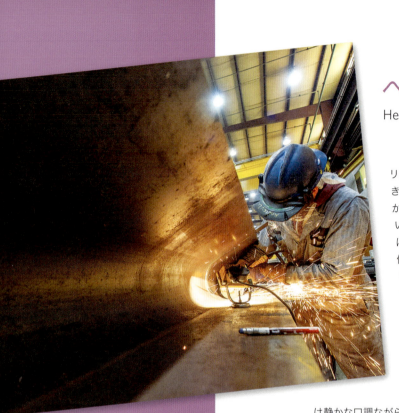

リアンは、前任の管理職から引き継いだお粗末な業績評定（しかも実施していればまだましという状態）のことを今も鮮やかに覚えています。ボリスだけが例外でした。

管理職となったリアンは、これを改善しようと決心しました。何週間もの残業と土曜出勤までして、直属の部下全員と1対1の面接を行い、包括的な業績評価を2月の締切日までに完了しました。最後の管理職会議で、リアンは静かな口調ながら誇らしげにこの重要な任務を完了したことを宣言しました。ただ、間の悪いことに、その直前にダミアンは議長でありながら評定を1つも終えていないことを報告したばかりだったのです。

リアンの完了報告に、ダミアンはお決まりの嫌味なユーモアで応えました。「おっと、中身のある仕事が少なくて時間が余ってらっしゃる方もいるようで」という彼の言葉に、クスクスと笑った出席者が何人かいました。リアンは思わず机を手のひらで叩きつけて歯ぎしりしましたが、それでも辛らつな言葉を返すのはなんとか堪えました。

「あのカウボーイ気取りのダミアンには本当に腹が立ちます」と後でボリスに愚痴を言いました。「あと1回でもあのヘビ革のブーツを机の上に乗せたら、今度こそ…」。

ボリスが遮りました。「落ち着くんだ、相棒。自分のスタッフと率直に話し合ったことで成果は出ているよ。それと同じ心構えで上司であるダミアンと良い関係を結んで、1対1の話し合いができなかったのかい？」。

「しようとしました」とリアン。「君は商業加工部門のやり方がわかってない、『所詮、狭い世界で孤立した原子力』以外のスパルタン社のビジネスもわかってない、と言われました。売り言葉に買い言葉で、つい私もうちのチームはスパルタンの他のどの部署より高い収益を上げていますって言い返してしまって。それで会話は決裂しました」。

ボリスはしばらく考え込んだ後、こう言いました。「リアン、君は『**スタイルを順応させる時**』が来たんだと思うよ」。

＊ このタイトルは、「昔ながらの重金属（ヘビーメタル）を扱ってきた堅物」と、「原子力という新しい波（ニューウェーブ）を扱う新たな人材」が出会ったという意味を、音楽の「ヘビーメタル」と「ニューウェーブ」に掛けて表現したものです。

リアンに向けた3つの質問

Three Questions for Lianne

「君は仕事で素晴らしい成果を上げた」とボリスは話し始めました。「だが、その大部分は部下の管理に関すること、つまり直属の部下に対するリーダーシップだ」。ボリスは3つの質問について説明し、リアンにそれぞれの質問が自分の状況にどう当てはまるか説明するように求めました。

1. **今は離脱する時か?** いいえ。リアンは退職も考えましたが、スパルタンを辞めることが正しい選択だと思えませんでした。自分のチームに対して、そしてチームが提供する重要な任務について強い責任を感じていました。

2. **今はステップアップする時か?** いいえ。原子力チームのマネージャーという新しい役割は彼女にふさわしい昇進であり、元ボスで現アドバイザーのボリスは彼女ならできると信じていました。ただ、新しい上司のダミアンとのこじれた関係は、3つ目の質問に対応する必要があることを示していました。

3. **今はスタイルを順応させる時か?** はい。リアンは新しいリーダーシップの役割で成功するために必要なスキル、知識、能力を備えています。ただ、提供スタイルが不十分なのです。「今は上司との関係を改善するための能力を伸ばせるように、**スタイルを順応させる時**なんだよ」とボリスは言いました。「リーダーとしての課題は、成果を上げることよりも、君のチームの方向性を他のチームと、そして会社全体と一致させることにあるんだ」。

ボリスは5段階のキャリアモデルを説明し、リアンがほとんどのリーダーと同じように、これまでに培ったものを試すことから始めたと指摘しました。さらに、彼女は得意分野を確立し、加工プロセス、生産計画、規制関連業務に強いことで高い評価を得ました。ところが今、彼女は第三段階にいます。得意分野のリーダーへとジャンプアップしましたが、プロフェッショナルアイデンティティ(職業上のアイデンティティ)は、エンジニアリングに固く結びついたままです。

ボリスは、リアンがプロフェッショナルアイデンティティをリーダーシップにまで拡張することを提案しました。ボリスが提案したエクササイズが、「気づき」の瞬間を呼び起こします。リアンとボリスが彼女の業務内容の範疇を超えて考えたとき、ボリスは彼女の「長所」は、システム思考ができることだと気づきました。これは、複雑な状況においても点と点を見つけてつなげることで、「論理的で協調的なアイデアを提示することができる」という優れた能力です。

ボリスは、「この能力をビジネスモデリングと合体させれば、スパルタンを俯瞰的に捉えることができるようになる。そうすれば、何か対策も講じることができるよ」と言いました。
「いつでも準備はできています」とリアン。「明日、もう一度メンターセッションをしませんか?」。

問1 今は **ステップアップ** する時か?

問2 今は **離脱** する時か?

問3 今は **スタイルを順応させる** 時か?

ビジネスモデルの基礎
Business Model BasicsBuilding

翌日、ボリスは企業、チーム、個人のビジネスモデルの基本を説明し、リアンが原子力チームのモデルを描くのを手伝いました。9つのキャンバスの要素が互いに関連している様子を見て、リアンは次々に考えが浮かびました。「これは、私たちのチームがビジネスの中のビジネスとして運営している様子を視覚化できますね。チームのメンバーにも、チームのモデルを描いてもらいます」。

2日後、リアンと4人のスタッフは、会議室で大判のキャンバスに原子力チームの「現状」と「理想」のモデルを描いていました。スタッフが3時間もかけてチームのビジネスモデルを描いてディスカッションをした後、シニアプロジェクトディレクターは思わず「これは素晴らしいツールだ！」と大声で言いました。「私はここに勤めた8年の間、数千万ドルに相当するプロジェクトの管理をしてきました。でも誰もビジネスモデルを説明してくれた人はいませんでした。どうしてこんなに時間がかかったんでしょう？」。
「私も同感です」とリアンはため息をつきました。「でも、考え込んだらきりがありません。チームモデルの分析からわかったことをリストにまとめましょう」。リアンはホワイトボードの前に立ち、カラーマーカーを持って、部下が挙げていくポイントを書き出しました。

「これを上層部に伝えに行きます。しっかり目を覚まして聞いてもらいます！」。リアンはミーティングの解散時にそう宣言しました。ここ数か月でこれほど仕事に対して胸躍る瞬間はありませんでした。原子力チームの「理想」のモデルへの絶対的なサポートを勝ち取ろうと決意したリアンは、即座にダミアンの秘書に電話をしてミーティングのアポイントを取りました。ところが、ダミアンとのミーティングは失敗してしまったのです。

ビルディングブロック	「現状」モデルの付箋紙	「理想像」モデルの付箋紙
顧客	「私たちは期日に約束通りの内容を提供します」。これはどのベンダーでも提示する「活動」であり、「価値」ではない	「私たちは評価を築きます」。提案において加工担当者に私たちを挙げることで、顧客は信用を増すことができる
価値提案	内部顧客の概念があいまい、スパルタンへの価値提案が未定義	スパルタンを最も重要な顧客と認定。スパルタンへの価値提案は多額の収益
主なリソース	規制関係の専門知識を持つ数人の管理職に頼り過ぎ	規制と安全に関する業務について研修の増加と範囲の拡大が必要
コスト	高いコンプライアンス（運営管理）コストに対して常にプレッシャー/懸念がある	コンプライアンスは評判と収益（「管理運営」ではない）の主な源泉。むしろ投資の増額が必要！
キーパートナー	独立志向の考え方、ヒーロー気取りの独りよがりの態度、外部パートナーの活用に消極的	相互依存型の考え方、協調的な「手助けが必要です」という態度、外部パートナーの積極的活用

ビジネスモデルの阻害要素
Business Model Disruptors

リアンは次のメンターセッションで、ボリスに自身の完敗ぶりを白状しました。「私はモデルを練り上げてすべて説明しました。でも彼は数分もしないうちに電話を気にしたり時計を見たりし始めました。情報を詰め込み過ぎて、全体的な状況の説明が足りなかったのかもしれません」。
「その通りだよ、リアン。君の志は正しいし、モデルもよくできている。でも、ダミアンとのタイミングについてはどうだろう?」。

リアンは少し考え込みました。「全然合っていませんでした。私が先走ってしまいましたね。ビジネスモデルに関する基礎知識が全くない彼を取り込もうとしてしまった。私は自分のチームのことだけを話して、彼のチームとの関係については触れませんでした。だから彼には必要性が見えなかったんだと思います。また面倒なことを、と思われただけでした」。
「いいかい、君は私と何時間もかけて学んだ」とボリス。「ダミアンだって同じだ。誰かが活用している例を見るだけではなく、最初にビジネスモデルの基礎を学ぶ必要があるんだ」。彼は一呼吸置いて続けました。「一般的なビジネスモデルの5つの阻害要素について考えてみるといいかもしれない」。ボリスはホワイトボードの前に立ち、次の5つのフレーズを書き出しました。

- 成長上のシフト
  （成長、下降、変化、競争、イノベーションへの適合）
- 合併・買収
- 新任のリーダー
- 組織の再編成
- リストラ

「この5つの出来事は、チームや企業にとってビジネスモデルの見直しが必要になる赤信号だ。このリストを見て何か気がついたことはないか?」。リアンは少し考えた後で思わず大きな声が出ました。「私たちは一度に2つのことに取り組もうとしている!」。ボリスはそうだというように笑顔を見せました。『組織の再編成』と『新任のリーダー』は、大抵同時に起きるものだ。この2つの出来事に対するスパルタン社内の反応について、何か気づいたことは?」。

リアンは、今度は即答しました。「誰も再編成によってビジネスモデルがどう変化したのかについては話をしていません。私たちが受け取ったのは新しい組織図だけ」。リアンはふと口を閉ざしました。「鉄打ち屋の文化は内省的ではありません。誰も内部で何が起きているのかは話したがらない。なれなれし過ぎる感じがするのかも」。
「うちの娘なら『うざい』って言うね」とボリス。
「女の子って!」リアンは思わず叫びました。2人は吹き出してしまい、しばらく笑いが止まらなくなりましたが、ボリスが先に冷静を取り戻しました。

「それで、これまでのことをすべて考慮すると、ダミアンとはどう対応するべきかな?」ボリスは尋ねました。リアンは困惑した様子です。「もう1つ、役に立ちそうなツールがあるんだ」と彼は言いました。

ギャップを見つける：イノベーション vs コンプライアンス

Spotting a Gap: Innovate vs. Comply

「このツールは2つのビジネスモデルを並べて方向性の一致と不一致をチェックするものだ」とボリス。ポスターサイズの紙を広げ、リアンのオフィスの壁に貼り出し、アライメントキャンバスの基本について説明します。「商業加工を上位モデル、原子力チームを下位モデルとして描いてみよう」と指示し、リアンが2つのモデルをポスターに描く間、ボリスは座ってその様子を見守っていました。

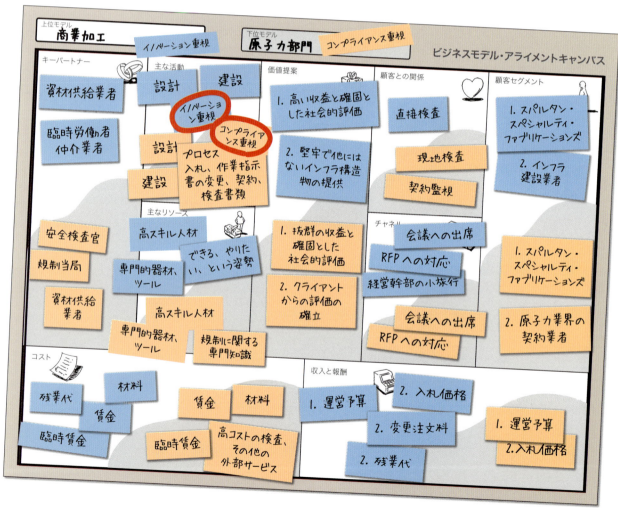

ビルディング ブロック	商業加工	原子力部門
主な活動	スローガン：イノベーション重視！ ゼロから設計・建設することを 重視	スローガン：コンプライアンス重視！入 札、契約、変更注文、検査、建設か ら計画までの文書化を重視
顧客	顧客はイノベーション、スピード、 コスト削減を重視。 規制はゆるめ	顧客はコンプライアンス、注意事項、 正統性を重視。 規制は厳しい
コスト	外部契約者費用は低い。 安全検査官は雇用済み	外部契約者費が高い。 質の高い検査官、監査官、専門技術 コンサルタントは雇用していない
主なリソース	研修の必要性は最低限。 他のスパルタンの部署から必 要に応じて人材を引き抜ける	規制/安全性の関連業務の 研修ニーズは高い。スパルタンの 他の部署に該当する専門性なし
キー パートナー	独立志向の考え方、ヒーロー 気取りの独りよがりの態度、 外部パートナーの活用に消極的	相互依存型の考え方、協調的な 「手助けが必要です」という態度、 外部パートナーの積極的活用

リアンとボリスは、商業加工と原子力チームのビジネスモデルを比較して対照させるのに1時間半も費やしました。その後リアンは、2つのモデルの主な相違点をリストにすることを提案しました。ボリスはきびきびと歩いてホワイトボードに向かい、黒のマーカーを手にしました。リアンが考えを述べ、ボリスが書き留めていきます。

「これはすごい」とリアン。「おかげでダミアンを仲間に引き込むアイデアも浮かびました」。

PINT で説明する
Making the Case with PINT

数か月にわたって、リアンは2名の品質管理技士を追加採用することを承認してほしいとダミアンに迫っていました。上司との3時間のミーティングを申請し、承認されるまで2週間かかりました。**でも待った甲斐があった**、とリアンは後に思いました。

セッションでは、リアンはダミアンにキャンバスの基本を教え、自分の原子力チームのモデルを伝え、商業加工モデルと原子力チームのモデルを並べたアライメントキャンバスを見せました。最後に、大きな手書きの書類を広げてみせ、「ボリスはこれを『価値ある仕事の検出シート』と呼んでいます」と言いました。「私は単にPINTツールと呼んでいますが」。

「まあ、確かに感心したよ」と、ダミアンは最後にそう認めました。「キャンバスのことは数年前に受講したエグゼクティブMBAクラスで習ったのは覚えているが、あれはベンチャー企業だけに向いていると思っていた。PINTツールを見たのは初めてだ」。彼はしばらくブーツを見下ろし、ためらいがちに話し始めました。

「聞いてくれ、リアン」、ダミアンは目線を上げながら続けました。「私は商業加工部門を運営し、原子力と防衛チームを監督し、さらに管理職の業務一般までこなしていて手がいっぱいなんだ。だから、君のニーズが私のレーダーに引っかかってこなかったのかもしれない。それでも、商業加工と原子力の方向性が揃わない理由について君は見事に説明してくれた。どうも無理やりフィットさせようとしていたようだね」。

リアンは、あなたが強制的に原子力チームを自分のグループの下に置いたんではないのですか、と詰め寄りたい衝動を必死に抑えました。それでもダミアンが正直に話してくれたので、自分でも思わぬ言葉がこぼれ出ました。「そうですね、ダミアン、お互いが納得していない状況について、何か手を打ちましょう。一緒にこのアライメントキャンバスを次の経営陣オフサイト会議で発表して、対処策を呼びかけませんか？」。

ダミアンはたった一言の前向きな答えでリアンを驚かせました。

「よしきた！」。

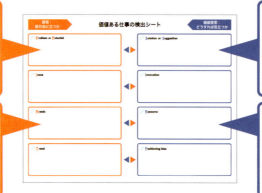

Problem or **P**otential　問題 (P) または潜在問題 (P)
組織再編成でチームのビジネスモデルが破たん。ただ、再編成の前も後もチームモデルの共通定義が欠けていた。活動とリソースが理想的な一致をしていない。

Needs　ニーズ (N)
原子力チームの採用と報酬のニーズが商業加工部と異なる。たとえば、原子力が求める資格のある品質管理技士は、商業加工が利用する安全検査官よりも高報酬になる。

Solution or **S**uggestion　ソリューションまたは提案 (S)
誰もが理解して共有できるチームモデルを協力して定義し、合意する。活動とリソースを適宜調整する。

Resource　リソース (R)
異なる報酬制度によって、原子力はスパルタンの収益目標を達成し続けることができる。その成功はこうした報酬高い専門家の採用次第。

メソッドの承認
The Method Acknowledged

1週間後、オフィスで新しい品質管理技士の募集広告の初稿を見直していたリアンは、人事部が書いたありきたりな職務の説明を見て顔をしかめました。ただ、ビジネスモデルを使って有能な志望者に説明をしている自分を想像すると、じわじわと笑みが広がります。やがて、新しい品質管理技士の役割の特徴を捉えた一般的なパーソナルビジネスモデルをざっと描き、こうした「ロールモデル」を広告する新しい手法を考えることに没頭しました。どうすれば応募者に応えてもらえるだろう？と頭を悩ませていると、不意に誰かがいることに気づきました。

スパルタンのCEOであるフランシスが静かに入口に立って、彼女が気づくのを待っていたのです。

リアンは椅子から飛び上がりました。「あら！こんにちは、フランシス」。

「立たなくてもいいよ」とCEOは答えました。「君がずいぶんと頑張っていると聞いたから、その努力と成果に一言お礼が言いたかっただけなんだよ」。
リアンはその言葉に赤面しながら笑顔を見せ、フランシスは大きな笑い声を上げました。「それと、君は『モデリング』とかいうものを始めたと聞いたんだが、一体何のことだい？皆がドレスアップして出社しなくちゃならないってことでないといいんだが」。
「ええ、もちろん！いえ、その、違います。みんな十分おしゃ

れだと思いますよ」とリアンはしどろもどろになり、CEOと一緒になって笑いました。

「とにかく、君とダミアンのオフサイト会議でのプレゼンを楽しみにしているよ。サマンサに、プレゼンに必要な時間を伝えておいてくれればいい」と言ってCEOは出て行きました。

リアンは胸の動悸が収まらず、電話を取り上げようとして落としてしまいました。思わず蹴とばしてしまい、電話は派手な音を立てて床の上を飛んでいきます。ようやく彼女は電話を拾い上げ、短縮番号を押しました。すぐに聞き慣れた声が答えました。

「ボリス、私です！」とリアン。「金曜日のセッションを明日にできませんか…よかった。それと、いつもより長くかかるかもしれないんです…」。

Chapter 7   **189**

説明者のトレーニング
Training the Explainers

「今日は時間を作ってくださってありがとう、ボリス」。リアンはオフィスの中をパタパタと動き回ってデスクの上の書類を片付け、付箋紙とセロテープと色とりどりの丸いシール用紙を並べました。

「どういたしまして」とボリス。「ビッグチャンスが来たね。セッションにはどれくらいの時間をもらったのかな？」。

「3時間もらえました！あなたと、それにダミアンから1つ学んだのは、それくらいの時間がないと、身振り手振りだけで手法を教えようとするようなものだ、ということです。誰にも使い方が伝わらないままになってしまいます」。リアンは片付けを終え、腰を下ろし、メンターに顔を向けました。

「なるほど」とボリス。「私を相手にセッションのリハーサルをしないか？君が研修をする相手は、今後他の人にモデリングを説明することになるんだ。つまりCEO、Chief Explaining Officer（最高説明責任者）になる人たちだからね」。

リアンは椅子に落ち着き、メンターであるボリスに向かって概要を徹底的に説明しました。時には立ち上がってフリップチャートやキャンバスを指さしながら。要所要所でボリスはアドバイスを挟みました。教え子の知識と情熱にボリスも喜んでいたのです。特にこれが彼女の初めての管理者プレゼンテーションであり、しかも全員が男性の経営陣に向かって行うものだと考えれば感慨もひとしおです。

「準備万端だね」とボリス。「それから、君の共同プレゼンターへ伝えてほしいことがいくつかあるんだ。ダミアンは君ほどものを教えることに向いていないと思えるのでね」。

- 「タッチアンドゴー」を覚えておくこと。つまり、ビジネスモデルがいかに個人の琴線に触れる（タッチ）問題を解決するのかを示せば、新しい場所へと皆が一緒に行ってくれる（ゴー）のです。知性だけでなく、感情にも訴えかけましょう。「カウボーイにだって感情はあるんだからね」と言ってボリスはウィンクをしてみせました。
- グループに対する説明は長々としないこと。参加者はグループで一緒に作業することに多くの時間を充てるべきです。
- 複雑なシステムを表すには第三のモノ（キャンバス、フリップチャート、イラスト、付箋紙など）を使うこと。第三のモノは抽象的な議論を避け、建設的な方向に焦点を向けるのに役立ちます。
- テクニックの練習は一度に1つずつ始めること。1回のエクササイズにいくつものテクニックを組み合わせると混乱を招きます。

「ありがとう、ボリス」とリアン。「幸運を祈っていてください」。

ブレークスルー

Breakthrough

1週間後のオフサイト経営陣ミーティングで、リアンは「ビジネスモデル」という言葉の定義から始め、ハロイド社の普通紙複写機の発明にまつわるドラマチックな例を紹介しました。次にビジネスモデル・キャンバスの概要を説明し、参加者にはチームに分かれてもらって、スターバックスのビジネスモデルを描くという負担が少なく楽しく学べるエクササイズを行いました。休憩の後、ダミアンが商業加工部のビジネスモデルをチームで描く作業のファシリテーターを務めます。

リアンはアライメントキャンバスを紹介し、質疑応答を行いました。次に、ダミアンがアライメントキャンバスの商業加工部のセクションについて説明する「ウォーキングツアー」を行い、キャンバスに付箋紙を貼りながら各ビルディングブロックを説明します。ダミアンのグループはとてもなじみがあるものなので、参加者はさかんに頷きながら聞いていましたが、かつてこれほど明快なビジネスの説明を見たことなどありませんでした。しかしその明快さをしのぐ驚きだったのは、次に明らかになった商業加工部門のモデルと原子力部門のモデルの関係でした。

リアンは、ビルディングブロックの下半分に違う色の付箋紙を貼って自分の原子力部門を表し、チームがどのように運営されているかを説明しました。ところが説明の途中で、管理職たちが不機嫌そうな表情をしたり、いぶかしげな目線を交わしたりし始めました。まるで「この配置はめちゃくちゃだ。どうして何もかもばらば

らなんだ？」と言いたげに。
質問が飛び交い、リアンが計画していたこのセッションの残りの時間は、最高の形で裏切られました。参加者はそれぞれが自発的に前へ出て、付箋紙を足したり剥がしたりし始めたのです。
熱を帯びたディスカッションがグループを支配し、誰も時間のことなど気にしなくなっていました。しばらくして、CEOのフランシスが水の入ったコップにスプーンを打ち付け、部屋の中が鎮まるのを待ちました。

「リアンとダミアンはとても重要なことを示してくれた。我々にとってビジネスモデルとは戦略の変更ではない。わが社は定評のある会社であり、業績も好調だ」とフランシスは言いました。彼が2人のプレゼンターに顔を向けると、部屋の中はいっそう静まり返りました。「それでも我々には問題を把握するための共通の枠組みが必要だ。わが社の運営方法を調整するための、より的確な方法が。それに、協力体制を改善する方法もね。その必要なものが見つかったのかもしれない」。

リアンは必死に平静を装おうとしていましたが、心の中では優勝したマラソンランナーのように喜びをかみしめていました。

再調整
Realignment

取締役会から2か月が過ぎ、今夜はリアンのお気に入りのインド料理レストランでボリスと食事をしています。「私のおごりです」とリアンは言い張りました。ボリスはタンドリーチキンをほおばりながら、リアンがスパルタン社内で驚くべきスピードで起こった一連の出来事と、その結果、リアンもダミアンもようやくほっと安心することができたと語るのを聞いていました。

第一に、スパルタンは政府サービスという新しい事業部を設立し、CEOの直属としました。この新事業部に原子力と防衛のチームが含まれ、リアンは今では政府サービス事業部長と原子力チームのリーダーという2役を任されています。彼女の人材募集と採用のニーズも、スパルタン社内の他のすべての部署と同様に考慮されるようになりました。

第二に、フランシスはリアンのビジネスモデルの取り組みに大いに関心を示しました。フランシスによれば、彼女の仕事は「行動ではなくさらなる討論を招くだけだったいつもの意見の言い合いと、だらだらした議論から脱却するために役立った」とのことです。フランシスは特に、リアンの内部顧客の定義と、スパルタンのチームは「協調活動を妨げる間違った孤立意識」を避けるべきだという主張に感心したのです。

最後に、リアンとダミアンの関係は劇的に改善されました。2人はスタッフの共有を増やし、仕事での協調も増え、商業加工の運営につきものだった極端な収益の増減の波を押さえることができるようになりました。ダミアンはリアンに対し、明らかに態度が丁重になり、敬意を示すようになりました。そして、リアンの勘違いでなければ、ダミアンの靴の趣味も変わったようです。

「それを聞いて安心したよ」とボリスは満足しきった表情で言いました。「ここでの私の仕事も終わったようだね」。

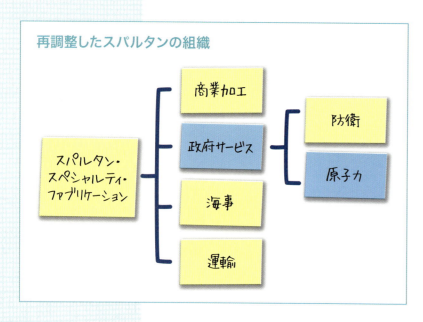

再調整したスパルタンの組織

引き継ぎ
Passing it On

3日後、リアンがデスクで品質管理技士の採用最終試験に残った候補者を見直していると、防衛チームのマネージャーが近づいてくるのが見えました。彼は笑みを浮かべ、両手をこすり合わせていました。これからおいしい料理を味わおうとする人のように。

「さあ、準備はできているよ！」。

「何の準備？」。

「君に、私がビジネスモデリングに取り掛かるためのメンターになってほしい。今の自分の立ち位置から始めようと思う。スパルタンが全社を挙げた取り組みにするのを待っていられないよ。まあ、フランシスがそうしたとしても驚かないけどね。君のおかげで、私たち全員に『気づき』の瞬間が訪れたんだと思う。君は魔法のランプの精を引っ張り出したんだ」。

リアンは微笑みました。「うまくいったことも失敗したことも喜んで教えます。でもまずは…」と彼女はデスクの引き出しを開け、ひっかきまわし、名刺を取り出しました。「ボリスに電話して。その名刺は取っておいてくださいね。いつか誰かに引き継げるように」。

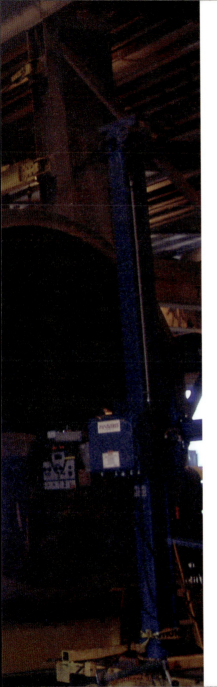

良い方向へ

リアンの経験は、チームのビジネスモデルを使って運営上の問題を解決するという一例です。ただ、リアンは具体的な問題を解決しつつ、スパルタンの社員をさらなるエンゲージメントと方向性の一致に向けるきっかけも作りました。

皆さんも自分の会社で同じことができます。次のチャプターでは、これまで学んだことを総動員して手法を応用する方法を紹介します。保険、ソフトウェア、テクノロジーの業界で、リーダーたちがビジネスモデルを使って改善を実現した例を参考に、あなた自身のニーズに合わせる具体的なプロセスを学びましょう。

Section IV

Application Guide

応 用 ガ イ ド

実例から学び、自分自身、チーム、組織に
取り入れる

Chapter 8

Application Guide

応用ガイド

チームのビジネスモデルを応用するには準備が必要ですが、
全社を挙げての大々的な取り組みは不要です。
このチャプターでは次の点を説明します。

▶チームのビジネスモデル導入のための準備方法
▶ニーズに合わせて適用できる手順を追ったアプローチ
▶3つの異なる組織が、チームのビジネスモデルを使って具体的な問題に取り組んだ例

準備する
Getting Ready

スタートの前に、経験者の教訓から学びましょう。少人数の非営利組織から世界的なコングロマリットまで、多種多様な組織で何十人ものリーダーが手法を活用したときの成功（と失敗）をもとに、苦労して手に入れたヒントをいくつか紹介します。

目的を明確にする
目的を明確にしましょう。ビジネスモデルを使うのは主に問題解決のためですか？それとも機会に対応するためですか？あるいは、ビジネスモデルを使って、チームメンバーにリーダーシップを分散し、個々の自己決定力を伸ばしたいと思いますか？問題解決や機会の対処であれば介入が必要です。メンバーへの対応であれば、継続的な使用と抜本的な変化を起こすことを意味します。ビジネスモデリングはそのどちらにも有効ですし、この2つは重なり合うことも少なくありません。

自分のモデルを先に描く
まだ描いていない場合は、自分のパーソナルビジネスモデルを描きましょう[1]。描くことで手法になじむことができるだけでなく、現在の役割を評価するうえで大いに役立ちます。人生のこの時点で、あなたは自分のしたい仕事をしていますか？現在のチームと組織に対する自分のコミットメントをどう特徴付けますか？ビジネスモデル導入のリーダーとして、自分が口にしたことを実行する準備はできていますか？こうした自問をして答えを出すことが大切です。次に、組織とチームのモデルを描きます。あなたは個人として、この2つのモデルと方向性が一致していますか？この手順を省略したくなっても我慢しましょう。要点はわかっていると思って実際にやらないで済ませてしまうかもしれません。でも、自分でやってみると面白くてためになり、とにかく楽しいですよ。

目標を定め、賛同を得る
スティーブン・コヴィー[2]が勧めるように、最終地点を思い描いて始めましょう。また、チームメンバーが目標に同意していることも確認しましょう。参加者の賛同がなければ、わずかな変化の取り組みでさえ失敗しかねません。「具体的な問題や機会に対応すること」があなたの目的なら、それは「対処する価値のある課題だ」とチームメンバーが納得しているかどうかを確認しましょう。うまく機能しているチームを率いている場合は、チームメンバーの研修やオリエンテーションのための新しい方法として、この手法を試してみること自体が目標だということもあるかもしれません。その場合は、試してみた結果を受け入れて適切な対応を取れるよう準備をしておきましょう。

思考パートナーを見つける
1人で仕事をしないこと！思考パートナーを見つけて、設計と実施を手伝ってもらいましょう。共感してくれる同僚、チームメイト、人事の専門家、コーチ、コンサルタントなど、客観的視点をもたらし、あなたの考え方を検証してくれる相手が必要になります。あなたがチームと離れて立っているのではなく参加者としてプロセスに全面的に取り組めるように、思考パートナーに実施やトレーニングを担当してもらう場合もあります。どのように進めるにしても、サポートしてくれるパートナーがいることで勇気づけられるはずです。

「リスク」を受け入れる

リーダーにとって、チームや個人の目的を従業員と直接話し合うことはリスクがあるように思えるかもしれません。このプロセスが組織を離れるきっかけになってしまうのではと心配する管理職もいます。あるいは、「コントロールが効かなくなるのでは」、と恐れる人もいます。つまり、自分が望むような結論を部下が出してくれないことを恐れているのです。ここは正直になりましょう。すべての仕事は一時的なものです。従業員は去りたいときに去っていきます。チームまたは企業のビジネスモデルに欠点があるなら、それを手遅れになる前に見つけませんか？別の考え方をすれば、こうした根本的な問題に立ち向かわないほうがリスクは高いのではないですか？

プログラムの練習

ほとんどの新しいアイデアがそうであるように、同僚の中にはチームのビジネスモデリングが単なるマネジメントのトレンド（最新の「プログラム」）ではないかと感じ、様子見をしようという人もいるでしょう。そういう不信感も的外れではありません。ある有名なリーダーシップコンサルタントによれば、組織変革の取り組みのうち70%は失敗に終わると言います[3]。従業員エンゲージメントを研究しているポール・マルチアーノによれば、人はプログラムとは「永続的な行動の変化のためのテンプレート」というよりも「期間限定で実施するもの」だと考えているそうです[4]。

柔軟に

柔軟であることが重要です。1つのタイプの実施事項があらゆるところで効果を上げるには、職場はあまりに多様性に富んだ場所です。ツールとは、人間関係においてより効果があり、意義のある交流を促進するためのものにすぎません。たとえば、キャンバスのガイドラインに従うと役には立ちます（また、時には身動きが取れなくなる状況を避けるには欠かせないことでもあります）。しかし、ガイドラインが大きな目標の妨げになってはいけません。何かうまくいかないことがある場合は、全員に対してそれを認め、別の方法を試しましょう。チームメンバーの中に、あっという間にモデリングの活用方法を飲み込んでしまった人がいるなら、学習スタイルのスピードを緩めて他の人が落ちこぼれないようにします。覚えの早い人にはコーチ役をしてもらい、特に学習の初期段階であなたは手が空いているようにしましょう。一緒にビジネスモデリングを学習すると、チームの連帯感が生まれ、全員が意思決定に参加する姿勢を持つようになり、リーダーシップのスキルが伸びるという利点もあります。

ビルギッテ・アルストローム

基本的な実施のアプローチ
A Basic Implementation Approach

基本的な準備が完了したら、始めてみましょう。ビルギッテ・アルストロームが使った実施の手順について紹介します。ビルギッテはデンマーク国営通信事業者のウェブ開発グループ25名のリーダーとしてアプローチを開発し、磨き上げました。

1. チームでビジネスモデリングに取り組んだ後は、リーダーから始める

チームでビジネスモデリングに取り組んだ後は、リーダーから始めます。自分自身、チーム、上司、または組織がすでにビジネスモデルをキャンバスのフォーマットで作成している場合は、それを使ってこの先の手順を進めます。

ビジネスモデルの経験のあるリーダーはほとんどいないので、この先の手順ではあなたが何もない状態から始めるリーダーだと仮定しています。

2. 個人と企業のビジネスモデルを描く（1〜2時間）

信頼できる人物に、これから先のプロセスのコーチ役をしてもらいます。あなたを良く知る人でもいいですし、パーソナルビジネスモデリングに精通している人で、プロセスにおいてあなたの考え方を導き、検証してくれる人でもいいでしょう。

何もない壁に、まっさらのパーソナルビジネスモデル・キャンバスを左側に、まっさらの企業のビジネスモデル・キャンバスを右側に貼ります。

左側のパーソナルキャンバスから始めましょう。1枚のキャンバスに、色違いの付箋紙を使って、現在と将来のパーソナルビジネスモデルを描きます。現在のパーソナルビジネスモデルから始めたいという人もいれば、将来のパーソナルビジネスモデルを描くことから始めたいと言う人もいます。どちらでも、あなたがワクワクする方法で始めてください。

作業を進めながら、右側のキャンバスに企業のビジネスモデルを描きます（すでに完成した企業のキャンバスがあればそれを使います）。個人と企業のモデルについてそれぞれアイデアが浮かんだら、2つのモデルの間を行ったり来たりしましょう。さまざまな顧客を描きましょう。組織、マネージャー、社内部署、あるいは組織外の有償顧客も顧客に含まれます。

現在と将来のビジネスモデルを示すパーソナルキャンバスと、組織の企業のビジネスモデルが完成するまでこの作業を続けます。

3. 企業のビジネスモデルを検証する（2時間）

あなたの企業のキャンバスを、自分の上司、戦略ディレクター、CEO、またはあなたの組織の戦略を熟知している人物に見せます。あなたのモデルは彼らが理解している企業モデルにフィットしていますか？どんな修正が必要ですか？

4. ビジネスモデリングをチームに紹介し、チームのビジネスモデル・キャンバスを描く（7時間）

ビジネスモデルの原則をチームに教える研修を計画します（サポートが必要な場合は、経験豊富なファシリテーターに研修の計画と実施に参画してもらい、自分たちは、内容の検討や成果を上げることに集中できるようにします）。

さまざまなビジネスモデルを紹介し、議論し、描く練習をしてから、チームで自らの組織のキャンバスに取り組みましょう。次に、参加者に各自のパーソナルビジネスモデルに取り組んでもらいます。最後に、グループとしてチームのビジネスモデルを描きます。これで企業、チーム、個人のキャンバスが揃ったので、これから方向性を一致させていきます。

5. オフィシャルな職業能力開発の代わりに、非公式での1対1のディスカッションを頻繁に行う

オフィシャルな職業能力開発の取り組みに代えて、チームメンバーと非公式の1対1のディスカッションを頻繁に行いましょう。デジタル機器に強い従業員は特に、リーダーからのまめな連絡や心からの関心、コミットメントを求めています。毎回物理的に会う必要はありません。こうしたニーズに応えるために、直接会ってもいいですし、ソーシャルメディアやテキストメール、Eメールを使っても構いません。こうした非公式の交流は、定期的に（3か月に1度程度の）30分程度の個人面談で補足します。苦手だ、またはサポートが必要だと感じた場合は、経験豊富なコーチを招き入れましょう。あなた自身のパーソナルビジネスモデルも繰り返し見直して、自分の上司、顧客、パートナーと話し合うことを忘れないでください。あなたの周辺で変化があった場合、またはあなたの個人的状況が変化した場合、こうした変化はパーソナルモデルにどう反映されますか？

6. 率直に話し合ってモデルを改善する

チームとあなた個人のモデルを、チームメンバー、顧客、パートナー、経営陣、リーダー仲間と率直に話し合って改善します。こうした対話は必ずしも対面で行う必要はなく、内密にしなくても構いません。これで、あなたやあなたのチームが今ある理由を説明するためのツールを手に入れました。フィードバックを得ることで、向上し続けることができます。

ブレンダ・コーツ

チームのビジネスモデリングの 3 つの例
Three Examples of Team Business Modeling

これから、チームのビジネスモデルを使って問題または潜在問題、課題、ニーズ、トレンドに対処した3つの組織の例を紹介します。それぞれの組織が、前述のチャプターで取り上げたいくつかのツールを使って、さまざまな課題を特定し、特徴付け、対処する様子を見てください。

カナダのマニトバ州に本社を置くプロテグラは、「ソフトウェア主導型ビジネスのコミュニティ」を自称する会社です。管理職を置かずに運営されており、少人数グループでの社員の自律性と自己管理能力を重視しています。1998年にワドゥード・イブラヒムによって共同創設された同社は、最大78名のフルタイム社員を雇用し、カナダの中小企業雇用主の上位10社に2度ランクインしました。

プロテグラはビジネスモデリングを使って新入社員のオリエンテーションを行い、彼らのまだ開花していない才能を発見し、企業モデルに沿って職業上の成長をサポートしています。プロテグラの問題とニーズを示した価値ある仕事の検出シートを見てみましょう。

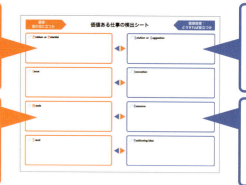

Problem or Potential 問題 (P)または潜在問題 (P)
内向的な技術専門家は、セールス的なビジネス全体像の理解とプロテグラ内で成長するために必要なソフトスキルに欠けがち

Needs ニーズ (N)
技術の専門家は、専門知識を提供するだけではなく、ビジネスのフルパートナーとしてもっと参加しなければならない

Solution or Suggestion ソリューションまたは提案 (S)
新入社員に企業のビジネスモデルのコンテキストでパーソナルモデルを設計させ、プロテグラでの自分の成長をチャートで表現させる

Resource リソース (R)
企業モデルを教え、活動ではなく提供する価値として個人とチームの仕事を再定義する

ブレンダ・コーツはプロテグラのコミュニティ・リーダーを務めています。これは人事取締役にほぼ相当します。次ページから、プロテグラでの職業能力開発においてビジネスモデルが果たす役割をご紹介します。

ケース1. プロテグラ社：職業能力開発の再構築

Case 1. Reinventing Professional Development at Protegra

なぜプロテグラではビジネスモデルを
これほど徹底して導入したのか？

「社長のワドゥードは、ビジネスモデル・キャンバスを活用することにとても乗り気でした。当社が何を作るのか（ソフトウェア対応ソリューション）よりも、どのように価値を作り出すのかを重視しているからです。パーソナルキャンバスを見つけたとき、私は社員の成長を手助けする新しい方法だと思いました」。

「プロテグラの社員は90%が内向的ですが、多くが技術の分野では非常に優秀な人材です。企業モデリングは彼らがもっとビジネス思考の用語を活用することで、言葉にならない非技術的な顧客のニーズを解決するソリューションを考えられるようになる、有効なツールです。パーソナルビジネスモデリングによって、彼らはチーム内の相互依存関係を理解し、より効果的で成功するために必要なソフトスキルを知ることができます」。

「プロテグラでは、ビジネスモデル・キャンバスを戦略の開発と実施に使用します。チームメンバー間の連携を育み、全員が同じ目標を持っていることを確かめられるというのもキャンバスの大きな利点です」。

プロテグラは、パーソナルビジネスモデリングを
活用するためにどのように取り組んだのか？

「私は各セッションで10名の社員に半日のワークショップを行うことから始めました。次に、『ビジネスモデルYOU』から抜き出したエクササイズのワークブックを作り、社員には空き時間に自習するようお願いしました。新入社員には全員に、パーソナルビジネスモデルのワークブックを完了するよう指示しました。社員の半数はもともと内省的ではないと思うので、これは重要なエクササイズです」。

パーソナルビジネスモデリングを習得した社員が、
結果としてプロテグラを辞めるかもしれないことを
心配しなかったか？

「社内でパーソナルビジネスモデルを活用することについて、多少の躊躇はありました。かえって会社がばらばらになるのではと懸念する人もいました。でも最終的に、自分はプロテグラにはフィットしていないと気づいて辞める人が出てくるとしても、その心の準備はしておこうと決めたのです。ツールによって天職に気づくことができ、それが別の場所にあるのだとしたら、結果的にはその人が求めるものを追求する手伝いができたのですから、それでいいのです」。

「正直に言えば、ワークショップは賛否両論がありました。社員の約半分は関心を持って熱心に取り組んでくれましたが、あとの半分はそれほどでもなかったという感じです。中には『私は転職を考えてはいない！』と言って、ワークショップについてクレームを付ける人もいました。数人ですが、パーソナルビジネスモデルに初めて取り組んだ結果、社内で異動をした人もいます。ただ、辞めた人は1人もいません」。

パーソナルモデルを成長の基礎として利用する
Using Personal Models as the Basis for Progress

完了したワークブックはどのように使っているのか?

「必須の個人フォローアップセッションで、ディスカッションの基盤として利用します。こうしたセッションは同僚のジョン・デウィットと組んで行っています。どちらか1人がファシリテーターとなり、もう1人が主にメモを取ります。これは、新入社員には会社に慣れる時間を提供し、その後パーソナルビジネスモデルのワークブックと個人セッションを通して、採用された職種を超えて何ができるのかを見つけるためです」。

そのセッションでは何をするのか?

「まず、社員には共感マップ[5]を使って自分自身について説明してもらい、自分の関心事、個性、スキルをもっと深く見つめてもらいます。重要なことは、個々の社員に、パーソナルキャンバスのあらゆる面をグループと共有するよう無理強いしないことです。ワークブックのエクササイズの中にはとてもプライベートな内容も含まれるので、人によっては仕事と関係のないことで泣き出すことさえあります。仕事場にありのままの自分を持ち込んでいいのだと知ることで、皆が安心してハッピーになれるのです」。

あなたが気づいた成果を紹介してください

「技術スタッフの責任感とエンゲージメントは飛躍的に高まりました。単に技術的な作業を順にこなすだけではなく、クライアントにとって"片づけるべき仕事(job-to-be-done)"について考えるようになりました」。

「また、ソフトスキルの価値についても理解が深まりました。たとえば、ある技術スタッフは、コーチかメンターとして他の人の役に立ちたいと申し出てくれました。パーソナルビジネスモデルで彼の提供する価値は、『技術的な専門知識によって構成されていること』が示されました。ただ、彼はそこから、『技術的な専門知識だけでは他の社員を惹きつけるには足りない』ということにも気づいたのです。もし、コーチやメンターとして誰かの役に立ちたいなら、自分から働きかけて、他人から見て個人的にも親近感を持てるようにしなければならないことに気づいたわけです。単純な発想のように聞こえるとは思いますが、彼のような人にとって、パーソナルビジネスモデリングは確固とした論理のもとに大切なことを納得させてくれるのです」。

PEOPLE DEVELOPMENT
人材開発

「指示待ち型の社員が、いまだ残っているということにも驚きました。ある社員は、『フラットな組織で社員として自律性を尊重してもらえるのはありがたいけれど、任務の指示がないと困ります』と言いました。ビジネスモデリングは、個人レベルでもチームレベルでも、自分で自分の任務を決めることができるようにするものです」。

「全体として、個人セッションは極めて価値があったことは明らかです。組織としての私たち自身について、これがなかったらわかりえなかったことを教えてくれました」。

結果としてプロテグラではどのような変化が起きたのか？

「第一にコミュニケーションの改善です。ビジネスモデリングに関する共通言語を通して理解を共有できたことは、社内のコミュニケーションに大いに役立ちました。ほとんどのプロテグラ社員がこの共通言語を使っています。でも、最大の変化は、個人セッションが業績評価と公式の職業能力開発の話し合いにほぼ取って代わったという点です」。

スキル特定ツール

リーダーの教訓

- ビジネスモデルの活用で、技術者または専門職として高いスキルを持っているが、セールス的な判断力や顧客への関心が低い人に、組織運営のセールス的な側面の重要性を効率よく理解してもらうことができます。

- ビジネスモデルは、チームの目標に貢献することで自身を向上させる方法を示します。パーソナルモデルのレビューは、従来の職業能力開発や業績に関する話し合いに代わる新たな手法です。

- パーソナルビジネスモデルを組織に導入することは、見かけよりはるかにリスクが低いものです。ほとんどの人は、仕事に対する個人的な意欲や希望を表現する機会をありがたく思っています。

ルイジ・センテナーロ

ケース 2.
カットーリカ社：自己決定力に磨きをかける
Case 2. Sparking Self-Direction at Cattolica

カットーリカ・アッシクラツィオーニは創業100年を超えるイタリアの保険会社ですが、世の常として起こりうる問題に直面していました。1500名の社員の多くが自らのイニシアチブで成長していないというものです。むしろ、異動や昇進をさせてもよいだろうと誰かが決めてくれるのを待っている状況です。ところが、従来の常識を超える競合他社の台頭や規制強化による圧力が高まる中で、従業員の流動性の速度を上げることがカットーリカにとって緊急課題となっていました。カットーリカの課題を価値ある仕事の検出シートにまとめると次のようになります。

価値ある仕事の検出シート

顧客：誰の役に立つか	価値提案：どうすれば役立つか
Problem or Potential 問題(P)または潜在問題(P) 社員は運営について理解がなく、カットーリカ社内での自分の成長に対して責任を取ることに受け身である	**Solution or Suggestion** ソリューションまたは提案(S) チームと企業のモデルを理解させるため社員に研修を行う。適切な人事異動を追求する責任を負うように求める
Issue 課題(I) 保険会社に対する支払能力要件の厳格化が必須となり、同様の規制も不可避である	**Innovation** イノベーション 大局的なビジネスの懸念事項に対する意識を高めることを含め、社員にもマネジメントの発想が必要
Needs ニーズ(N) 社員はプロフェッショナルアイデンティティを会社のビジネスモデルの方向性と一致させる必要がある	**Resource** リソース(R) パーソナルビジネスモデリング、プロフェッショナルアイデンティティ、3つの質問のテクニック
Trend トレンド(T) 従来の常識を破るような競合他社が保険業界に参入している	**Positioning Idea** ポジショニングのアイデア(P) 全社員がカットーリカのポジショニングを修正するために役立てるように戦略的思考を民主化する必要がある

INTERNAL MOBILITY 社内流動性

社内流動性の加速化

「80名の社員が人事異動の希望を出しています。中には異動希望者リストに名前が載ったまま延々待たされている人もいます！」と叫んだのはサラ・ギュンタ。35歳の研修能力開発マネージャーである彼女は、分厚い異動希望書の束をテーブルにバシンと打ち付け、訪ねてきた人を驚かせました。「彼らは燃え尽きそうになっているのに、変化には受け身過ぎるのです。助けてくれませんか？」。

ルイジ・センテナーロは考え深げに頷きました。サラの雇用主であるカットーリカ・アッシクラツィオーニはイタリア第4位の大手保険会社です。創業100年を超える老舗として名高い会社ではありますが、昔ながらの運営方法の企業は、今では伝統をうち破る競合他社の台頭で激しい競争にさらされています。サラはルイジに電話をかけ、カットーリカがもっと機動性の高い人事プロセスを開発できるよう手伝ってほしいと頼みました。特に1500名の社員の「社内流動性」のきっかけを作りたいと言うのです。

サラは、ビジネスデザインの原則を活用する人材開発の専門家として、ルイジに近しいスピリットを感じていました。2人は、カットーリカの社員がサラの言うところの不可欠な「メタ・コンピテンス（適正）」、つまり自分のキャリアをマネジメントして、リーダーとより生産性の高い対話をできる能力を伸ばすために、パーソナルビジネスモデリングが役に立つという点で意見が一致しました。サラはルイジと彼のチームに、彼女のプロジェクトに参加してもらうことで合意します。この仕事の発見フェーズで、ルイジとサラはカットーリカの意欲ある異動希望者について次のような問題を発見しました。

- 現在所属しているチームも異動希望先のチームについても、運営について完全に理解していない
- 現在の役割または今後希望している役割で自分たちが作り出す価値に気づいていない
- カットーリカ内にある機会を特定し、理解し、チャンスをつかむポジションに自らを置くことができない
- 効果的に自分を売り込むことの重要性に気づいていない
- キャリアマネジメントの理解に欠け、自分でその責任を負うという気概をほとんど感じない

サラとルイジは、多くの意欲ある異動希望者が、カットーリカ社内で「新しい役割に配置換えできるようにするプロセス」と「付随するスキル」を伝授することに重点を置くことで合意しました。ルイジと彼のチームは、ビジネスモデルの基礎を教え、プロフェッショナルアイデンティティという感覚を参加者の間に芽生えさせる研修シリーズを設計します。参加者がカットーリカで追求しようと選んだ仕事において、自らの判断で行動できるようになるためにです。

研修

The Training

最初に、ルイジのチームは人事およびビジネスユニットの代表者にパーソナルビジネスモデルの基礎の研修を行いました。次にカットーリカのスタッフとともに、意欲ある異動希望者に対する3段階の「工程」について合意しました。1)予備面接、2)研修セッション、3)適切な人事またはビジネスユニットの代表者とのフォローアップミーティングです。目標は、カットーリカ社内で新しいキャリアパスを追求するために必要なスキルを参加者に提供することです。

研修フェーズの4部構成：

1. チームと企業のビジネスモデルの基礎
ビジネスモデル・キャンバスを使ってカットーリカの会社全体の運営と現在の（そして今後所属する予定の）チームの運営について理解を深めます。

2. プロフェッショナルアイデンティティと3つの質問
プロフェッショナルアイデンティティと3つの質問の基礎を教え、カットーリカ社内で新しい役割へシフトするという今後のプロセスに対する個人としての責任の自覚を持たせます。

3. パーソナルビジネスモデルの下書きと調整
「現状」のパーソナルビジネスモデルの下書きを描き、現在の役割と関連する役割のロジックをさらに深く理解します。カットーリカ社内にあるポジションに対する全般的なパーソナルビジネスモデルをここで提示し、方向性の一致したビジネスの役割と、その役割に対する自分のフィットを参加者が理解できるようにします。

4. 対象の役割に適用するパーソナルブランディング
参加者にパーソナルブランディングの研修を行い、上記の3で描いたポジションのうち1つを選ばせます。最後に、参加者は個人の成長計画を話し合って下書きをし、人事およびビジネスユニットのリーダーとのフォローアップ面接で使用する新しい自己プレゼンテーションを練習します。

結果

研修は5か月にわたり、6回の個別のセッションで各回に12〜15人の参加者を迎えて行われました。ルイジのチームとサラは無駄のないアプローチを取り、継続的な最適化を行い、フォローアップ面談をモニタリングし、配置換えの成果を追跡しました。おかげで、このプロセスはイタリアの労働組合から高い評価を得ました。

サラは成果に満足しています。「これまで、参加者の40%が社内で異動しました。これはカットーリカにとっても、もちろん社員にとっても大きな収穫です」。

リーダーの教訓

- 驚くほど多くの社員が、雇用主である会社がどのように運営されているかを理解していません。企業のビジネスモデルを教えることは、この理解を構築するための近道です。
- リーダーは自分で決断する力を提供することはできません。ただ、それを促すための具体的なスキルは教えることができます。
- 「活動」と「価値」の違いを理解できていない社員が多過ぎます。個人とチームのビジネスモデリングを教えることが、この理解を構築するための効果的な方法です。

INTERNAL MOBILITY 社内流動性

マルコ・リンデ

ケース3.
ANT社：雇用主の「ブランド」を定義する

Case 3. Defining an Employer "Brand" at ANT

アプライド・ニュー・テクノロジーズ（ANT）は、ドイツ北部のリューベックに本社を置く社員26名の企業です。エネルギー業界のクライアントに向けた重度の有害物質の除去に使用する精密機器の設計において、世界トップクラスです。しかしANTは有能な人材を惹きつけ、定着させることに苦慮していました。ANTだけが例外ではなく、一般的に技術力が高く特殊な専門職の人々が設立し、かつ社員の多くが似たような人材で占められる企業や組織というものは、魅力的な雇用主としての配慮に欠ける傾向にあります。それを見つけるために、ANTではビジネスモデルに基づく全面的な改革への取り組みを実施しました。

Problem or Potential 問題(P)または潜在問題(P)

有能な人材を惹きつけ
定着させることに苦慮していた

Solution or Suggestion ソリューションまたは提案(S)

有能な社員の
「ブランド」を定義して推進する

毎日が冒険

電話の向こうから「不発弾」という言葉が聞こえたとき、マルコ・リンデはおなじみのワクワクする胸の高まりを感じました。

危険かつ困難な問題に取り組むことは、ANTのCOOである48歳のマルコ・リンデにとって日常業務でした。マルコは20年前にこの会社の共同創業者となり、それ以来世界中のクライアントが彼と彼のチームが提供する機器を頼りにしてきました。爆弾物の処理、水深数百フィートにある残留油井の除去、原子力発電所の廃炉などに利用する機器です。

ANTの成功の秘訣は、独自のウォータージェット技術にありました。これは火花を出さずに、遠隔操作で超硬物質の切削を可能にする技術です。ミッションクリティカルなエネルギーや軍事の分野において、過度の熱やわずかに飛散した火花が大惨事を引き起こす可能性のある状況で主に利用されています。

毎日が冒険だ、とマルコは電話を切りながら考えました。ANTで問題解決に挑戦したり人命の救助に貢献したりすることに満足していましたが、この日の彼は、解消するばかりか、徐々に大きくなっているリーダーシップの問題に直面していることを自覚していました。不発弾撤去ほどワクワクはしませんが、危険度の高さでは引けを取らない問題です。しかもこっちの問題はまるで解決法が思いつかない、とマルコは大きなため息をつきながら思いました。

マルコの問題はシンプルでした。ANTは有能な人材を惹きつけ定着させることに苦慮しており、会社としての存続を左右するまでに影響を及ぼし始めていました。ANTはウォータージェット切削の分野ではトップに君臨し、石油、ガス、原子力の業界では確固たる名声を築いていましたが、この極めて専門的でニッチな業界の外では無名に等しかったのです。

リューベックに1校しかない工科大学の卒業生でも、ANTを知っている学生はごくわずかです。どこの新卒者も同じですが、若いエンジニアはハンブルグやシュトゥットガルトなどの大都市に行きたがるか、シーメンスなどの有名企業や地元の技術大手のドレーゲルなど知名度の高い企業を志望します。

DEFINING AN EMPLOYER BRAND
雇用主としてのブランドを定義する

ANTはまさに「無名のチャンピオン」だ、とマルコは思いました。今やこの会社は重大な転機にありました。マルコは、ANTも雇用主として知名度を上げ、リスクを最小化すべきときが来たと認識していました。しかし、どこから着手すればよいのだろう？

マルコが頼ったのは、ユッタ・ハステンラット博士でした。組織開発と人材のコンサルタントとして、企業と個人のビジネスモデルに精通した人物です。最初のミーティングで、ユッタはいくつか基本的な質問をしました。ANTのビジネスの成功に寄与しているのはどんな社員ですか？そういう人材をどうやって見つけますか？何がANTを魅力的な雇用主にしているのですか？

マルコとユッタが話をすればするほど、ANTが必要なのは有能な人材を惹きつけて定着させる方法だけに留まらない、ということが明らかになりました。必要なのは、世間に向けた明確な会社の「顔」です。つまり、企業文化を表し、採用予定者にとって魅力的な雇用者としての「ブランド」です。

マルコとユッタはANTに関して、次の点における全面的な改革を目指す取り組みを行うことで合意しました。

- 企業文化と雇用者としてのブランド
- 有能な人材を採用、定着、昇進させる手法
- 社員が最も実力を発揮できるポジションにマッチングさせる能力

マルコと経営チームとユッタは9か月以上にわたり、共同でこうした改革のための設計と実行を進めました。ANTとの共同作業を始めたユッタはすぐに、この会社を動かしているのはエンジニアリングの一点だけだということに気づきました。ANTは顧客の特殊な技術的問題だけに依存して成長したため、顧客エンゲージメントのたびに全く新しいANTの製品やサービスの提案を生み出していると言っても過言ではなかったのです。

213

捉えどころのない企業文化を定義する
Defining an Elusive Culture

ユッタ・ハステンラット

テクノロジーへの一点集中型経営のわりに、ANTの社員は独自の団結力の強いチームを作り出していました。多くの社員は会社設立時からの既知の中で、経営の好不調の波も一緒にくぐりぬけてきたメンバーです。ANTは新しい人材を採用しようとしていましたが、新入社員は新参者には理解しにくい企業文化になじまなければなりません。ユッタは、雇用主としてのブランドと適切な採用戦略を作り上げるには、ANTはまず企業文化を定義してビジネスモデルを明確にする必要があると結論付けました。そして目的と活動を次のようにまとめました。

目標	活動
強い雇用主としてのブランドを定義する	企業文化を明確にする
スキルと適正のギャップを特定する	企業のビジネスモデルを定義して共有する
改良版採用・定着の手法を編み出す	各職務のパーソナルビジネスモデルを定義する
社員を効果的に配置する	パーソナルビジネスモデリングを職業上の能力開発の基礎として活用する

管理職から始める

「一部の管理職は、社員が本人の新たな可能性に気づくことで、もっと魅力のある仕事を探すためにこの会社を辞めてしまうのではと危惧しています」とユッタは言います。「だからこそ管理職から始める必要があります。管理職は、その手法が自分個人にとって日常的にどんな価値を持つのかを実感しなければなりません。適切なチームメンバーに作業を割り振り、全体としての職場環境を改善するためにどう役立っているのかを」。

「ANTでは、これに対応するために管理職に対する『プレワークショップ』を行いました。チームと全社員向けのセッションより数週間前に、実際にセッションのリハーサルを行い、手法と具体的なエクササイズを管理職に対して試してみたのです。彼らは自分で試してみた後で、結果についてディスカッションをしました。その過程で、社員のパフォーマンスと成長に関するディスカッションにこのアプローチを採用しようと決めた人もいます」。

ANT精神

ユッタは企業文化定義の特別セッションを企画し、少人数の社員のグループに、仕事で起きたワクワクすることについて話し合ったり、同僚が笑ってくれるかもしれないジョークを言ってみたりするよう提案しました。ユッタはANTの社員が密接に協力しながら仕事をする姿を知り、顧客のやっかいな問題に協力して取り組むという「冒険」にどれほど大きな価値を見出しているのかを知りました。セッションから、この会社に満ちている精神を表す2つのフレーズが生まれました。「お客様の問題は私たちの冒険です。私たちがテクノロジーの歴史を描いていきます」。今こそANTのビジネスモデルを定義する時です。

暗黙のビジネスモデルに光を当てる
Illuminating a Tacit Model

ANTのビジネスモデルを可視化することで、重大な課題が浮き彫りになりました。技術的なソリューション構築に精力を傾けるあまり、顧客獲得を運任せにしてしまっている、という点です。ほとんどの新規顧客は、これまでのクライアントからの紹介によるものでした。ANTが緊急で必要なのは、経験豊かなビジネス開発の専門家でした。

企業モデルに取り組みながら、ユッタとANTの経営陣はパーソナルモデリングを使ってビジネス開発マネージャーのプロフィールを、特に価値提案に焦点を当てて作成しました。次に、ユッタ自身のプロファイリングテクニックにより、ANTの企業文化と調和する詳細な職務明細書を作成しました。ANTは管理職のヘッドハンターや募集広告に採用情報を提供するのではなく、新しいポジションの社内募集をかけ、2、3の社外パートナーにも声をかけました。

このアプローチがうまくいきます。ユッタの公開キャリアワークショップで、あるエンジニアが描いたパーソナルビジネスモデルがANTのプロファイルとぴったりマッチしていたのです。ユッタがこのエンジニアをANTのCOOに紹介すると、2人はすぐに意気投合しました。

「パーソナルビジネスモデルのアプローチは、企業文化とのフィットを見極めるには非常に有効だということが誰の目にも明らかでした」とユッタ。「ANTは企業のモデルと新入社員のプロフィールで、どんな会社かを明確に表現しました。採用される側からすれば、自分の価値とANTの価値との方向性が一致していることを即座に把握することができ、この会社についてもっと知りたいと感じます。両者の初めての出会いは、パーソナルビジネスモデルの用語を共通言語として使って話し合うことで、雇用主と従業員のフィットを評価するうえで非常に有効だということを明らかにしてくれました」。

それ以来、ANTは採用に同じアプローチをとっており、1人採用するごとにこの手法を少しずつブラッシュアップしています。インターンを惹きつけ、地域社会でANTの存在感を高めるため、地元大学の工学科の学生に対するプロセスも修正しました。

個人の活動と企業の目標を一致させる
Aligning Individual Actions with Enterprise Aims

ANTの経営陣はさらに進歩することを決意し、ビジネスモデリングを使って個人の活動を会社の目標に一致させることを目指しました。ユッタは、全社員のパーソナルビジネスモデルをANTの企業のモデルに統合するための研修を計画します。

最初の全社員セッションは、はじめにANTの企業のキャンバスを大型スクリーンに映し出して全員が見えるようにし、新しいサービスのアイデアと会社の今後の見通しについてディスカッションをしました。視覚的なモデルのおかげで、全員がANTのことを「生きた相互依存型システム」として捉えることができ、あらゆるものが他の何かしらと結びついていることを理解しました。

「収益と費用の現実を目の当たりにして、目から鱗が落ちた社員が多かったようです」とユッタ。「新しいデバイスだけでは成功するビジネスモデルは作れないということを、自分の目で確認できたからです」。

そこでユッタは、参加者にANTのビジネスモデルに対する各自の貢献度を示すため、該当するビルディングブロックに匿名で付箋紙を貼るように伝えました。ユッタの予想通り、「チャネル」のビルディングブロックに付箋紙を貼った人は1人もいませんでした。ほぼ全員が、エンジニアリングの専門家（主な活動）または技術的問題の解決担当者（顧客との関係）だと自認していたのです。ぎっしりと貼られた付箋紙が、真の問題を明らかにしていました。ANTには見込み客に対するマーケティングリンク（チャネル）が必要だということです。

この事態の救世主となる隠れた才能を発掘するため、ユッタはフォローアップとして、より踏み込んだパーソナルビジネスモデル研修セッションを行いました。

企業の理解を個人の役割とつなぐ
Connecting Enterprise Understanding to Individual Roles

パーソナルビジネスモデル・キャンバスを紹介した後で、ユッタは価値提案のコンセプトに重点を置き、ANTが募集をしている新しい倉庫担当者を例に挙げました。参加者には「現状」のパーソナルビジネスモデルを描いてもらい、各自の才能プロフィールと価値提案を同僚と見せ合うようにしました。

次に、ユッタは参加者に将来のパーソナルモデルを描かせ、その「理想」のモデルをANTの企業のキャンバス内に置いてもらいました。そうすることで、一部の社員は顧客関連の業務は自分の担当だと想像していることがわかりました。ここで再度、企業のキャンバスを大画面に映し、参加者が「大局的視点」を持てるようにし、社内での将来の機会を視覚的に捉えられるようにしました。

「何人かの社員は、ANTの本来の姿をようやく理解できたと言いました。そして、ANTの採用情報を友人や知人に知らせることも考慮できるようになったと言い始めたのです」とユッタは言います。

価値提案から職業上の成長へ
From Value Proposition to Professional Development

雇用主としてのブランドをブラッシュアップするというANTの挑戦の次のステップは、社員が自分自身の職業上の成長パスを作る研修を行うことでした。

数回のセッションを通じて、ユッタは少人数のチームでパーソナルビジネスモデルを細部まで書き込む作業をさせました。それぞれの社員は、現在の仕事を示した「現状」のキャンバスを描いた後で、将来の役割を思い描いて「理想」のキャンバスを描きます。その結果、「社員は自分の成長を目指すキャリアデザインを作り上げました。これは、職業上の成長において自ら決定を下して責任を取るという姿勢を養うための作業です」とユッタ。

一部の社員は、自分にはさらなる技術的訓練が必要だと気づきました。他にも、特定のリーダーシップスキルが不足していることを自覚した人や、マネジメントに対する意欲を試すために、少しずつ監督者の仕事を任せてほしいというスタッフもいました。この研修にはANT社員全員が参加し、その結果、一人ひとりに実践的な成長プランができたとユッタは言います。

「全員にとって会社のビジネスモデルが明らかになりました。ですから、こうしたキャリアデザインはその後の管理職と直属の上司との間でパフォーマンスに関して話し合う際のよい叩き台となりました」。

市場の変化に遅れを取らず、大局的な視点を持ち続けるため、ANTは企業と個人のモデルの方向性が一致していることを確認するために、毎年「才能と戦略の日」を設けることを計画しています。

ANTの発見
ANT's Discoveries

雇用主のブランド化、人材開発、ビジネスモデリングの3つを組み合わせることで、ANTは新入社員を獲得して会社になじんでもらうための、実践的でありながら非常に戦略的なアプローチを作り上げたとCOOのマルコは言います。今ではANTの社員は、新入社員と新しいクライアントの発掘に貢献する「理想的な親善大使」だとも言います。社員は雇用主の価値提案を理解し、熱意を込めて明確にそれを伝えることができます。さらに、彼らは自分自身のためにも他の人のためにも、社内で個人的な成長の機会を見つける方法も知っています。

ユッタはさらに、ANTのニーズを理解しながら、同時に企業のモデル内での個人的なベネフィットを求めることは、「私たち」のパワーを強化し、会社を盛り立てる意欲も湧くと付け加えます。一人ひとりの社員こそANTであり、ANTビジネスモデルの一部でもあります。社員は自分のニーズを知っており、「理想」のパーソナルモデルに向けて成長したいと願っているため、個人の成長について話し合うときは、上司に対して「部下」というよりも「仲間」として交流できるようになりました。

リーダーの教訓

- 雇用主のブランドは企業文化によって裏付けられ、企業文化はチームの結束力を表し、それが採用候補者にとって魅力になります。ピーター・ドラッカーが繰り返し指摘したように、「どんな戦略でも文化の前には歯が立たない（culture eats strategy for breakfast）」のです。
- 社員が会社を辞めるのではという管理職の懸念は真剣に受け止め、早めに対応しましょう。手法を最初に管理者に示し、パーソナルビジネスモデリングは社員を会社から遠ざけるのではなく、むしろ組織に近づけるものだということを理解してもらいます。
- この手法は個人の活動（私）と企業の目標（私たち）の方向性を効果的に一致させます。
- 局所的な運営上の問題に見えることが、システム全体の問題の一例だということも少なくありません。ビジネスモデルに取り組むときは、さまざまな挑戦に向けて心の準備をしておきましょう！

Things to Try on Monday Morning

月曜日の朝に取り組むこと

ローンチブリーフィング

さあ、次は皆さんがチームのビジネスモデルを活用する番です。「チームの理念の下書きを作る」(17ページ)を見返してください。その後、「**Why**を明確にする」(175ページ)を振り返ります。この2つのエクササイズをじっくり考えた後は、下のローンチブリーフに書き込んでください。

1. なぜ私はこれをしたいのか？

2. 成功とはどんな状態か（測定可能な成功指標を1つ定義する）

3. その実現のために必要な手順を定義する

4. ローンチブリーフィングの記入を終えたら、思考パートナー（232ページ参照）と共有して進め方を話し合ってください。

Chapter 8

Section 4

変化を起こす
Making It Happen

本書でこれまで説明してきたことは、すべてここへと通じる道程でした。早速チームのビジネスモデルに取り掛かってみましょう。前ページのローンチブリーフィングを記入し終えているなら、すでにあなたは一歩踏み出しています。あとは必要に応じてこれまでのチャプターを見返すだけです。

もしもまだローンチブリーフィングに取り掛かる心の準備ができていないなら、チャプター9へ進みましょう。『ビジネスモデル for Teams』を締めくくるこのチャプターでは、チームビジネスモデリングの取り組みにおいて起こりうる5つの段階を簡単におさらいし、各段階で役立つエクササイズやテクニックを新たに1つ紹介します。概要は次の通りです。

1. モデリングの目的を定義する
本書のいくつかのエクササイズを使ってビジネスモデリングの取り組みの目的を定義します。次に、プレブリーフィングで取り組みに関する特定のアプローチの実行可能性を仮想的に「テスト」します。

2. リーダーのパーソナルビジネスモデルを描く
パーソナルビジネスモデルの描き方の基礎はもうご存知ですね。「ペアを組んでシェア」エクササイズをすることで、自分自身のモデルの理解がより深まります。

3. 企業のモデルを描く
企業のモデルを描く準備として、「思考パートナーの選考とブリーフィングのヒント」に従います。次に、「声に出して考えるラボ」で企業モデルについてより広い（そして深い）視野を獲得します。

4. チームの研修をしてチームと個人のモデルを描く
ジグソーエクササイズを行います。これはチームのビジネスモデルを360度から見つめ、最終定義に賛同を得るための説得力のある方法です。

5. ディスカッションと決定
ビジネスモデルによる気づきとその影響をチームメンバーと話し合い、何をするのかについて合意します。「映画の早送り」エクササイズで、影響に対する合意から活動に関する合意まで進むことができます。

Chapter8 223

Chapter 9

New Ways to Work

新しい働き方

1. モデリングの目的を定義する

1. Define Your Purpose in Modeling

スタートの前に、まずはビジネスモデリングに取り組む目的を定義しておきましょう。これまで本書では組織とチームの目的について考える2つの機会を提供しました。まだ取り組んでいない場合は、チャプター1（17ページ）に戻って、「チームの理念の下書きを作る」を完了してください。次に、チャプター6（175ページ）の「Whyを明確にする」エクササイズを行います。

この2つのエクササイズは似ています。両方を完了するか同じエクササイズを何回か行うと、自分の回答に違いがあることに気づくかもしれません。それは至って当たり前のことです。ビジネスモデリングの世界へようこそ！完璧主義は忘れましょう。その代わり、あなた自身とあなたの部下たちのために、シンプルで対応可能な

「Why」の定義を目指しましょう。

その「Why」の定義から、ビジネスモデリングの取り組みの目的を決めます。必要なのは、問題を解決することですか？チャンスを活かすことですか？リーダーシップの分散ですか？チームメンバーに自分で考えて行動するよう奨励することですか？

ビジネスモデリングに取り組む目的を合理的に定義できたと感じたら、仕事に対するさまざまなアプローチの実現可能かを「テスト」したくなるかもしれません。ここでプレブリーフィングが役に立ちます。

プレブリーフィング

デブリーフィングが、反省から学ぶための優れた方法だということは誰でも理解しています。ある仕事を終えたら、チームは犯したミスや間違っていたと証明された仮定などを見直した後で、次回同じような問題を防ぐための方法についてブレインストーミングを行うべきです。

しかし、チームが仕事に取り掛かる前にこうしたミスを予測していれば、結果はより良いものになったはずです。これこそ、プロジェクトが始まる前に行うプレブリーフィングの考え方です。ここでは、失敗や目標を下回る成果につながるリスク、予想外の出来事、欠けている行動や軽率な行動を想像してもらいましょう。

プレブリーフィングセッションを行うのは簡単です。これは思考パートナー（またはこの作業を行う予定のチーム）と一緒に行うと最も効果があります。考えを頭から取り出して紙に書き出すというのが大切な最初の一歩です。しかし、共感してくれる聞き手を前にあなたの考えを口に出してみると、1人で仕事をするよりもはるかにプロジェクトが捗ります。もし1人で進めているなら、今こそ思考パートナーを見つける時です（これについては後ほど詳しく説明します）。

プレブリーフィングは、「うまくいかないかもしれないものは何か」という質問を尋ねてディスカッションをするだけです。懸念事項を声に出してリストにし、リスクや可能性の大きい順に並べ、最後に対策案を決めます。必ずうまくいくのは何か？いい意見をメモして手元に残しましょう。

プレブリーフィングをチームと一緒に行う場合は、回答は口頭より書いて提出してもらったほうがよいかもしれません。これにより、さまざまな見方が集まり、その後のディスカッションが最初の発言者や自己主張の強い発言者に主導されてしまうのを回避することができます。正式なリスク分析に対しては、経験に基づくコメントを奨励します。次にコメントをリストにし、優先度順に並べ、防止のための活動を決めて仕事の一部に組み込みましょう。そして、これからの機会に対する前向きな言葉で締めくくります（脅威や予防策についてのコメントは控えめに）。

デブリーフィングに関する注意点

デブリーフィングは継続的改善を促すためのものですが、時には先に進まなければというプレッシャーから、また時には仕事の過程で生じた対立が解消されておらず、話し合うことをためらう気持ちから、省略されてしまいがちです。ここでリーダーは現実を直視しなければなりません。仕事の完了を優先するご都合主義のために、関係性をないがしろにしていませんか？もしそうなら、大きな学びの機会を逸することになり、チームもあなた自身も成長の幅を狭めていることになります。**プレブリーフィング**を始めたら、**デブリーフィング**に使う新しい「第三のモノ」ツールが手に入ります。次のデブリーフィングでは、プレブリーフィングで描いた失敗例のシナリオあるいは「うまくいかないかもしれない」リストを共有し、どの脅威が想定通りであったか、または回避できたかを確認しましょう。そして成功を祝いましょう！

2. リーダーのパーソナルビジネスモデルを描く
2. Draw the Leader's Personal Business Model

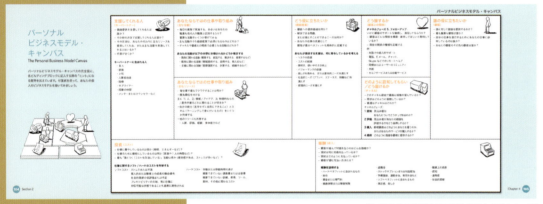

パーソナルのビジネスモデルを描く（104ページ）

ステップ3.

私は直感的に、分かち合うべき隠れたストーリーを発見する。
私が書いた文は取材対象者が読むと誇りと達成感を感じる。
私は組織の枠を超えて戦略的で納得感のあるストーリーを生み出す企業外交官である。

「プロフェッショナルのアイデンティティ」エクササイズ（110ページ）

ビジネスモデルの取り組みにパーソナルビジネスモデルも含まれる場合は、あなたが自分でパーソナルキャンバスを使ってみることが重要です。チャプター4にパーソナルビジネスモデルの描き方が説明されています。まだ描いていない場合、104ページのキャンバスを使って自分のパーソナルモデルを描いてください。また、110ページの「プロフェッショナルアイデンティティ」エクササイズも行いましょう。次に、「スカイルゾーン」（119ページ）を使って、自分をモデルにして仕事のスタイルを検証します。最後に、202ページのアプローチを試してみてください。ここでは、パーソナルビジネスモデルと職場の企業モデルの両方に同時に取り組みます。パーソナルモデルを描くと、自分のことが（恐ろしいほどに）丸見えになります。また、より速く進化するために、パートナーと一緒にパーソナルモデルに取り組みましょう。次の2人用エクササイズがうってつけです。

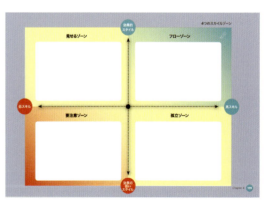

スカイルゾーン（119ページ）

228 Section4

ペアを組んでシェア

「ペアを組んでシェア」エクササイズは、パーソナルビジネスモデルを使って2人で助け合いながら自分たちの役割とチーム/組織との方向性の一致を明らかにすることができます。思考パートナーと一緒に、リーダーとしてのあなたのパーソナルビジネスモデルに取り組みましょう（次ページで「ペアを組んでシェア」をチームに使う方法も紹介します）。

☐ 目標
あなたの役割ならびにチーム/組織との方向性の一致を明確にします。

☐ 要件
大判のパーソナルビジネスモデル・キャンバスのポスターをあなたと思考パートナーに1枚ずつ用意して壁に貼り付け、色違いの付箋紙と2本の黒のマーカーも用意します。

☐ 準備
両参加者が企業と個人のキャンバスに精通していること、自分のパーソナルモデルを描いたことがあること。

☐ 手順
誰がクライアント役になるのかを決め、クライアントのキャンバスの前に立ちます。パートナーはコーチ役を務めます。

クライアントはコーチにパーソナルビジネスモデルを説明します。顧客、価値提案、主な活動や他のビルディングブロックについてだらだらと説明しないようにしましょう。また、なストーリーの形にし、主な活動や他のビルディングブロックについてだらだらと説明しないようにしましょう。また、コーチは内容を明確にするための質問をして、クライアントのモデルを十分に理解します。

次にコーチは「ペアを組んでシェア」の鍵となる「あなたのモデルで最大のペイン（＝苦痛な）ポイントは何ですか？」という質問をします。クライアントは、特定のビルディングブロック内のペインポイントを指します。コーチはここで色の違う付箋紙にペインポイントをまとめ、その付箋紙を「ペイン」のあるビルディングブロックに貼ります。

続けて、コーチはペインポイントが他のビルディングブロックにある要素とどのように関連しているか、またはどのようにビルディングブロックから生じているのかを尋ねます。こうした要素をどのように修正すればペインに対処できますか？ペインポイントと、チームまたは組織とクライアント個人の方向性との関係はどのようなものですか？クライアントとコーチは協力してアイデアを色の違う付箋紙に書き、該当するビルディングブロックに貼り付けます。

デブリーフィングを行ったら、次に役割を交代します。コーチがクライアントに、クライアントがコーチになります。新しい役割でエクササイズを繰り返し、もう一度デブリーフィングをしましょう。

Chapter9 **229**

チーム向け
「ペアを組んでシェア」応用編

チーム向けの「ペアを組んでシェア」の応用編です。基本的には、リーダーから指示やフィードバックを受けるのではなく、部下が互いに協力し合うようにします。同僚同士のコーチングは 1) リーダーのコーチングより効果が高く、2) より効率的でエンゲージメントの高まる仕事のやり方であり、3) 行動を変える経験を生む効果の高い方法です。

☐ 会場と材料の要件

参加者1人につき大判のパーソナルビジネスモデル・キャンバスのポスターを1枚、黒のマーカーを1本、色違いの付箋紙も用意します。会場は、大判のキャンバスを壁に貼り、参加者がペアで活動しても窮屈さを感じない広さのある場所にしましょう。

☐ 準備

参加者全員が企業と個人のキャンバスに精通していること、初めてのパーソナルモデルを事前に壁に貼ったキャンバスに描いていること。「ペアを組んでシェア」は、参加者が最初のパーソナルモデルを描いた直後に実施することもできます。エクササイズの手順をKeynoteやPowerPointのスライドにして映し出し、参加者が参照できるようにしておくとよいでしょう。エクササイズの各ステップは制限時間を設け、タイマーを映し出して参加者が残り時間を意識できるようにすることも検討しましょう。

☐ 手順

「ペアを組んでシェア」というプロセスでは、参加者が互いにコーチを務めることを説明し、参加者をペアにします。たまたま隣り合って座っていた人同士をペアにしてもいいですし、ソーシャルエンジニアリングを駆使して、事前に誰と誰が組んだら最も大きな成果が上がるかを決めておいてもよいでしょう。

各ペアには、最初にクライアントになる人を決めてもらい（もう1人がコーチになります）、その後、壁に貼ったクライアントのキャンバスの前に移動してもらいます。

次のように指示します：

クライアントはパーソナルビジネスモデルを簡潔にコーチに説明してください。クライアントは顧客と価値提案を中心に仕事のストーリーを伝え、主な活動や他のビルディングブロックについてだらだらと説明しないようにします。一方コーチは、クライアントのモデルを理解できるまで質問をして不明点を解消します。次に、「ペアを組んでシェア」の鍵となる「あなたのモデルで最大のペイン（＝苦痛な）ポイントは何ですか？」という質問をします。そして、クライアントが特定のビルディングブロック内のペインポイントを指しているか確認してください。色の違う付箋紙にペインポイントをまとめ、その付箋紙を該当するビルディングブロックに貼って、クライアントを手助けします。

さらに指示を出します：

コーチは、ペインポイントが他のビルディングブロックにある要素とどのように関連しているか、またはどのようにビルディングブロックから生じているのかを尋ねてください。こうした要素をどのように修正すればペインに対処できるかも尋ねましょう。ペインポイントと、チームまたは組織との方向性との関係はどのようなものですか？クライアントと協力して、アイデアを色の違う付箋紙に書き、該当するビルディングブロックに貼り付けてください。

ペアの役割を交代します：

コーチだった人がクライアントに、クライアントだった人がコーチになり、エクササイズを繰り返します。

最後にデブリーフィングを行い、参加者に「発見したこと」と「（それに基づき）とるべき行動」を共有してもらえば、より大きな気づきを得られます。

3. 企業モデルを描く
3. Draw the Enterprise Model

企業のビジネスモデルを描く準備ができたら、チャプター2の54ページのエクササイズを参照します。その後、企業モデルを描き始めましょう。途中で手が止まってしまったときは、同様のビジネスモデルの例を見つけてヒントやアイデアを探します。企業モデルがほぼ完成したら、ここで思考パートナーに参加してもらいましょう。

思考パートナーの選考とブリーフィングのヒント

思考パートナーの主な役割は、あなたが最初に描いたビジネスモデルの内容よりも考えを深めて広げるために役立つ質問をすることです。思考パートナーに求められる資質には次のようなものがあります。

1. 聞き上手であること。相手が発する言葉の文字通りの意味を超えて、
   何を伝えたがっているかを聴きとれる人

2. アイデアの良し悪しの判定や批判ではなく、
   純粋な好奇心を持ち、自由回答型の質問ができる人

3. チームとより大きな組織に関する基本を理解していること。
   基本を説明する必要がない人

4. 組織内の相互依存を見極め、ビジネスモデルに精通したシステム型思考ができる人

5. 話し合った仮のアイデアや計画について秘密を守れる人

6. あなたが明確で簡潔であるよう後押しをしてくれる人

思考パートナーの適任者リストを作ったら、「声に出して考えるラボ」（次ページに説明しています）で企業モデルについてより広い（そして深い）視野を得ましょう。

232　Section4

声に出して考えるラボ

思考パートナーがすでにビジネスモデルを熟知していることが理想ですが、そうでない場合は有名な企業や自社に似た組織の例を使って、集中的にキャンバス研修セッションを行う準備をしましょう。研修の例に自社を使うのは避けてください。これは「声に出して考えるラボ」セッションの本番で取りかかるミッションクリティカルな作業です（注：この人にビジネスモデルの研修を行うことは投資であり、今後お互いの相談役となるうえで何度もその恩恵を受けることになります）。

☐ 目標
チームと共有できる、実践可能な企業のビジネスモデルを作成すること。

☐ 準備
「ペアを組んでシェア」と同様ですが、これは企業の経営を深く理解している2人に向けた取り組みです。参加者はどちらもビジネスモデルに対するキャンバスアプローチに精通していることが条件です。パートナーに、良い質問を投げかけてもらうこと、まとめの声明文と観察結果を提供してもらうことが必要であると説明しましょう。彼らの仕事は、あなた1人の胸の内で考えられることよりも、広く深く考えられるよう後押しをすることです。

☐ 会場と材料
邪魔が入らずに作業ができる、静かでプライベートな空間を用意します。大判の企業のビジネスモデル・キャンバスのポスターを壁に貼り、色違いの付箋紙と2本の黒のマーカーを準備します。

☐ 指示
企業モデル（あるいはあなたのチームが方向性を一致させる対象となる上位モデル）を描くことから始めましょう。シンプルで明確なビルディングブロック要素の説明を付箋紙に書き、キャンバスの該当する場所に貼ります。貼りながら、自分の書いた内容と、なぜそれが重要なのかをパートナーに説明します。パートナーの仕事はあなたの意見を引き出すことです。「なぜそれが重要なのですか？」「それについてもっと話してください」「価値提案ではなく、活動について説明しています」といった質問や指摘をします。企業についての知識がある人なので、あなたが書き忘れたものや違った解釈をしている点について気づいてくれます。

キャンバスへの記入を終えたら、数分をかけてモデルの「ナレーション」をします。企業は誰の役に立っているのか、どんな価値を提供しているのかについて、明確で簡潔なストーリーを語る時間です。このビジネスモデルのストーリーを語る練習を何回か行い、その都度パートナーからフィードバックをもらいましょう。この練習は、ストーリーが簡潔で聞き手に訴求できる内容になったと2人ともが同意できるまで、そしてあなたが「その…」「ええと…」「つまり…」といったつなぎ文句を言わずに語れるようになるまで繰り返しましょう。「声に出して考えるラボ」の利点の1つは、あなたがビジネスモデルのストーリーを試して練習を積んでから、一言一句が意味を持つような状況で他の人たちの前で説明できるという点です。

Chapter 9　233

4. チームの研修をして
チームと個人のモデルを描く

4. Train Your Team, Draw Team and Personal Models

本書で紹介したすべてのことが、何らかの形でビジネスモデルの研修、社会化、実験につながっています。各チャプターには、あなたと協力者たちがビジネスモデルの取り組みを計画して実践を成功させるために役立つテクニック、エクササイズ、ヒントが詰まっています。ステップ4は特に取り組みの中心となるものです。ここでチームのビジネスモデリングの研修を想定し、メンバーにチームと個人のビジネスモデルを描いてもらいましょう。

「ジグソーエクササイズ」は、体を動かしてチームモデルの定義をする方法です。自分で考えて行動するという姿勢を要求しますので、副次的なベネフィットも生まれます。ジグソーパズルのように、全員が1つか2つのピースを出し合って全体像を作り上げるのです。

ジグソーエクササイズ

このエクササイズは、チームメンバー自身にチームモデルを作り上げてほしいと考えるリーダーに向けたものです。モデルについて合同で定義し、意見が一致しているチームメイトなら、モデルへの取り組みも真剣になるでしょう。そうすれば、自ずと「合意したチームモデルに対する貢献」という観点から「個人のモデルを定義（または再定義）すること」が、チームメンバーにとって次のステップになります。

☐ 目標
チームメンバーにチームのビジネスモデルを定義して合意してもらう。

☐ 必要な会場や備品
グループ全員が入って動き回れる広さの会場で、大判の企業のキャンバスポスターを事前に貼り付けておき、2〜3名の参加者ごとにポスターを1枚割り当てます。キャンバスは間隔を空けて貼り、2〜3人のグループが窮屈な思いをせずにキャンバスに向かって作業ができ、室内を自由に歩き回って他のキャンバスを見に行けるようにしましょう。また色違いの付箋紙と、参加者1人につき1本の黒のマーカーを準備します。さらにタイマーを映し出しておくと、ベルやホイッスルのように交代を知らせる合図になるので便利です。

□ 準備

参加者は企業のキャンバス研修の基礎編を受け、チームのビジネスモデル作成の概念を理解しておく必要があります。

□ 手順

1. 参加者に、これからチームのビジネスモデルを作成することを説明します。グループを2〜3人のサブグループに分けましょう（4人以上のグループでは効果が下がりがちです）。チームはアットランダムに決めてもよいですし、誰と誰を組ませるかを事前に決めても構いません。

2. サブチームに、チームの全体的なビジネスモデルを描いてもらいます。この作業は制限時間（15〜30分が妥当）を設け、スケジュールに沿って進めます（タイマーを映し出しておくと皆が時間を守れます）。各サブチームは他のチームを気にせず、それぞれ独立してこの作業を進めます。

3. 制限時間が近づいたら、次のように指示します。「最初に、メンバーの1人をチームのビジネスモデルの『説明者』にします。次に、6分の制限時間で『ジグソー』を行います。ベルが鳴ったら、チームのビジネスモデルの説明者はキャンバスの前に残り、他のメンバーは『ビジター』として時計周りで次のグループのキャンバスへと移動します。そのグループのチーム・ビジネスモデルの解釈について説明を聞き、質問をしてください。制限時間は6分間なので、てきぱきと進めましょう。ビジターは付箋紙を使ってビジネスモデルに対するコメントを書きます。もう一度ベルが鳴ったら、また次のグループのキャンバスへ移動し、説明を聞いて質問をします。これをビジター全員がすべてのチーム・ビジネスモデルを見終わるまで続けます。説明者はキャンバスのところに留まり、部屋の中を動き回りません」。

4. 時間を測って移動をします。たとえば、4つのグループがある場合は、4回移動する必要があります。説明者は、ビジターのフィードバックに応じてその場でモデルに修正を加えても構いません。

5. ビジターに元の場所へ戻ってもらい、同僚と他のチームのモデルから学んだことについてディスカッションをします。その後で自分たちのチーム・ビジネスモデルの書き直しや修正をして、気づきや理解が深まった点を反映させます。

6. この時点で、室内にいる全員が、チームモデルの複数のバージョンについて理解したことになります。全般的なディスカッションをしたり、各サブチームに（改訂版）モデルを発表してもらったりもできます。あるいは伝統的なアプローチを使って最終版モデルについて合意をすることも可能ですが、ドットモクラシー（次ページに説明しています）など、別の手法を使って総意としてチームモデルに賛同することも考えてみましょう。

Chapter9　235

ドットモクラシー：
意思決定を共有するシンプルな方法

ドットモクラシーは意思決定を共有するシンプルな方法です。複数の提案、アイデア、活動に優先順位を付けたり選択したりをするプロセスを民主主義的に行います。これはドット投票とも呼ばれます[1]。

☐ **目的**
議論ではなく「投票」によってグループ内で合意に達します。このプロセスにより、従来の議論で起きることの多い、最も自信ありげな発言者の意見が過剰に重視されたり、多数派の意見やグループ内で力のある人物や最高位のリーダーの意見に流される「バンドワゴン効果」が発生したりといった問題を回避できます。

☐ **手法**
検討対象となるすべてのオプションがビジュアル化された「投票」リストを作ります。参加者は、自分の選んだオプションの枠に丸（ドット）のシールを貼ります。グループ全体として最も賛同を集めた意見はどれなのか、一目瞭然です。

☐ **参加者数**
最低3人が必要です。このエクササイズはもっと人数が増えても対応できますが、投票数の集計に時間がかかるかもしれません。

☐ **所要時間**
5分で済むことも、1時間以上かかることもあります。投票と集計はすぐに完了しますが、参加者の人数次第です。時間の大部分は投票前にオプションを出し、プレゼンをし、ディスカッションをするために必要です。

☐ **必要な備品とツール**
1) キャンバス、フリップチャート、ホワイトボード、壁への貼り出し用の、大判の貼るだけでくっつくシート（つまり前ページで説明したキャンバスのジグソーエクササイズを終えたばかりであると想定しています）、2) 丸のシールまたは付箋紙を参加者あたり最低5枚。

☐ 投票方法

まず、グループには投票対象が必要です。ジグソーエクササイズを終えたばかりの場合は、部屋中にチームの数だけビジネスモデル・キャンバスがあるはずです。参加者に、チームのビジネスモデルにとって最も重要なビルディングブロック要素の上位5つに「投票」するよう説明しましょう。各参加者は5票を持っています。参加者は、もし特定のビルディングブロック要素が特に重要だと感じたらそれに複数票を投票しても構いませんが、最低3つのビルディングブロックに投票しなければなりません（状況に応じてこのルールは変更可能です）。

参加者1人につき5枚のシールを配ります。合図をしたら自由に歩き回って、好きなキャンバスの最も該当すると考えるビルディングブロック要素の横にシールを貼るよう指示しましょう（全員を一斉に投票させることで、投票内容の匿名性をある程度は保つことができます）。

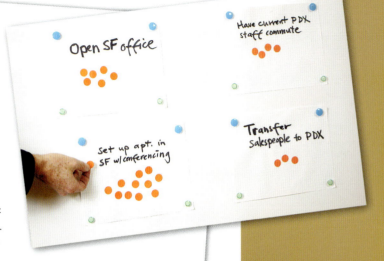

☐ 集計方法

2名の参加者に投票数を数えてもらいます（年齢が下の参加者や内気な参加者に頼むと参加度合を分散するのに役立ちます）。その間にグループの残りの人たちは休憩や食事に行っても構いません。
重要な注：集計者は最初に同じようなビルディングブロック要素をまとめ、各集団に1つのラベルを付けます。たとえば、顧客ビルディングブロックに「財務」「会計」「財務担当者」といった要素がある場合、集計者は「社内財務」というラベルを作ってここに3票をまとめます。シールが集中している場合は、結果がすぐに明らかになるので、集計を省略したり、休憩を挟まずに集計が完了したりすることもあります（注：参加者1人につき5票がうまくいくようですが、これは厳格なルールではありません）。

☐ 勝者

上位5つの「勝者」のビルディングブロック要素から、新しいチームキャンバスを作り始めます。残りの要素は、得票数の多いものから付け加えていきます。おめでとうございます！これで、全員でチーム・ビジネスモデルを定義しました。結果に不満のある参加者がいたとしても、グループの選択内容を支持してくれる可能性は高くなります。決定する際に意見を聞かれており、結果には全員の意見が平等に反映されているからです。

Chapter9 **237**

5. 議論・決定・行動
5. Discuss, Decide, Do

次は、ビジネスモデルにおける気づきの影響を検討し、何をするのかについて合意します。前チャプターのケーススタディで描かれた行動を思い返してください。チームは次の対象となるものを探して見つけ出しました。

- 修正または改善
- 排除（なるべくしない）
- 強化（なるべく多く）
- 再調整
- 活用

「映画の早送り」（次ページに説明しています）は、チームが「影響」について合意する段階から「行動」について合意する段階へと移行するのに役立ちます。

映画の早送り

この手軽な使いやすいエクササイズは、新しい仕事の辞令、チーム活動のシフト、個人的な変化、その他のあらゆる「片づけるべき仕事」にまつわるコンテキスト（背景や状況）を意識するようになるためのものです。「仕事という映画を早送り」し、仕事を始める前に気づきを導くことが目的です。これは準備も不要なのでいつでも使えます。その方法を説明しましょう。

1. チームに、これから取り組む仕事を1本の映画のように考えてもらいます（映画のタイトルを付けてもいいかもしれません）。「このプロジェクトの映画を早送りしましょう。どんなエンディングが見えますか？」（少人数のグループに分かれて個別に取り組むこともできます）。その「映画」のタイトルや絵コンテ、あるいは登場人物のキャストを考えてもらってもよいでしょう。ストーリーの途中で、どんな予期せぬ出来事が起きますか？最大のピンチと、それを乗り越える方法を説明してください。最もワクワクするシーンは？出演者は誰ですか？その映画はコメディですか？それとも悲劇？冒険物語？

2. 各グループに映画を発表してもらいます。プロンプターとして、将来の特定時点のシーンを説明するよう指示しましょう。人数が多いグループや、さまざまな属性の人が集まったグループの場合は、各自にエンディングや「シーン」の簡単な説明をインデックスカードに書いてもらい、お互いに交換して読み合い、いくつかを読み上げてもらいます。これは参加の分散化に役立ちます。

3. 反応を話し合います。合理的で直観的な気づきは平等に取り上げます。グループに、こうした洞察をどのように活かせばこれから取り組む仕事がより成功するのかを提案してもらいましょう。

バリエーション1

チームを2つのグループに分けます。1つのグループは映画の「アンハッピーエンド」まで早送りし、いつ、どこで、なぜ悲劇が起きたのかを説明してもらいます。もう1つのグループには映画の「ハッピーエンド」まで早送りし、成功へとつながる機会、活動、決定を説明してもらいます。各グループにそれぞれのバージョンを発表してもらい、2つのバージョンを比較して、グループ全体でその意味をディスカッションします。
長期プロジェクトでは、中間期にこのエクササイズをもう一度行うとよいでしょう（ヒント：異なるバージョンの映画の説明を手元に残しておきましょう。仕事が完了したときに、デブリーフィングでその映画を「再生」してください）。

バリエーション2

「映画の早送り」は個人にも応用できます。たとえば、技術担当からリーダー役への異動という決定に悩んでいるチームメンバーがいる場合、次のように提案してみましょう。「管理職としてのあなたの人生を映画にして早送りしてみましょう。時間の大半をどう使っていますか？管理職としてどんなことが今までと違っていますか？説明してください。何が変わりましたか？」。

Chapter9 **239**

最後の提案
A Final Offer

公式であれ非公式であれ、リーダーとしてビジネスモデルを活用する能力を身につけると、周囲の人たちが個人、チーム、そして企業に対する貢献者としてもっと効果的に働くためのサポートを容易に行えるようになります。考えているだけでなく、動いてみましょう！体験してみることです。そして楽しんでください。

最後になりますが、皆さんの感想や意見をお待ちしています。失敗例でも成功例でも、どちらも大歓迎です。tim@BusinessModelsForTeams.comまたはbruce@BusinessModelsForTeams.comまでご連絡ください。興味を持っていただいた方は、ぜひ BusinessModelsForTeams.com にご参加ください。会員登録をすると、本書で取り上げたツールをすべて無料で利用できます。

ティム・クラーク
ブルース・ヘイゼン
オレゴン州ポートランドにて、2016年11月

特別寄稿者

オンラインでの共同作業に加え、共同制作者グループからアムステルダムでの
会合に参加した方々が丸1日を費やして本書を形作り、練り上げてくれました。
特に本書の手法やテクニックを実際に試して批評していただいた
この特別寄稿者の皆さんに、深くお礼申し上げます。

アルヌフ・ルードラント
Atos Consulting

ビルギッテ・アルストローム
ValueGrower

ダニエル・ワイス
Brickme.org

デニス・デームス
EIFFEL

エドムンド・コマー
people.innovation.partners

フレデリック・コーフリエール
Three Parallel Rivers

ホス・メイヤー
In Good Company

ユッタ・ハステンラット
Hastenrath.de

ルイジ・センテナーロ
BigName.it

マルイン・モルダース
Tolo Branca

メルセデス・ホス
Off-Time GmbH

ミッコー・マニラ
Stattys

ニコラス・デ・ヴィック
Mindstep.TV

ニール・マクグレガー
Human Synergistics New Zealand

ライナー・ウォルター
Geschäftsmodell-Coach

リネート・バウフマン
De Droombaanfabriek

トーマス・ベッカー
Thomas Becker, btc

ティムとブルース
BusinessModelsForTeams.com

243

グローバル・コミュニティから実践的なインスピレーションを
Capturing Practical Inspiration from a Global Community

チームワークに関する有意義なディスカッションは、机上の空論や組織の空白地帯ではできません。だからこそ、筆者とコミュニティは隅から隅まで実際に試すことのできる「本」という形で、実践的なアプローチを皆さんと共有しようと取り組んできました。

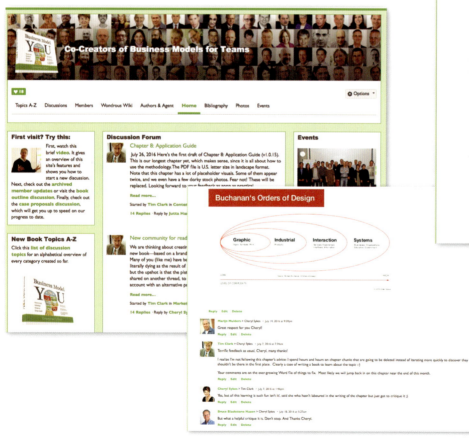

『ビジネスモデル for Teams』を作り上げたオンラインコミュニティは、チームワークの改善という世界共通の目標を原動力にしました。分散型インテリジェンスによって、多彩な職場での実例が集まりました。そしてアイデアや草稿は、同時進行で検証されました。

文章を書くということは多くの素材をそぎ落とし、必要十分な内容だけに絞り込んで、組織をうまく機能させて人々がフィットする方法を読者が発見できるようにする作業です。

オフラインでの検証とディスカッションでアイデアの優先順位が決まり、最高のアイデアがさらに練り上げられました。

膨大な内容から、ビジネスモデル for Teamsについて語るべき重要点だけを抽出しました。

制作者略歴 Creator Biographies

ティム・クラーク（著者）

ティム・クラークはNEXT認定の起業学トレーナー、教育者、作家であり、BusinessModelYou.comでパーソナルビジネスモデルを世界に広める活動を推進しています。自ら起業した会社を6年でNASDAQ上場企業に数百万ドルで売却した後、異国間のビジネスモデルの適応性をテーマに大学院で研究を修了。著者・編者として起業学、ビジネスモデル、個人の能力開発に関する5冊を出版。『ビジネスモデルYOU』と『ビジネスモデル・ジェネレーション』は30カ国語に翻訳され、合計100万部を超える世界的ベストセラーとなっています。

コンサルタント・リサーチャー時代の代表的なクライアントとして、Amazon.com、Bertelsmann Financial Services、Intel、PeopleSoftがあります。6年間にわたりニュースレター「Japan Entrepreneur Report」と「Japan Internet Report」に毎月寄稿し、日本のWeb、インターネットに対応した携帯電話分野について、世界に配信される初の英語版調査報告を執筆しました。スタンフォード大学卒業後、MBAおよび博士号を取得。筑波大学教授、東京に本社を置くベンチャーキャピタル サンブリッジ社のシニアフェローに就任、現在に至る。

ブルース・ブラックストーン・ヘイゼン（共著者）

ブルース・ヘイゼンはキャリアとマネジメントのコーチとして18年にわたって、リーダーと部下たちが「3つのキャリアの質問」に対する回答を導く指導を行ってきました。講演者、トレーナー、コンサルタントとして活躍する彼のミッションは明確です。職場での悩みを減らし、キャリアの満足度を高め、クライアントに「大局的視点で働くためのセオリー」を伝え、「延々と続く歯車のような仕事」を得るためにキャリアを費やすことのないようにすることです。コーネル大学で産業・労使関係学、サンノゼ州立大学で臨床心理学の学士と修士号を取得。25年間にわたって技術、医療、専門サービスの分野で人事とラインマネジメントの役職を務めました。

現在、スリー・クエスチョンズ・コンサルティング社の社長。著書に『Answering The Three Career Questions: Your Lifetime Career Management System』があります。『The Complete Handbook of Coaching』のキャリア・コーチングの章の共著者であり、『ビジネスモデルYOU』の寄稿共著者でもあります。

ケイコ・オノデラ（デザイナー）

東京生まれ、桑沢デザイン研究所卒。学生時代からデザインスタジオで経験を積み、当時手掛けたタキガワ ビューティ カレッジのロゴは現在も使用されています。卒業後は、食品業界では日本最大手の研究グループである雪印のR&Dセンターにパッケージデザイナーとして採用され、斬新なデザインで特許も取得しています。その後、100名を超える資生堂のクリエイターチームに所属し、宣伝素材やパッケージのデザインを担当しました。

1991年に渡米し、ホノルルに本社を置くビジュアルデザインの会社UCIに勤務。グラフィックとパッケージを専門に担当しながら、フリーランスのグラフィックデザイナーとして雑誌広告などの出版物も手掛けました。後にオンライン市場調査と顧客獲得サービスのコンサルタント会社を共同設立。Amazon.com、JC Penney、Neiman Marcusなどのクライアント向けに日本語版Webサイトとオンラインマーケティングプログラムのデザインを担当。現在はデザイナーとして独立し活躍中。

著者注 Notes

Chapter 1

1. カリフォルニア州サンノゼでの著者の個人的体験です。

2. ダニエル・ピンク『モチベーション3.0 持続する「やる気!」をいかに引き出すか』(大前研一訳、講談社2010年)(原題:Drive)は、人間のモチベーションに関する徹底した研究を通じて、職場での主要モチベーションとして目的、自律性、熟達の3つを上げています。本書ではここに関係性を加えました。社会科学の文献ではもう1つの主要モチベーションとして広く受け入れられているものです。

3. パトリック・レンシオーニ『あなたのチームは、機能してますか?』(伊豆原 弓訳、翔泳社2003年)(原題:The Five Dysfunctions of a Team)

4. Wilson, Edward O. The Meaning of Human Existence (LiveRight Publishing Corporation, 2014)

5. Hersey, P. and Blanchard, K. H. Life Cycle Theory of Leadership (Training and Development Journal 23 (5): 26–34.1969)

6. ケン・ブランチャード『1分間リーダーシップ』。Center for Creative Leadership (http://www.ccl.org/) も参照のこと。

7. Marciano, Paul. Carrots and Sticks Don't Work: Build a Culture of Employee Engagement with the Principles of RESPECT™ (McGraw-Hill 2010)

8. 正式なシステム思考はほとんどの人にとって難しすぎるため、多くのリーダーにとっては実践的ではありません。ドネラ・メドウズの『世界はシステムで動く─いま起きていることの本質をつかむ考え方』(原題:Thinking in Systems: A Primer)は専門家ではない方へのシステム思考入門書として優れているのでおすすめです。

9. 本書では第三のモノを物理的な品物として定義しています。しっかりした構成でゲームのように使えばディスカッションよりもはるかに役立ち、人間関係と複雑なテーマの理解を深めてくれます。「第三」とは 1) 現在あるモノの外側にあるもの、2) 2次元の言語に基づくやりとりを超えた理解へと進めるもう1つの物理的次元、の両方を指す言葉です。

10. Kristiansen, Per and Rasmussen, Robert. Building a Better Business Using the LEGO® Serious Play® Method (Wiley 2014)

11. アレックス・オスターワルダー、イヴ・ピニュール『バリュー・プロポジション・デザイン 顧客が欲しがる製品やサービスを創る』(関 美和訳、翔泳社2015年)(原題:Value Proposition Design)

Chapter 2

1. Owen, David. Copies in Seconds: Chester Carlson and the Birth of the Xerox Machine (Simon & Schuster 2004), page 220

2. Chesbrough, Henry, and Rosenblum, Richard S. The Role of the Business Model in Capturing Value from Innovation: Evidence from Xerox Corporation's Technology Spinoff Companies (Harvard Business School).

3. Copies in Seconds, page 278

4. 日本のコピー機メーカーによる競争の激化も重要な要因でした。チャーリズ・エリス『イノベーターは死なず─コピー機ビジネスで世界を変えた男』(鹿毛 雄二・房子 訳、日本経済新聞出版社2008年)(原題:Joe Wilson and the Creation of Xerox)を参照。

5. 2016年4月27日現在のNASDAQ計算値。

6. アレックス・オスターワルダーとイヴ・ピニュールはビジネスモデルを次のように定義しています。「ビジネスモデルとは、どのように価値を創造し、顧客に届けるかを論理的に記述したもの」(『ビジネスモデル・ジェネレーション ビジネスモデル設計書』(小山龍介訳、翔泳社2012年)より引用)。本書ではさらに直観的に、価値はそれを想像して届ける組織によってではなく、顧客が「獲得したもの」と考えます。

7. 『ビジネスモデル・ジェネレーション』では、チャネルはマーケティングプロセスの5つのフェーズすべてを網羅しています。本書では、チャネルは見込み客を顧客に転換させる、最初の4つのマーケティングフェーズを網羅していると考えます。見込み客が顧客になった後、組織は顧客との関係ビルディングブロックを通じて顧客とコミュニケーションを取ります。

8. ローカルまたはクラウドベースのデジタル版ビジネスモデル・キャンバスの作成とコスト計算のためのツールについては、Strategyzer.com を参照してください。

9. ビジネスモデル・キャンバスはアレックス・オスターワルダーとイヴ・ピニュールが発明したものであり、Strategyzer.comから無料で入手できます。

Chapter 3

1. パトリック・レンシオーニ『なぜCEOの転進先が小さなレストランだったのか ─マネジメントを極めた男の物語』(矢羽野 薫訳、エヌティティ出版、2011年)(原題: The Three Signs of a Miserable Job)

2. この概念について、詳しくは「クレイトン・クリステンセン」や「job-to-be-done (ジョブ理論)」を検索してください。ペインとゲインについて詳しくは、『バリュー・プロポジション・デザイン 顧客が欲しがる製品やサービスを創る』(関 美和訳、翔泳社2015年)(原題:Value Proposition Design)を参照してください。

Chapter 4

1. まだパーソナルビジネスモデルを描いていない場合は、著者ティム・クラークの『ビジネスモデルYOU』（神田 昌典訳、翔泳社2012年）を参照するか、CommunityBusinessModelYou.com で無料のハウツー動画をご覧ください。

2. 個人の価値提案は『ビジネスモデルYOU』では「与える価値」（Value Provided）という表現をしています。この2つの用語は互換性があります。「与える価値」とは現在働いており、すでに価値を提供している人を表すのに対し、「価値提案」は特定の価値の提供を提案することで新しい顧客を探している人を指しています。

3. この概念について、詳しくは「クレイトン・クリステンセン」や「job-to-be-done（ジョブ理論）」を検索してください。

4. 「全力で取り組む」（"whole self"）という概念は、Frederic Laloux Reinventing Organizations: A Guide to Creating Organizations Inspired by the Next Stage of Human Consciousness (Nelson Parker, 2014) で詳しく取り上げています。

5. 引用したコメントはHolocracy One社の共同設立者Tom Thomisonによるもの。

6. Lencioni, Patrick. The Truth About Employee Engagement (Jossey-Bass, 2015).

7. www.reachcc.com/

Chapter 5

1. ダニエル・ピンク『モチベーション3.0 持続する「やる気!」をいかに引き出すか』（大前研一訳、講談社2010年）（原題：Drive）は、人間のモチベーションに関する徹底した研究を通じて、職場での主要モチベーションとして目的、自律性、熟達の3つを上

げています。本書では、「自己決定理論」（Self-Determination Theory）において主要モチベーションに挙げられている関係性も追加しました。

2. キャリアコラボレーションの包括的議論については、共著者のブルース・ヘイゼンの Answering the Three Career Questions (Three Questions Consulting 2014)を参照してください。

3. 3つの質問の包括的議論については、Answering the Three Career Questionsを参照してください。

4. LinkedIn Exit Survey 2014

5. Towers Watson Global Workforce Study 2014

6. JobCrafting.org を参照

Chapter 6

1. ゴールデンサークルはサイモン・シネックが提唱し、『WHYから始めよ!―インスパイア型リーダーはここが違う』（栗木さつき訳、日本経済新聞出版社 2012年）（原題: Start With Why）で解説しています。

2. Lencioni, Patrick. The Truth About Employee Engagement (Jossey-Bass, 2015).

3. このエクササイズはデイブ・グレイが『ゲームストーミング ―会議、チーム、プロジェクトを成功へと導く87のゲーム』（野村 恭彦 監訳、オライリージャパン2011年）（原題：Gamestorming）で説明しています。

4. エクササイズはサイモン・シネック『WHYから始めよ!―インスパイア型リーダーはここが違う』（栗木さつき訳、日本経済新聞出版社 2012年）から引用しています。

Chapter 7

1. このストーリーは著者の取り組みをもとにしています。人名はプライバシー保護のため仮名です。会話と一部の出来事は講習の目的のためのフィクションです。写真は実際の職場のものです。

Chapter 8

1. 『ビジネスモデルYOU』（神田 昌典訳、翔泳社2012年）（原題: Business Model You）を参照するか、CommunityBusinessModelYou.com をご覧ください。

2. スティーブン・コヴィー『完訳 7つの習慣―人格主義の回復』（フランクリンコヴィージャパン訳、キングベアー出版2016年）（原題: The 7 Habits of Highly Effective People）

3. Blanchard, Ken. Mastering the Art of Change (Training Journal, January 2010)

4. Marciano, Paul. Carrots and Sticks Don't Work: Build a Culture of Employee Engagement with the Principles of RESPECT™ (McGraw-Hill 2010)

5. 共感マップは、デイブ・グレイ『ゲームストーミング ―会議、チーム、プロジェクトを成功へと導く87のゲーム』（野村 恭彦 監訳、オライリージャパン2011年）（原題: Gamestorming）に説明されています。

Chapter 9

1. ドットモクラシーは、デイブ・グレイ『ゲームストーミング ―会議、チーム、プロジェクトを成功へと導く87のゲーム』（野村 恭彦 監訳、オライリージャパン2011年）（原題: Gamestorming）に説明されています。

参 考 文 献 Books and Articles You May Find Useful

Argyris, Chris. Integrating the Individual and the Organization (Transaction Publishers, 1990)

Beck, Don Edward and Cowan, Christopher C. Spiral Dynamics: Mastering Values, Leadership, and Change (Blackwell Publishing, 1996, 2006)

Berger, Jennifer Garvey and Johnston, Keith. Simple Habits for Complex Times: Powerful Practices for Leaders (Stanford University Press 2015)

Buxton, Bill. Sketching User Experiences: Getting the Design Right and the Right Design (Elsevier 2007)

Cappelli, Peter. Why Good People Can't Get Jobs: The Skills Gap and What Companies Can Do About It (Wharton Digital Press, 2012)

Chandler, M. Tamra. How Performance Management is Killing Performance—and What to Do About It (Barrett Koehler Publishers, Inc. 2016)

ティム・クラーク著、アレックス・オスターワルダー、イヴ・ピニュール共著『ビジネスモデルYOU』（神田 昌典訳、翔泳社2012年）

Eoyang, Glenda and Holladay, Royce J. Adaptive Action: Leveraging Uncertainty in Your Organization (Stanford Business Books, 2013)

Fuller, R. Buckminster. Operating Manual for Spaceship Earth (Lars Müller Publishers 2008)

Getz, Issac. Liberating Leadership: How the Initiative-Freeing Radical Organizational Form Has Been Successfully Adopted (California Management Review, 2009 Vol. 51, No. 4)

デイブ・グレイ『ゲームストーミング —会議、チーム、プロジェクトを成功へと導く87のゲーム』（野村 恭彦 監訳、オライリージャパン2011年）

ゲイリー・ハメル『経営は何をすべきか』（有賀 裕子訳、ダイヤモンド社2013年）（原題: What Matters Now ）

Haudan, Jim. The Art of Engagement: Bridging the Gap Between People and Possibilities (McGraw-Hill, 2008)

Hazen, Bruce. Answering the Three Career Questions (Three Questions Consulting 2014)

Hsieh, Tony. Delivering Happiness: A Path to Profits, Passion, and Purpose (Grand Central Publishing 2010)

Hock, Dee. One From Many: VISA and the Rise of the Chaordic Organization (Barrett Koehler Publications, Inc. 2005)

Kaye, Beverly and Giulioni, Julie Winkle. Help Them Grow or Watch Them Go: Career Conversations Employees Want. (Barrett-Koehler Publications, 2012)

Kersten, E.L. The Art of Demotivation — A Visionary Guide for Transforming Your Company's Least Valuable Asset: Your Employees (Despair, Inc., 2005)

Kolko, Jon. Design Thinking Comes of Age (Harvard Business Review September 2015)

Krames, Jeffrey. Lead With Humility: 12 Leadership Lessons from Pope Francis (American Management Association, 2015)

Kristiansen, Per and Rasmussen, Robert. Building a Better Business Using the LEGO® Serious Play® Method (Wiley 2014)

Kruse, Kevin. Employee Engagement for Everyone (Center for Wholehearted Leadership 2013)

Labovitz, George and Rosansky, Victor. The Power of Alignment: How Great Companies Stay Centered and Accomplish Extraordinary Things (McGraw-Hill, 1997)

Labovitz, George and Rosansky, Victor. Rapid Realignment: How to Quickly Integrate People, Processes, and Strategy for Unbeatable Performance (McGraw-Hill, 2012)

Laloux, Frederic. Reinventing Organizations: A Guide to Creating Organizations Inspired by the Next Stage of Human Consciousness (Nelson Parker, 2014)

パトリック・レンシオーニ『あなたのチームは、機能してますか?』
(伊豆原 弓訳、翔泳社2003年)
(原題：The Five Dysfunctions of a Team)

Lencioni, Patrick. The Truth About Employee Engagement (Jossey-Bass, 2015)

Marciano, Paul. Carrots and Sticks Don't Work: Build a Culture of Employee Engagement with the Principles of RESPECT™ (McGraw-Hill 2010)

L・デビッド・マルケ『米海軍で屈指の潜水艦艦長による「最強組織」の作り方』(花塚 恵訳、東洋経済新報社2014年)
(原題：Turn the Ship Around! A True Story of Turning Followers into Leaders)

Maturana, Humberto R. and Varela, Francisco J. The Tree of Knowledge: The Biological Roots of Human Understanding (Shambala, 1987).

Mayer, Roger C., Davis, James H., and F Schoorman, F. David. An Integrative Model of Organizational Trust (The Academy of Management Review, Vol. 20, No. 3 July 1995)

Maylett, Tracy and Warner, Paul. MAGIC: Five Keys to Unlock the Power of Employee Engagement (Greenleaf 2014)

McCarthy, Robert. Navigating with Trust (Rockbench, 2012)

ドネフ・メドウズ『世界はシステムで動く─いま起きていることの本質をつかむ考え方』
(枝廣淳子 訳、英治出版2015年)

アレックス・オスターワルダー、イヴ・ピニュール
『ビジネスモデル・ジェネレーション ビジネスモデル設計書』
(小山 龍介訳、翔泳社2012年)

アレックス・オスターワルダー、イヴ・ピニュール
『バリュー・プロポジション・デザイン 顧客が欲しがる製品やサービスを創る』(関 美和訳、翔泳社2015年)

ダニエル・ピンク
『モチベーション3.0 持続する「やる気!」をいかに引き出すか』
(大前研一訳、講談社2010年)

Semler, Ricardo. Maverick: The Success Story Behind the World's Most Unusual Workplace (Grand Central Publishing, 1993)

Senge, Peter. The Fifth Discipline Field Book (Bantam Doubleday Dell Publishing Group, Inc., 1994)

ハーマン・サイモン
『グローバルビジネスの隠れたチャンピオン企業あの中堅企業はなぜ成功しているのか』
(上田隆穂 監訳 中央経済社、新装版 2015年)

サイモン・シネック
『WHYから始めよ!―インスパイア型リーダーはここが違う』
(栗木さつき訳、日本経済新聞出版社 2012年)

Wilson, Edward O. The Meaning of Human Existence (LiveRight Publishing Corporation, 2014)

Wlodkowski, Raymond J. Enhancing Adult Motivation to Learn: A Comprehensive Guide for Teaching All Adults (Jossey-Bass, 2008)

索 引　Index

数字

1分間リーダーシップ		7
360 Reach		109
3つの質問		130,132,134,136,154
	今はステップアップの時か？	130,183
	今は離脱の時か？	130,183
	今はスタイルを順応させる時か？	130,183
4つのスカイルゾーン		116,119
5段階のキャリアモデル		141
	第1段階 学業を実践で試す	140,142
	第2段階 得意分野を確立する	140,144
	第3段階 得意分野でリーダーになる	140,146
	第4段階 複雑性が高い、あるいは得意分野の枠を超えたリーダーになる	140,148
	第5段階 さらに複雑性の高い状況のリーダーになる、またはやり直す	140,150
5フェーズのマーケティングプロセス		30
	認知	30
	評価	30
	購入	30
	提供	30
	フォローアップ	30

アルファベット

ANT社		212
BusinessModelsForTeams.com		VII
DBA		64
EY社		70
KSA		109
PINT		84,188
	製薬業界	84,85
	SIRP	85
	PINT要素	87
	SIRP要素	88
PwC		170
Q12		129
Why（なぜ）に対する取り組み		158,161,174,221

あ

アライメントキャンバス		78,92,93
	レストラン モデロ	81,83
	フィットフォーライフ社	160
	スパルタン・スペシャルティ・ファブリケーションズ社	186
依存型思考		8
映画の早送り		239
エコズーム		44
エッフェル社		164
エネル社		68

エレベーター・イノベーション・センター		74
オペレーション		9
主な活動		27,34,72,100
	開発	34
	販売	34
	サポート	34
主なリソース		27,33,72,100
	人材	33
	有形資産	33
	無形資産	33
	資金	33
オンラインモデル		48

か

外部効果		46
価値ある仕事の算出シート		86
	FIR社	115
	スパルタン・スペシャルティ・ファブリケーションズ社	188
	プロテグラ社	204
	カットーリカ社	208
	ANT社	212
価値提案		27,29,72,100
	機能的価値	29
	社会的価値	29
	感情的価値	29
カットーリカ社		208
紙版のFacebook		162
関係性		5,126
管理よりリード		7
キーパートナー		27,35,72,101
企業理念		14
キャリア		128,139
キャリアコラボレーション		128,130
キャンバスの使い方		52
公式なリーダーシップ		146
声に出して考えるラボ		233
ゴールデンサークル		158,175
顧客セグメント		27,28,72,100
顧客との関係		27,30,72,101
顧客は誰か?		60
コスト		27,36,72,102
	固定費	36
	変動費	36
	資金以外	36
個性と活動のマッチング		159

索引 Index

さ

ジグソーエクササイズ		234
思考パートナー		200,232
自分の活動がどのように顧客に影響するか		40
収入		27,32,72,102
従来のニーズとリソースのマッチング		109
状況対応型リーダーシップ		7
状況判断力		42
自律性		5,126
スカイル		116,137
スパルタン・スペシャルティ・ファブリケーションズ社		180
ゼロックス社		24
相互依存型思考		8
ソフト的報酬		103

た

大局的視点で働くためのセオリー		6
達成感(熟練・向上)		5,126
誰の役に立っているか?		60
チーム・ビジネスモデル		72
チームワークテーブル		40,91
	レストラン モデロ	41,61
チャネル		27,30,72,101
ティッセンクルップ社		74
デブリーフィング		111,163,227
独立型思考		8
ドットモクラシー		236

な

なぜ自分の仕事が重要なのか		40
何が仕事を生み出すか		86

は

パーソナルストラテジーキャンバス		166
	カレン:会計マネージャーからコンサルタントへ	167
パーソナルビジネスモデル		98,99
パーソナルビジネスモデル・キャンバス		104,105
	ショーン・バッカス	106,107
パーソナルビジネスモデルのビルディングブロック		100
ハード的報酬		103
ハロイド社		24

		27,54,55,73
	ハロイド社の複写機ビジネス	39
	レストラン モデロ	43
	エコズーム	45,47
	Facebook	48,49,51
ビジネスモデル・キャンバス	モデロのキッチンチーム	63
	DBAの臨時財務チーム	65
	ビューポイントトラーニングサービスチーム	67
	オープンパワーのデジタル実装チーム	69
	EYの社内部署向けコンサルティングチーム	71
	ベアトリスのトレーニングチーム	75,77
ビジネスモデル・ジェネレーション		X,9
ビジネスモデルYOU		XI,9
ビューポイントソフトウェア社		66
フィットフォーライフ社		158
部下とリーダーのための第1段階の質問		143
部下とリーダーのための第2段階の質問		145
部下とリーダーのための第3段階の質問		147
部下とリーダーのための第4段階の質問		149
部下とリーダーのための第5段階の質問		151
プレイヤー兼コーチ		4
フレキシビリティ		103
プレブリーフィング		227
プロテグラ社		204
プロフェッショナルアイデンティティ		108,110
ペアを組んでシェア		229,230

ま

間違った思い込みによる意見	10
自らの判断に基づく行動	12
みなしリーダーシップ	146
目的	5,126

ら

リーダーシップの基本	7
リーダーの役割	11
良好なチームワーク	12
レストラン モデロ	40,60
「私」と「私たち」の緊張関係	5

もうすでにコーヒーのシミがついていると思えば、何を書いても大丈夫。躊躇することはありません。

次のアクションは？キーとなるアイデアは？協力してもらう思考パートナーの候補は？もう一度読み返すページは？

解 説　　　　　　　　　　　　　楠木 建（一橋大学教授）

「フレームワーク」を伝授するビジネス書は多い。

しかし、論理的に有効なものはそれほど多くない。論理的に有効であっても、現実のビジネスの実践に使えるものはさらに少ない。たとえ「使える」としても、すぐに「使いたくなる」フレームワークは圧倒的に少ない。

『ビジネスモデル・ジェネレーション』から始まり、『ビジネスモデルYOU』を経て、本書『ビジネスモデル for Team』に至る三部作は、いずれも「ビジネスモデル・キャンバス」に立脚している。

ビジネスモデル・キャンバスは、「すぐに使いたくなるフレームワーク」の稀有な例である。

本書でも、各セクションの最後にThings to Try on Monday Morning（月曜日の朝に取り組むこと）というエクササイズが用意されている。それぞれの章の内容を知れば、（ともすれば仕事に気乗りがしない月曜日の朝であっても）すぐに自分の会社やチームの状況に当てはめてやってみようという気にさせる。考えてみればこれはすごいことだが、それだけ本書のフレームワーク

と議論が実践的なのである。

ビジネスモデル・キャンバスが真の意味で実践的・実用的になり得たのは、このフレームワークが以下にあるような美点を備えているからだ。

・ビジネスモデルを構成する要素のすべてを広くカバーしながらも
・それが9つのブロックに集約されているという意味でいたってシンプルであり
・産業や業界のありように依存しないニュートラルなロジックで組み立てられているため、汎用性があり
・視覚的に優れているため、個人はもとより、グループでの議論を重ねながら実際に仕事（ビジネスモデルの分析や理解や策定）をするためのツールとして極めて有用である。

当初は企業ないし事業の戦略を分析単位として開発されたビジネスモデル・キャンバスだが、その後、著者の1人であったティム・クラークは、このフレームワークを個人レベルへと応用した『ビジネスモデルYOU』を著した。第三弾となる本書の分析単位は、組織全体の戦略と個人のキャリアの中間に位置している。すなわ

ち、チーム（ないしは部門）のオペレーションを対象にしたビジネスモデル・キャンバスである。

ビジネスの本質は、「顧客」に対する価値の提供にある。

会社であろうとチームであろうと個人であろうと、それがビジネスである以上、この本質には変わりがない。そこにビジネスモデル・キャンバスの有用性がある。ビジネスモデルとは、さまざまな要素が絡み合って価値を実現し、その価値を実際に顧客に届けるメカニズムを意味している。

このメカニズムは、組織内部の顧客を相手にするチームの活動にもそのまま当てはまる。会社の中のどの部門も、そもそも「顧客」に対する価値提供を目的としているはずである。

社外の顧客に必ずしも直接的に関わらない部門ではこの大前提が見失われがちだが、本書の視点は、改めてこのビジネスの根本原理に立ち戻ることの大切さを教えてくれる。

「チームワーク」と言うと、日本のお家芸のように考えられてき

た。それは今でも一面の事実である。組織に対する個人のコミットメントと責任感の強さ、勤勉さ、真面目さ、目標達成への粘り強さ、他者に対して協力的な姿勢、暗黙知を含めたコミュニケーションの良さ、こうしたチームワークを支える重要な要素について、日本の組織は相対的に豊かな土壌を持っていることは間違いない。

しかし、この日本の優れた「天然資源」が、かえってチームワークを弱くしているという逆説があるように思う。

持って生まれた身体能力に優れた選手が、その身体能力だけである程度のパフォーマンスを達成できてしまうがゆえに、重要な戦術やテクニックをないがしろにしてしまうということはしばしばある。チームビルディングやチームワークがやりやすいという土壌に依存してしまい、そのポテンシャルを十全に発揮できないでいるという成り行きである。

本書が提案するフレームワークと、それに基づくさまざまなツールとテクニックは、天然資源にもたれかかりがちな日本の組織とビジネスパーソンにとって、とりわけ意義がある。

訳者あとがき

本書の原著者であるティム・クラーク氏と私（今津）との出会いは、20数年前にさかのぼります。私がとあるビジネス誌に、ティムさんが当時サポートしていた米国企業の技術やサービスに関する記事を寄稿したところ、記事を目にしたティムさんがコンタクトをしてくれたのです。日本の記事を米国でご覧になり、またコンタクトしてくれたことに驚いたことを今でも覚えています。

以来、折に触れて一緒にビジネスを推進するパートナーとして、今日に至ります。

『ビジネスモデル・ジェネレーション（BMG）』および『ビジネスモデルYOU（BMY）』に関する日本ではじめてのワークショップも、ティムさんと一緒に開催したものでした。

実は、ご存知でない方も多いかと思いますが、ティムさんは日本通であるとともに、日本語が非常に堪能です。スピーチはもちろん、読み書きに至っては、日本人の私以上に繊細で気づかいのある文章を書く人物です。

『ビジネスモデルYOU』が世界的にも大きな注目が集まる中、日本での普及にたいそう注力し、気を配ってくれたことは、ティムさんが真っ先に日本でマスタークラスを開催したことでもよくわかります。

そんなティムさんの姿を間近で見てきたので、私に本書の翻訳の依頼をいただいた際には、使命感とともに、責任も強く感じました。何とか原著のティムさんのエッセンスを踏襲し、うまくお伝えしながらも、より多くの日本の皆様に本書を手に取ってもらうために最善を尽くしたいと強く思いました。

一方、私は数多くの企業の皆様に、新規ビジネスの立ち上げに関する研修やコンサルティングを行っています。中でも、BMGやBMYをお伝えするためのワークショップや講演は、年間150回を超えることもあり、延べ1万4,000人以上の方にメソッドを

ご紹介してきました。

ワークショップでは、フレームワークのメリットに共感され、何とかして今の状況を打開しようとするたくさんの企業の方々とお会いしてきました。

ビジネス環境はますます変化のスピードを増し、私たちは常に「変化し続ける」時代に生きています。そんな時代に対応するためには、組織力の強化を加速することが重要です。ただ与えられた業務を淡々とこなすだけではなく、一人ひとりが「当事者意識」を持たなくてはなりません。さらに、事業改革やイノベーションをひっぱる人材の育成、それを支える組織運営も必要となってきます。

しかし、多くの企業では、その必要性はわかっていても、進め方や対策の具体化などに苦慮しているのが実情です。

中でも、組織力の強化には、「リーダーの育成」というテーマの取り

組みなくしてはなしえないということは、多くの現場で皆様が感じていることではないでしょうか。

こうした課題が顕在化しているまさに今、本書が出版され、グローバルコミュニティのメンバーがティムさんを中心に動き出し、多くの経験を共有してくれています。

本書は、そのような時代のニーズを捉え、ビジネスシーンを生き抜くための方法論やヒントにあふれています。読者の皆様にも、そのことを感じとっていただければ、訳者としてこれに勝る喜びはありません。

最後になりましたが、この素晴らしい本書をメンバーとともに形にしてくれたティム・クラーク氏とケイコに、感謝を申し述べたいと思います。

今津 美樹

日本語版制作について

今津 美樹 − いまづ みき −

ITアナリスト、明治大学リバティアカデミー講師、WinDo's代表。

通信およびAI関連ソフトの設計・開発をはじめ、HP（元DEC）など米国系IT企業にてマーケティングスペシャリストとしての長年の実績と20カ国以上におよぶグローバルでの経験を活かし、マーケティングアウトソーサー「WinDo's」を設立、代表を務める。また、株式会社リンクステーションほか社外取締役を歴任。ビジネスモデルデザインやITを活用したマーケティングに関する講演・企業研修など幅広く活動し、ITアナリストとしてラジオ解説、執筆活動・解説・書評など、多数。
「走りながら考える新規事業の教科書」（かんき出版）、「図解ビジネスモデル・ジェネレーション ワークショップ」「図解ビジネスモデル・ジェネレーション ワークブック」（翔泳社）の著者であり、BMGおよびBMYのグローバルコミュニティメンバーとして、国内外の数多くの企業および大学でのビジネスモデルの研修を手掛け、受講者は延べ1万4,000人を超える。また、ビジネスモデルデザインとキャリアデザインのためのメソッドBusiness Model Youの日本代理店として、原著者ティム・クラークと日本におけるBusiness Model Youの普及推進やプログラム/コースの提供を行う。

URL http://www.windo.co.jp/bmg/

●本書特設サイトのご案内

本書の特設サイトをご用意しました。読者特典の情報など、お得な情報が満載です。ぜひアクセスしてみてください。

ビジネスモデル for Teams 特設サイト
URL：https://www.shoeisha.co.jp/book/campaign/bmft/

Special Thanks
翻訳制作協力者

本書の翻訳にあたりご協力、アドバイスを頂戴した多くの皆様にこの場を借りて感謝いたします。また、いつも私の活動を応援いただいている皆様にも心よりお礼申し上げます（訳者）。

Tim Clark	Yoji	Seiko
Yves Pigneur	Yukiko	Misa
Keiko	Miki	
Yasumasa	Toru	Dr.Nara
Mikako	Yuka	Dr.Ochiai
Masamichi	keiko	
Sayuri	Takashi	

本書の著者ティム・クラーク（右）、BMGの考案者イヴ・ピニュール（左）と訳者

問 い 合 わ せ

本書内容に関するお問い合わせについて

このたびは翔泳社の書籍をお買い上げいただき、誠にありがとうございます。弊社では、読者の皆様からのお問い合わせに適切に対応させていただくため、以下のガイドラインへのご協力をお願い致しております。下記項目をお読みいただき、手順に従ってお問い合わせください。

●ご質問される前に

弊社 Web サイトの「正誤表」をご参照ください。これまでに判明した正誤や追加情報を掲載しています。

　　　　　正誤表　http://www.shoeisha.co.jp/book/errata/

●ご質問方法

弊社 Web サイトの「刊行物 Q&A」をご利用ください。

　　　　　刊行物 Q&A　http://www.shoeisha.co.jp/book/qa/

インターネットをご利用でない場合は、FAX または郵便にて、下記 "翔泳社 愛読者サービスセンター" までお問い合わせください。
電話でのご質問は、お受けしておりません。

●回答について

回答は、ご質問いただいた手段によってご返事申し上げます。ご質問の内容によっては、回答に数日ないしはそれ以上の期間を要する場合があります。

●ご質問に際してのご注意

本書の対象を越えるもの、記述個所を特定されないもの、また読者固有の環境に起因するご質問等にはお答えできませんので、予めご了承ください。

●郵便物送付先および FAX 番号

送付先住所　〒160-0006　東京都新宿区舟町 5

FAX 番号　　03-5362-3818

宛先　　　　（株）翔泳社 愛読者サービスセンター

※本書に記載された URL 等は予告なく変更される場合があります。

※本書の出版にあたっては正確な記述につとめましたが、著者や出版社などのいずれも、本書の内容に対してなんらかの保証をするものではなく、内容やサンプルに基づくいかなる運用結果に関してもいっさいの責任を負いません。

※本書に掲載されているサンプルプログラムやスクリプト、および実行結果を記した画面イメージなどは、特定の設定に基づいた環境にて再現される一例です。

※本書に記載されている会社名、製品名はそれぞれ各社の商標および登録商標です。

訳者紹介

今津 美樹 (いまづ・みき)

IT アナリスト、明治大学リバティアカデミー講師、WinDo's 代表。
通信および AI 関連ソフトの設計・開発をはじめ、HP (元 DEC) など米国系 IT 企業にてマーケティングスペシャリストとしての長年の実績と 20 カ国以上におよぶグローバルでの経験を活かし、マーケティングアウトソーサー「WinDo's」を設立、代表を務める。また、株式会社リンクステーションほか社外取締役を歴任。ビジネスモデルデザインや IT を活用したマーケティングに関する講演・企業研修など幅広く活動し、IT アナリストとしてラジオ解説、執筆活動・解説・書評など、多数。
「走りながら考える新規事業の教科書」(かんき出版)、「図解ビジネスモデル・ジェネレーション ワークショップ」「図解ビジネスモデル・ジェネレーション ワークブック」(翔泳社) の著者であり、BMG および BMY のグローバルコミュニティメンバーとして、国内外の数多くの企業および大学でのビジネスモデルの研修を手掛け、受講者は延べ 1 万 4,000 人を超える。また、ビジネスモデルデザインとキャリアデザインのためのメソッド Business Model You の日本代理店として、原著者ティム・クラークと日本における Business Model You の普及推進やプログラム / コースの提供を行う。

URL http://www.windo.co.jp/bmg/

STAFF

カバーデザイン 和田 奈加子 (round face)
カバーイラスト 山田 タクヒロ
DTP 佐々木 大介

ビジネスモデル for Teams
組織のためのビジネスモデル設計書

2017 年 11 月 16 日 初版第 1 刷発行

著者	ティム・クラーク
共著	ブルース・ヘイゼン
訳者	今津 美樹
発行人	佐々木 幹夫
発行所	株式会社翔泳社 (http://www.shoeisha.co.jp)
印刷・製本	日経印刷株式会社

©2017 SHOEISHA CO.,Ltd.

●本書は著作権法上の保護を受けています。本書の一部または全部について (ソフトウェアおよびプログラムを含む)、株式会社 翔泳社から文書による許諾を得ずに、いかなる方法においても無断で複写、複製することは禁じられています。
本書へのお問い合わせについては、263 ページに記載の内容をお読みください。
落丁・乱丁はお取り替えいたします。03-5362-3705 までご連絡ください。

ISBN978-4-7981-5200-4
Printed in Japan